Let's
Auto CAD

KB131539

★★★★
최신버전
개정판
★★★★

실전 예제로 배우는

오토캐드
캐드 전문가
임춘미 지음
AutoCAD

김앤북
KIM&BOOK

Let's
실전 예제로 배우는
오토캐드

1쇄 인쇄 2023년 3월 13일
1쇄 발행 2023년 3월 20일
지은이 임춘미
기획 김응태
표지·내지디자인 서제호, 서진희, 조아현
제작 조재훈
판매영업 김승규

발행처 ㈜아이비김영
펴낸이 김석철
등록번호 제22-3190호
주소 (06728)서울 서초구 서운로 32, 우진빌딩 5층
전화 (대표전화) 1661-7022
팩스 02)3456-8073

ISBN 978-89-6512-175-6 13000
정가 22,000원

잘못된 책은 바꿔드립니다.

이 책을 보는 방법

이 책은 도면 작성에 필요한 AUTO-CAD 그리기 및 편집 명령어들의 사용법과 구성을 따라 하기 형식으로 구성 하였고 기본적으로 신속하고 정확한 도면 작성을 위해 실무 작업에 적합한 도면 형식으로 설명하였다.

단계

1. AUTOCAD 초보자를 위한 단계별 도면 작성 방법 설정
2. 도면 작업에 필요한 AUTOCAD 제작, 편집 명령어 사용법 소개
3. 다양한 실무 도면 예제를 활용하여 도면 반복 실습
4. AUTOCAD 모든 버전에서 사용 가능한 예제 수록

이 교재의 진행과정

1. 단계
   기능 이해하기
   2차원 도면 작성에 필요한 명령어 상세 옵션 이해와 사용법
2. 단계
   기능 익히기
   도면 작성이나 편집에 필요한 명령어 상세 옵션들을 활용
   따라서 학습할 수 있도록 반복 구성
3. 단계
   도면 실습하기
   앞에서 학습한 명령어들을 반복 전반적인 이해와 응용력을 키울 수 있도록 학습자
   스스로 도면을 그려 볼 수 있게 구성

상세 구성

주제 및 학습 목표 알기
↓
명령어의 이해
↓
명령어 옵션별 기능 알기
↓
사용에 편리한 TIP 설명
↓
옵션별 기능 따라하기
↓
명령어 순서와 과정 알기
↓
실무에 사용되는 예제 따라하기

C O N T E N T S

**AutoCAD
2차원 명령어**

PART
1

C O N T E N T S

CHAPTER 09   문자 입력하기 명령

CHAPTER 10 치수 기능 익히기 명령

3차원 명령어

PART
2

PART

01

AutoCAD
2차원 명령어

AutoCAD 시작하기

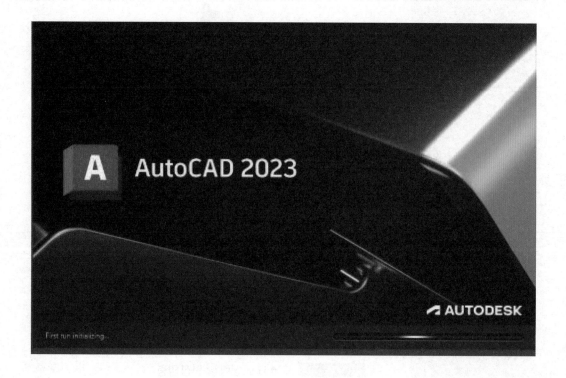

01 AutoCAD의 소개

CAD란 "Computer Aided Design"의 약어로 "컴퓨터를 활용한 설계"를 의미한다.
컴퓨터를 활용한 설계도면의 작성, 도면자료 관리에 다양한 도움을 받을 수 있다.

02 AutoCAD의 작업공간과 제어 ★★★★★

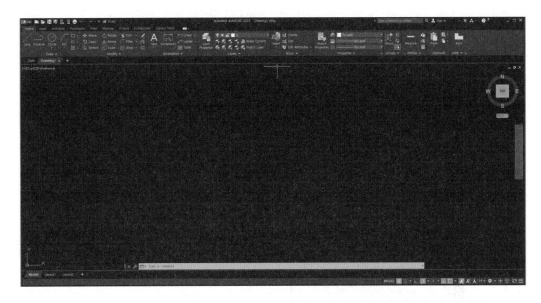

03 AutoCAD의 실행과 환경 설정

1) 바탕화면에서 AutoCAD 2023을 선택한다.

2) 환영화면

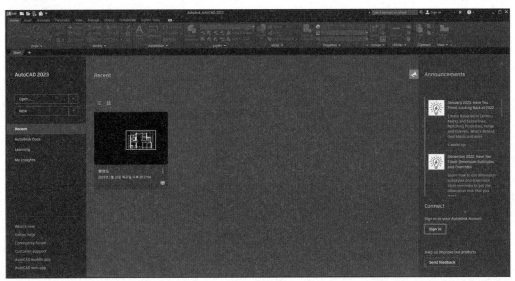

① 작업 : 새로 만들기, 열기, 샘플 파일 열기 및 최근에 사용한 파일을 표시한다.

② 알아보기 : 2021의 새로워진 사항, 시작하기 자료를 제공한다.

③ 연장 : Autodesk Exchange Apps, Autodesk 360, AutoCAD와 연결을 표시한다.

3) 작업창

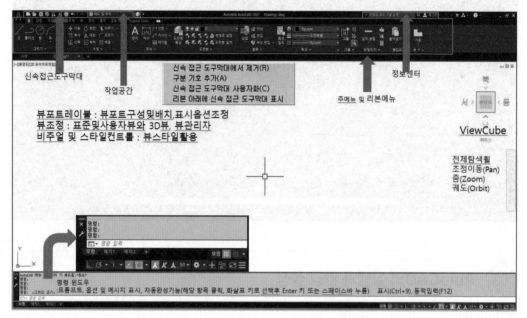

① 응용프로그램 메뉴

② 신속 접근 도구 막대, 도움말 도구 막대

③ 리본 탭, 리본 패널

④ 도면 영역

⑤ 뷰 큐브 및 뷰 도구 막대

⑥ UCS좌표계

⑦ 명령행

⑧ 팔레트

⑨ 상태 막대

04 AutoCAD의 실행

1) AutoCAD 2023 설치하기

AutoCAD 2023 Autodesk사의 홈페이지를 통해 교육용 버전을 다운 받아 실행할 수 있다.

① 더블클릭으로 설치를 시작한다.

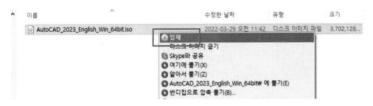

> 💡 **참고**
>
> 설치를 위한 최소 사양과 권장 사양
> - 운영체제
>   AutoDesk사의 제품 수명 주기에 따르는 64비트 OS
> - 프로세서
>   기본 : 2.5 ~ 2.9GHz 프로세서
>   권장 : 3GHz 이상의 프로세서
>   다중 : 응용프로그램에서 지원된다
> - 메모리
>   기본 : 8GB
>   권장 : 16GB
> - 해상도
>   일반 디스플레이 : 1920x1080 트루컬러
>   4K 디스플레이 : Window 10, 64비트 시스템에서 최대 해상도 3840x2160
> - 디스플레이 카드
>   기본 : 1GB CPU, 29GB/s 대역폭 및 DirextX 11 호환
>   권장 : 4GB CPU, 106GB/s 대역폭 및 DirextX 11 호환
> - 디스크 공간 7.0GB
>   .NET Framework.NET Framework 버전 4.8 이상

② 추출 후 설치 파일을 실행한다.

사용자 계정 컨트롤 화면이 나오며, "예"를 클릭하여 시작화면을 실행한다.

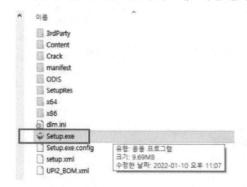

③ 추출이 끝난 후 설치화면 시작이 나온다. "설치" 버튼을 클릭해서 설치를 시작한다.

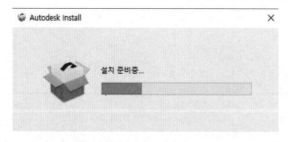

④ 라이센스 계약서에서 "동의함" 선택 후 다음버튼을 클릭해서 설치를 시작한다.

⑤ 설치용 파일을 실행하면 설치를 위한 초기화 과정이 진행되는데 이 과정은 시스템 사양에 따라 다소 오래 걸릴 수 있다.

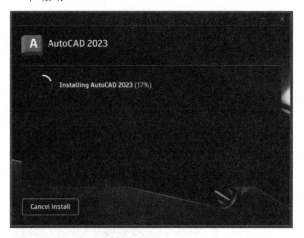

⑥ 설치가 완료되면 "지금실행" 버튼을 클릭하지 말고, 오른쪽 상단창의 X 표시를 눌러서 창을 닫아준다.

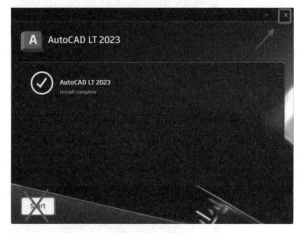

2) AutoCAD 2023 한글판 인증하기

- Ctrl + Shift + Esc를 눌러 작업관리자를 실행합니다. 프로세스에 Audodesk로 시작하는 프로그램을 모두 작업 종료한다.
- Crack Fix 폴더 내에 있는 Crack Fix.zip 파일의 압축을 푼다.
- acadlt.exe 파일을 C:₩Program Files₩Autodesk₩AutoCAD LT 2023 폴더에 붙여넣기 한다. 덮어쓰기 메시지가 나오면 덮어쓰면 된다. 활성화 코드는 이메일 또는 전화를 통해 Autodesk사에서 얻을 수 있다.

05 AutoCAD의 화면구성 ★★★★★

명령어 검색과 새로 만들기, 열기, 저장 및 게시 등으로 파일을 관리한다.

1) 새로 만들기 ★★★★★

도면 : 도면 템플릿 파일로 새 도면을 시작한다.
명령어 : NEW, QNEW
단축키 : [Ctrl] + [N]
리 본 : 응용프로그램 메뉴 > 새로 만들기 > 도면
신속 접근 막대 :
명령 : NEW ↵
템플릿 선택 대화상자가 열린다.

2) 시트세트 ★★☆☆☆

도면 배치, 파일경로 및 프로젝트 데이터를 관리하는 시트
세트 데이터 파일을 작성한다.
명령어 : NEWSHEETSET
리 본 : 응용프로그램 메뉴 > 새로 만들기 > 시트 세트
명령 : NEWSHEETSET ↵
시트세트 작성 대화상자가 열린다

3) 열기 ★★★★★

저장된 파일을 연다.
 - 기존도면 열기
   ① 프로그램을 실행한 후 열기명령을 사용하여 도면을
     연다.
   ② 윈도우 탐색기에서 도면파일을 두 번 선택한다.
   ③ 프로그램을 실행하여 도면이 열려 있을 때 도면 파일
     을 도면영역에 끌어다놓으면 블록으로 삽입되고 명
     령행에 놓으면 도면이 열린다.
명령어 검색과 새로 만들기, 열기, 저장 및 게시 등으로 파
일을 관리한다.

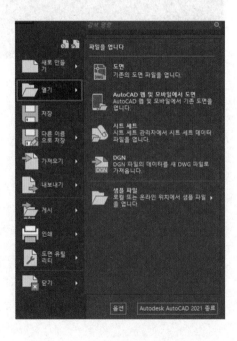

4) 도면 및 클라우드에서 도면 열기 ★★★☆☆

① 도면 : 기존의 도면 파일을 연다.

   명령어 : OPEN

   단축키 : Ctrl + O

   리 본 : 응용프로그램 메뉴 > 열기 > 도면

   – 신속 접근 막대 :

② 클라우드에서 도면 열기

   기존 도면을 Autodesk 360 계정에서 연다.

   명령어 : OPENFROMCLOUD

   리 본 : 응용프로그램 메뉴 > 열기 > 클라우드에서 도면 열기

   명령어 검색과 새로 만들기, 열기, 저장 및 게시 등으로 파일을 관리한다.

   ⓐ 명령 : OPEN ↵

      파일 선택 대화상자가 열린다.

   ⓑ 명령 : OPENFROMCLOUD ↵

      Autodesk – 로그인 대화상자가 열린다.

5) 시트 세트 및 샘플 파일 ★★★☆☆

① 작업환경 시트세트

   시트 세트 관리자에서 시트 세트 데이터 파일(*.DST)을 연다.

   명령어 : OPENSHEETSET

   리 본 : 응용프로그램 메뉴 > 열기 > 시트 세트

② DGN 파일

   DGN 파일의 데이터를 새 DWG 파일로 가져온다.

   ⓐ 명령어 : DGNIMPORT

      리 본 : 응용프로그램 메뉴 > 열기 > DGN파일

   ⓑ 명령 : OPENFROMCLOUD ↵

      Autodesk – 로그인 대화상자가 열린다.

   ⓒ 명령 : DGNIMPORT ↵

      DGN 파일 가져오기 대화상자가 열린다.

6) 저장 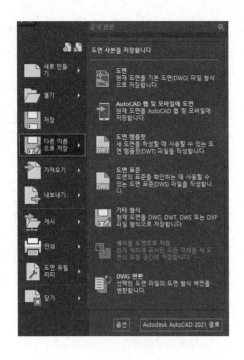 ★★★★★

현재 사용 중인 파일이름으로 파일을 저장한다.

명령어 : QSAVE, SAVE

단축키 : Ctrl + S

리 본 : 응용프로그램 메뉴 > 저장

신속 접근 막대 :

명령 : QSAVE ↵

현재 사용 중인 파일이름으로 파일을 저장한다.

7) 도면 및 클라우드에서 도면 저장

명령어 검색과 새로 만들기, 열기, 저장 및 게시 등으로 파일을 관리한다.

① 현재 도면을 기본도면(DWG) 파일 형식으로 저장한다.

명령어 : SAVEAS

단축키 : Ctrl + Shift + S

리 본 : 응용프로그램 메뉴 > 다른 이름으로 저장

② 클라우드에서 도면 저장

현재 도면을 Autodesk 360 계정에 저장한다.

ⓐ 명령어 : SAVETOCLOUD

리 본 : 응용프로그램 메뉴 > 다른 이름으로 저장 > 클라우드에서 도면 저장

ⓑ 명령 : SAVEAS ↵

다른 이름으로 도면 저장 대화상자가 열린다.

ⓒ 명령 : SAVETOCLOUD ↵

Autodesk - 로그인 대화상자가 열린다

8) 기타 템플릿 및 도면표준 ★★★☆☆

① 도면 템플릿

새 도면을 작성할 때 사용할 수 있는 도면 템플릿(DWT) 파일을 작성한다.

ⓐ 명령어 : SAVEAS

리 본 : 응용프로그램 메뉴 > 다른 이름으로 저장 > 도면 표준

ⓑ 명령 : _+SAVEAS ↵

저장 형식 입력

[dwG(G)/dwT(T)/dwS(S)/ dxF(F)/기타(O)] : _T

다른 이름으로 저장 대화상자가 열린다.

② 도면 표준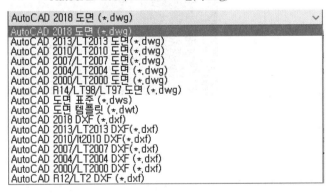

도면의 표준을 확인하는데 사용할 수 있는 도면 템플릿(DWS) 파일을 작성한다.

ⓐ 명령어 : SAVEAS

리 본 : 응용프로그램 메뉴 > 다른 이름으로 저장 > 도면 표준

ⓑ 명령 : _+SAVEAS ↵

저장 형식 입력

[dwG(G)/dwT(T)/dwS(S)/dxF(F)/ 기타(O)] : _S

다른 이름으로 도면저장 대화상자가 열린다.

9) 기타 형식 및 기타(O)

① 작업환경 기타형식

현재 도면을 DWG, DWT, DWS 또는DXF 파일형식으로 저장한다.

ⓐ 명령어 : SAVEAS

리 본 : 응용프로그램 메뉴 > 다른 이름으로 저장 > 기타형식

ⓑ 명령 : SAVEAS ↵

다른 이름으로 도면 저장 대화상자가 열린다.

② 기타(O)

저장 형식을 정수 값으로 입력 : 정수 값은 파일유형의 순서에 따른다.

EX) : AutoCAD 2018 도면(*.dwg)

    : AutoCAD 2004/LT2004 도면(*.dwg)

```
AutoCAD 2018 도면 (*.dwg)                          ∨
AutoCAD 2018 도면 (*.dwg)
AutoCAD 2013/LT2013 도면 (*.dwg)
AutoCAD 2010/LT2010 도면 (*.dwg)
AutoCAD 2007/LT2007 도면 (*.dwg)
AutoCAD 2004/LT2004 도면 (*.dwg)
AutoCAD 2000/LT2000 도면 (*.dwg)
AutoCAD R14/LT98/LT97 도면 (*.dwg)
AutoCAD 도면 표준 (*.dws)
AutoCAD 도면 템플릿 (*.dwt)
AutoCAD 2018 DXF (*.dxf)
AutoCAD 2013/LT2013 DXF(*.dxf)
AutoCAD 2010/lt2010 DXF(*.dxf)
AutoCAD 2007/LT2007 DXF(*.dxf)
AutoCAD 2004/LT2004 DXF (*.dxf)
AutoCAD 2000/LT2000 DXF (*.dxf)
AutoCAD R12/LT2 DXF (*.dxf)
```

10) 배치를 도면으로 저장 및 DWG 변환

① 작업환경 배치를 도면으로 저장

현재 배치 공간에서 표시된 모든 객체를 새 도면의 모형 공간에 저장한다.

ⓐ 명령어 : EXPORTLAYOUT

리 본 : 응용프로그램 메뉴 > 다른 이름으로 저장 > 배치를 도면으로 저장

ⓑ 명령 : EXPORTLAYOUT ↵

배치 탭에서 사용

배치를 모형 공간 도면으로 내보내기 대화상자가 열린다.

② DWG 변환

선택한 도면 파일의 도면 형식 버전을 변환한다.

ⓐ 명령어 : DWGCONVERT

리 본 : 응용프로그램 메뉴 > 다른 이름으로 저장 > DWG 변환

ⓑ 명령 DWGCONVERT ↵

DWG 변환 대화상자가 열린다

11) 내보내기 ★★★★☆

현재 도면을 다른 형식으로 내보낸다.

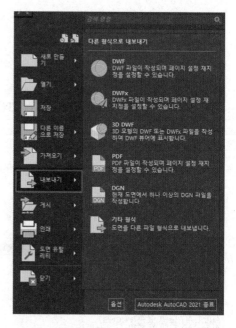

① DWF

DWF 파일이 작성되며 페이지 설정 재지정을 설정한다.

ⓐ 명령어 : EXPORTLAYOUT

리 본 : 응용프로그램 메뉴 > 내보내기 > DWF

리 본 : 출력 탭 > DWF/PDF로 내보내기 패널 > 내

보내기 > DWF

ⓑ 명령 : EXPORTDWF ↵

DWF로 저장 대화상자가 열린다.

12) DWFx 및 3D DWF ★★☆☆☆

① DWFx

DWFx 파일이 작성되며 페이지 설정 재지정을 설정한다.

ⓐ 명령어 : EXPORTLAYOUT

리 본 : 응용프로그램 메뉴 > 내보내기 > DWFx

리 본 : 출력 탭 > DWF/PDF로 내보내기 패널 > 내보내기 > DWFx

명령어 검색과 새로 만들기, 열기, 저장 및 게시 등으로 파일을 관리한다.

ⓑ 명령 : EXPORTDWFX ↵

DWFx로 저장 대화상자가 열린다.

② 3D DWF

3D 모형의 DWF 또는 DWFx 파일을 작성하여 DWF 뷰어에 표시한다.

ⓐ 명령어 : 3DDWF

리 본 : 응용프로그램 메뉴 > 내보내기 > 3DDWF

ⓑ 명령 : 3DDW ↵

3DDWF 저장 대화상자가 열린다.

13) DWFx 및 3D DWF ★★★☆☆

① PDF

PDF 파일이 작성되며 페이지 설정 재지정을 설정한다.

ⓐ 명령어 : EXPORTPDF

리 본 : 응용프로그램 메뉴 > 내보내기 > PDF

리 본 : 출력 탭 > DWF/PDF로 내보내기 패널 > 내보내기 > PDF

ⓑ 명령 : EXPORTPDF ↵

PDF로 저장 대화상자가 열린다.

② DGN

현재 도면에서 하나 이상의 DGN(MicroStation DGN) 파일을 작성한다.

ⓐ 명령어 : DGNEXPORT

리 본 : 응용프로그램 메뉴 > 내보내기 > DGN

ⓑ 명령 : DGNEXPORT ↵

DGN 파일 내보내기 대화상자가 열린다.

14) FBX 및 기타 형식

① 작업환경 FBX

현재 도면을 기준으로 FBX 파일을 작성한다.

ⓐ 명령어 : FBXEXPORT

리 본 : 응용프로그램 메뉴 > 내보내기 > FBX

ⓑ 명령 : FBXEXPORT ↵

FBX 내보내기 대화상자가 열린다.

② 기타 형식

도면을 다른 파일 형식[비트맵(.bmp), 리쏘그래픽(.stl)]으로 내보낸다.

ⓐ 명령어 : EXPORT

단축기 : EXP

리 본 : 응용프로그램 메뉴 > 내보내기 > 기타형식

ⓑ 명령 : EXPORT ↵

데이터 내보내기 대화상자가 열린다

15) 게시 ★★★☆☆

게시 도면을 공유한다.

① 3D 인쇄 서비스 보내기

솔리드 객체 및 수밀 메쉬를 3D 인쇄 서비스로 보낸다.

명령어 : 3DPRINT

단축키 : 3DP

리 본 : 응용프로그램 메뉴 > 게시 > 3D 인쇄 서비스 보

내기

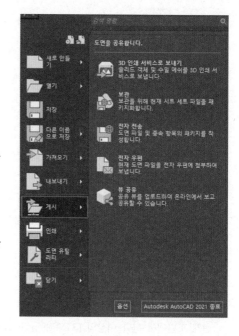

16) 보관 및 전자전송 ★★★☆☆

① 작업환경 보관 : 현재 시트세트 파일을 패키지화하여 보관

한다.

ⓐ 명령어 : ARCHIVE

리 본 : 응용프로그램 메뉴 > 게시 > 보관

ⓑ 명령 : ARCHIVE ↵

시트세트 보관 대화상자가 열린다.

② 전자 전송

도면 파일 및 종속 항목의 패키지를 작성한다.

ⓐ 명령어 : ETRANSMIT

리 본 : 응용프로그램 메뉴 > 게시 > 전자전송

ⓑ 명령 : ETRANSMIT ↵

전송 파일 작성 대화상자가 열린다.

17) 인쇄 ★★★★★

도면을 플로터 또는 다른 인쇄 장치로 출력한다.

① 플롯 : 도면을 플로터, 프린터 또는 파일로 플롯한다.

ⓐ 명령어 : PLOT, PRINT

단축키 : Ctrl + P

리 본 : 응용프로그램 메뉴 > 인쇄 > 플롯

리 본 : 출력 탭 > 출력 패널 > 플롯

- 신속 접근 막대

ⓑ 명령 : PLOT ↵

플롯 모형 대화상자가 열린다

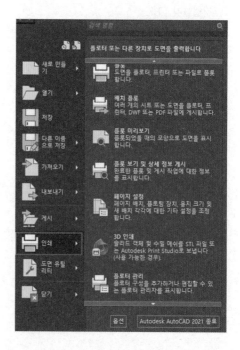

18) 배치 플롯 및 플롯 미리보기 인쇄 ★★★★★

① 배치 플롯

여러 개의 시트 또는 도면을 플로터, 프린터, DWF 또는 PDF 파일에 게시된다.

명령어 : PUBLISH

리 본 : 응용프로그램 메뉴 > 인쇄 > 배치

② 플롯

리 본 : 출력 탭 > 플롯 패널 > 배치 플롯

명령 : PUBLISH ↵

게시 대화상자가 열린다.

③ 플롯 미리보기

플롯 되었을 때의 모양으로 도면을 표시한다.

ⓐ 명령어 : PREVIEW

리 본 : 응용프로그램 메뉴 > 인쇄 > 플롯 미리보기

리 본 : 출력 탭 > 플롯 패널 > 플롯 미리보기

ⓑ 명령 : PREVIEW ↵

플롯 미리보기 대화상자가 열린다

19) 도면 유틸리티 인쇄 ★★★★★

① 도면 유틸리티 : 도면을 관리하고 유지한다.

② 도면 특성 : 현재 도면의 파일 특성을 설정하고 표시한다.

ⓐ 명령어 : DWGPROPS

리 본 : 응용프로그램 메뉴 > 도면 유틸리티 > 도면 특성

ⓑ 명령 : DWGPROPS ↵

파일이름.dwg 특성 대화상자가 열린다.

🏠 05-1 신속접근도구막대(Quick Access Toolbar) ★★★☆☆

1) 명령 취소 및 취소된 명령 취소

① UNDO(명령 취소) 명령

바로 전에 실행한 명령을 취소한다.

명령어 : UNDO

단축키 : Ctrl + Z , U

② REDO(취소된 명령 복구) 명령 취소한 명령을 복구한다.

　　명령어 : REDO

　　단축키 : ⎡Ctrl⎦ + ⎡Y⎦

　　– 신속 접근 막대

2) 도면영역

① 파일 탭

파일 탭의 모양을 변경한다.

　ⓐ 명령어 : FILETAB

　ⓑ 명령어 : FILETABCLOSE

　　　리 본 : 뷰 탭 > 사용자 인터페이스 패널 > 파일 탭 명령

3) 사용자 인터페이스 ★★★☆☆

작업공간에 ViewCube, 탐색 막대, ShowMotion 및 문자 윈도우의 표시 여부를 지정한다.

　리 본 : 뷰 탭 > 사용자 인터페이스 패널 > 사용자 인터페이스 > ☑ ViewCube

　리 본 : 뷰 탭 > 사용자 인터페이스 패널 > 사용자 인터페이스 > ☑ 탐색막대

　리 본 : 뷰 탭 > 사용자 인터페이스 패널 > 사용자 인터페이스 > ☑ ShowMotion

　리 본 : 뷰 탭 > 사용자 인터페이스 패널 > 사용자 인터페이스 > ☑ 문자 윈도우

4) ViewCube와 탐색 막대의 활용 ★★★☆☆

① ViewCube(뷰 큐브)

표준 뷰와 등각투영 뷰(3D 뷰 방향)을 조정하여 모형의 뷰 방향을 다시 지정한다.

명령 : NAVVCUBE ↵

　ⓐ 켜기(ON)/끄기(OFF)/설정(S)

　　– 켜기(ON) : 등각 투영뷰를 켠다.

　　– 끄기(OFF) : 등각 투영뷰를 끈다.

　ⓑ 설정(S) : View Cube 설정 대화상자가 열린다.

5) ZOOM(줌) 명령 ★★★★★

현재 뷰포트에 있는 뷰의 배율을 축소/확대한다.

　ⓐ 명령어 : ZOOM

　　단축키 : ⎡Z⎦

　ⓑ 명령 : ZOOM ↵

　　윈도우 구석 지정, 축척 비율(nX 또는 nXP) 입력 또는 [전체(A)/중심(C)/동적(D)/범위(E)/이전(P)/ 축척(S)/윈도우(W)/객체(O)] 〈실시간〉 :

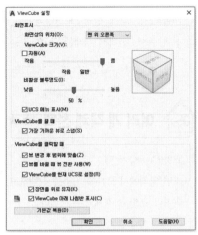

> 💡 **참고**
>
> ESC 또는 ENTER 키를 눌러 종료하거나 오른쪽 클릭하여 바로 가기 메뉴를 표시한다.

ⓒ 옵션

  ㉠ 윈도우 구석 지정 : 도면영역에서 줌 확대할 영역의 한쪽
  구석을 지정한다.

  ㉡ 반대 구석 : 도면영역에서 줌 영역의 반대 구석을 지정
  한다.

  ㉢ 전체(A) : 도면영역 한계 범위 중 가장 큰 범위를 화면에
  표시한다.

6) 그리드(GRID) ★★★★★

사용자가 설정한 간격으로 화면 영역에 점 또는 선으로 표시한다.

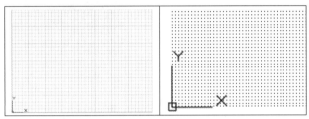

ⓐ 명령어 : GRID

  단축키 : F7 , Ctrl + G

  상태 막대 > 그리드 표시 > 오른쪽 마우스 > 설정(S)

ⓑ 명령 : GRID ↵

  그리드 간격두기(X) 지정 또는 [켜기(ON)/끄기(OFF)/ 스냅(S)/주(M)/가변(D)/한계(L)/따름(F)/종횡비
  (A)] 〈10.0000〉 :

ⓒ 옵션

  ㉠ 그리드 간격두기(X) : 지정된 값에 그리드를 설정한다.

  ㉡ 켜기(ON) : 현재 간격을 사용하는 그리드를 켠다.

  ㉢ 끄기(OFF) : 그리드를 끈다.

  ㉣ 스냅(S) : SNAP 명령으로 지정한 스냅 간격으로 그리드 간격 두기를 설정한다.

  ㉤ 주(M) : 보조 그리드선과 주 그리드선의 빈도를 지정한다

  ㉥ 가변(D) : 줌 축소할 때 그리드 선 또는 점의 밀도를 제한한다.

  ㉦ 한계(L) : LIMITS 명령이 지정한 영역을 초과하여 표시한다.

◎ 따름(F) : 동적 UCS의 XY 평면을 따르도록 그리드 평면을 변경한다.

7) 객체 선택

① 개별적으로 객체 선택 : 도면영역에서 객체를 한 개씩 선택한다.

② 선택 취소 : 선택된 객체를 Shift 키를 누르고 객체를 선택하면 선택이 취소된다.

05-2 여러 개 객체 선택 ★★★★★

① 교차(Cross) 선택 :

도면 영역에서 오른쪽 지점을 선택하고, 왼쪽으로 이동하여 선택하면 창에 걸리거나 포함된 객체가 선택된다.

② 창(Window) 선택 :

도면 영역에서 왼쪽 지점을 선택하고, 오른쪽으로 이동하여 선택하면 창에 포함된 객체만 선택된다.

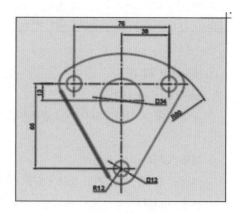

06 AutoCAD의 다양한 작업 공간

1) AutoCAD 화면구성

Ⓐ 신속접근도구막대(Quick Access Toolbar)

많이 사용하는 메뉴 또는 명령들을 작업 속도를 빠르게 할 수 있게 모아놓은 메뉴이다.

신속접근도구막대에는 명령어들을 추가할 수도 있고 제거할 수도 있다.

① 기존 도면 열기(Ctrl+ O)

② 새도면 열기(Ctrl+ N)

③ 저장(Ctrl+ S)

④ 다른 이름으로 저장(Ctrl+ Shift S)

⑤ 출력 (Ctrl+ P)

⑥ 실행 명령 취소(U)(Ctrl+ Z)

⑦ 취소 명령 복구(Redo)(Ctrl+ Y)

⑧ 다른 인터페이스 화면 전환

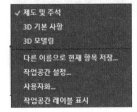

⑨ 파일 제목

2) 메뉴막대(Menu bar) ★★★★★

홈　삽입　주석　파라메트릭　뷰　관리　출력　공동작업　Express Tools　▲ ▾

메뉴 막대는 객체를 그리기 위한 명령어들을 모아놓은 메뉴이다.

메뉴막대는 작업자가 어떤 화면에서 작업을 하느냐에 따라 사라지게 할 수도 있고 나타나게 할 수도 있다.

3) 리본메뉴(Ribbon Menu) ★★★★★

도면작성을 위한 모든 도구들을 표시하며 필요에 따라 패널을 펼쳐 사용할 수 있게 모아놓은 메뉴이다. 리본메뉴 변경은 리본 탭의 명령어를 클릭하면 리본메뉴가 바뀌게 된다.

① 홈 탭

도면 작성에 필요한 명령들로 구성되어 있다.

② 삽입 탭

다른 형식의 파일들을 불러오거나 내보내기 하는 명령들로 구성 되어 있으며 삽입되는 객체들을 수정하는 기능들도 포함되어 있다.

③ 주석 탭

도면 작성 후 필요한 문자 및 치수, 지시선 등의 기입을 위한 명령들로 구성되어 있다.

④ 파라메트릭 탭

도면 작성 시 구속조건에 관한 사항들로 구성되어 있다.

⑤ 뷰 탭

도면 작성 시 작업화면 전환에 필요한 레이아웃 등의 명령들로 구성되어 있다.

⑥ 관리 탭

도면 생성 작업 공간의 환경을 관리하는 명령들로 구성되어 있다.

⑦ 출력 탭

완성된 도면을 위한 출력 및 배치도구 명령들로 구성되어 있다.

4) 명령행(Command Line) ★★★★★

명령어를 입력하거나 실행 과정 메시지가 나오는 영역을 모아놓은 메뉴이다.

AutoCAD 명령어를 직접 입력해 사용할 수 있는 곳으로 직접 입력하거나 마우스로 선택된 명령의 옵션 등이 모두 표시된다.

5) 도면 영역(Drawing Window)

객체가 그려지는 영역을 말하며 ,작업 특성에 따라서 많이 쓰이는 명령어들만 남기고 이곳을 통해 이곳을 통해 기준 축 설정 및 높이에 따라 2차원 또는 3차원 작업을 할 수 있다.

① 십자선 커서 : 모든 도구를 사용할 때에 시작점을 나타낸다.

6) 상태표시막대(Status bar) ★★★★★

AutoCAD 명령어를 직접 입력하거나 마우스로 선택된 명령의 옵션 등의 현재 작업을 하고 있는 상황을 나타내 준다.

7) 화면 표시 제어 기능키 ★★★★★

도면 작업 시 화면을 관리하고 보조하는 기능을 하는 토글 키들이 있다.

좌표 확인, 특정점 찾기, 스냅, 직교, 그리드 등을 ON/OFF 할 수 있는 기능들로 구성되어 있다.

① 〈F1〉 HELP 기능키

오토캐드 사용 도움말을 알려준다.

② 〈F2〉 TEXT/WINDOW 기능키

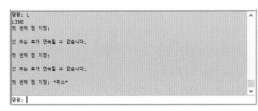

명령 입력 줄을 확장하여 이전 명령 사용 내역을 확인할 수 있다.

③ 〈F3〉 객체스냅(Osnap) ON/OFF 기능키

 객체의 특정 지정점을 지정하여 탐색할 수 있다.

④ 〈F4〉 3d객체스냅(3dOsnap) ON/OFF 기능키

3차원 객체 특정점을 지정하여 탐색할 수 있다.

⑤ 〈F5〉 등각평면(Isoplane) 축 전환 기능키

✓ ⌐ 등각평면 왼쪽
× 등각평면 맨 위
⌐ 등각평면 오른쪽

스냅 명령의 옵션 중 Isometric(등각투영) 스타일과 함께 사용할 수 있다.

⑥ 〈F6〉 동적UCS(DUCS) On/Off 기능키

3차원상에서 해당 면에 맞춰 그리기를 할 수 있다.

⑦ 〈F7〉 그리드(Grid) On/Off 기능키

화면상에서 일정한 격자점을 모드화 할 수 있다.

⑧ 〈F8〉 직교(Ortho) On/Off 기능키

수평, 수직 직교 방향으로만 이동을 제어할 수 있다.

⑨ 〈F9〉 스냅(Snap) On/Off 기능키

스냅에 의한 마우스 이동을 제어할 수 있다.

⑩ 〈F10〉 극좌표(Polor) On/Off 기능키

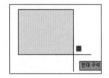 지정한 특정 각도 방향을 추적할 수 있다.

⑪ 〈F11〉 객체 스냅 추적(Otrack) On/Off 기능키

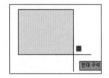 객체의 시작점을 찾은 후 그 점을 기준으로 다음점을 추적할 수 있다.

⑫ 동적명령 입력 On/Off 기능키

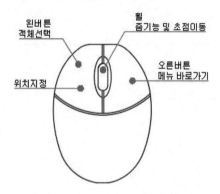

십자선 옆의 수치 입력창 표시할 수 있다.

8) 마우스를 활용한 화면 제어 ★★★★★

왼버튼
객체선택

휠
줌기능 및 초점이동

오른버튼
메뉴 바로가기

위치지정

① 마우스 우측 버튼 : 명령어 실행 ,종료, 바로가기 메뉴를 선택할 수 있다.
② 마우스 좌측 버튼 : 객체 선택, 아이콘 도구 선택, 풀다운 메뉴를 선택 할 수 있다.
③ 마우스 휠 회전 : 도면 영역내의 화면을 확대 하거나 축소 할 수 있다.
④ 마우스 휠 더블 클릭 : 줌(Zoom) 옵션 기능 중에서 채우기 기능이나 전체 화면으로 맞출 수 있다.
⑤ 마우스 커서를 임의의 작업 화면에 휠을 누르면 PAN 기능이 표시되어 제한 없이 움직일 수 있다.

AutoCAD 파일 관리를 위한 명령들을 연습해 본다.

① SAVETIME(자동저장)명령 ★★★★☆

　0-600 사이의 정수를 입력한다.

> 명령 : SAVETIME ↵
> SAVETIME에 대한 새 값 입력 〈10〉: 5

② PICKBOX(객체 선택 대상 높이)설정 ★★★★☆

> 명령 : PICKBOX ↵
> PICKBOX에 대한 새 값 입력 〈6〉: 10

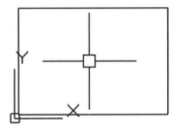 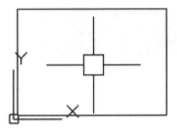

AutoCAD 환경 설정하기

도면을 쉽고 빠르게 작성하기 위하여 화면 상태 설정과 명령어 입력과 보조 명령어 입력 실행 상태를 사용자 환경에 맞게 설정한다.

01 AutoCAD의 명령어 체계와 화면 제어

1) 옵션(OPTION) 명령 ★★★★☆

파일의 열기 및 저장의 경로, 화면의 표시상태, 시스템의 설정 등등 지정한다.

명령어	❯	OPTION
단축키	❯	OP
리본	❯	뷰 탭 > 인터페이스 패널 > 범위
명령	❯	OP ↵

Ⓐ 파일

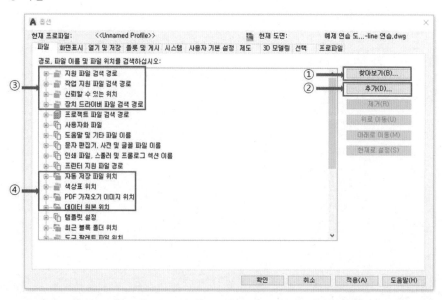

파일의 검색 경로를 설정한다.

① 찾아보기 : 선택된 폴더 및 파일의 새 위치를 지정할 수 있다.

② 추가 : 선택한 폴더의 검색 경로를 추가한다.

③ 지원 파일 검색 경로 : 현재 폴더에 존재하지 않는 폴더를 지정한다.

　작업 지원 파일 검색 경로 : 지원 파일 검색 경로에서 유효한 경로를 표시한다.

　신뢰할 수 있는 위치 : 코드가 포함된 파일 폴더를 지정한다.

　장치 드라이버 파일 검색 경로 : 장치 드라이버를 찾을 위치를 지정한다.

④ 자동 저장 파일 위치 : 자동 저장 파일의 경로를 지정한다.

　색상표 위치 : 사용할 수 있는 색상표 파일의 경로를 지정한다.

　PDF 가져오기 이미지 위치 : PDF 이미지 파일 폴더를 지정한다.

　데이터 원본 위치 : 데이터베이스 원본 파일의 경로를 지정한다.

Ⓑ 화면 표시

도면 영역, 문자열, 해상도 등의 화면 표시 환경을 설정한다.

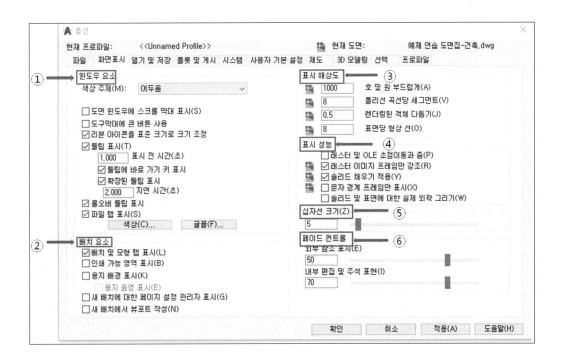

① 윈도우 요소 : 화면 구성에 필요한 요소들을 설정한다.

　－ 색상 : 도면영역의 화면 색상을 변경한다.

　－ 글꼴 : 명령행 윈도우의 글꼴을 변경한다.

② 배치요소 : 도면 요소의 인쇄 및 배경을 설정한다.

③ 표시 해상도 : 도면영역에 도면 요소들을 표시하는 품질을 설정한다.

④ 표시 성능 : 도면요소들을 도면 영역에 표시하는 상태에 따라 작업 성능에 영향을 주는 요소들을 설정한다.

⑤ 십자선 크기(Z) : 커서의 크기를 입력 또는 막대를 이동하여 설정한다.

⑥ 페이드 컨트롤 : 참조 편집하는 동안 객체의 흐림 값을 설정한다.

ⓒ 열기 및 저장

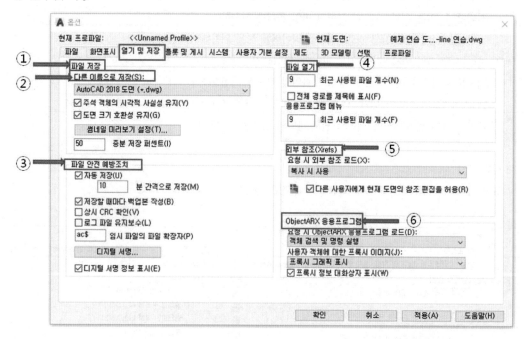

① 파일 저장 : 파일 저장에 관련된 설정 값을 지정한다.

② 다른 이름으로 저장(S) : 파일을 저장할 때 사용할 파일 형식을 지정한다.

③ 파일 안전 예방조치 : 데이터의 손실 방지와 오류 발견을 분단위로 저장한다.

④ 파일 열기 : 최근 사용한 파일을 파일 메뉴에 나열된 개수를 정수(0-9)로 입력한다.

⑤ 외부참조(Xrefs) : 외부 참조 편집 및 열기에 관련된 설정 값을 지정한다.

⑥ ObjectARX 응용프로그램 : 응용프로그램 프록시 그래픽에 관련된 설정 값을 지정한다.

① 플롯 및 개시

플로터, 프린터의 설정과 인쇄 유형을 설정한다.

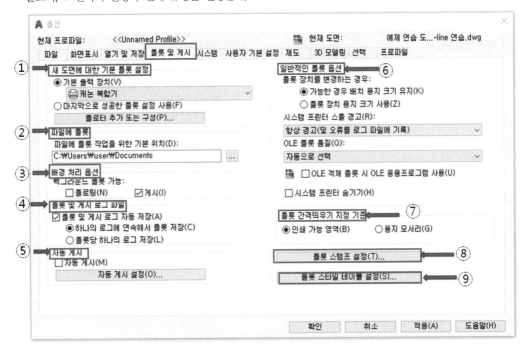

① 새 도면에 대한 기본 플롯 설정 : 새 도면에 대한 기본 플롯 설정을 지정한다.

② 파일에 플롯 : 파일로 저장할 플롯의 기본 위치를 지정한다.

③ 배경 처리 옵션 : 플롯 또는 게시를 지정한다.

④ 플롯 및 게시 로그 파일 : CSV 파일로 저장하는 옵션을 지정한다.

⑤ 자동 게시 : 도면을 DWF, DWFx 또는 PDF 파일로 자동으로 게시할지 여부를 지정한다.

⑥ 일반적인 플롯 옵션 : 플롯의 환경과 보조 명령을 조정 한다.

⑦ 플롯 간격 띄우기 지정 기준 : 인쇄 가능한 영역을 지정한다.

⑧ 플롯스탬프 설정(T)... : 파일 이름, 레이아웃, 출력 크기, 날짜 등을 지정한다.

⑨ 플롯 스타일 테이블 설정(S)... : 플롯의 테이블 이름, 디더링, 선 형태, 선 두께, 선 스타일 등을 지정한다.

Ⓔ 시스템

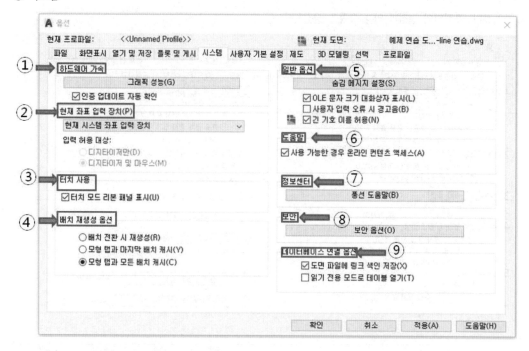

① 하드웨어 가속 : 그래픽 화면 표시 시스템의 구성과 관련된 설정을 조정한다.

    ⓐ 그래픽 성능 : 그래픽 성능 조정 대화상자를 표시한다.

    ⓑ 인증 업데이트 자동 확인 : 현재 좌표 입력 장치 좌표 입력 장치에 관련된 옵션을 조정한다.

② 현재 좌표 입력 장치(P)

    ⓐ 현재 시스템 좌표 입력 장치 : 좌표 입력 장치 드라이버의 리스트를 표시한다.

    ⓑ 입력 허용 대상 : 마우스와 디지타이저 모두 허용, 무시 여부를 지정한다.

③ 터치 사용 :

    ⓐ 터치 모드 리본 패널 표시 : 터치 패드 작업 취소 버튼 표시한다.

④ 배치 재생성 옵션 : 모형 탭 및 배치 탭에서 업데이트 방법을 지정한다.

    ⓐ 배치 전환 시 재생성 : 탭을 전환할 때마다 도면을 재생성한다.

    ⓑ 모형 탭과 마지막 배치 캐시 : 두 탭 사이를 전환할 때 재생성을 억제한다.

    ⓒ 모형 탭과 모든 배치 캐시 : 각 탭으로 처음 전환할 때 도면을 재생성 한다.

⑤ 일반 옵션

    ⓐ 숨김 메시지 설정 : 이전에 숨겼던 메시지의 표시를 지정한다.

⑥ 도움말 : 정보를 온라인 또는 로컬 에서 가져올지를 지정한다.

⑦ 정보센터

    ⓐ 풍선 도움말(B) : 응용프로그램 풍선 도움말 정도를 조정한다.

⑧ 보안

    ⓐ 보안 옵션(O) : 보안 옵션 대화상자를 표시 한다.

⑨ 데이터베이스 연결 옵션 : 데이터베이스 연결에 관련된 옵션을 조정한다.

Ⓕ 사용자 기본설정

단축키, 메뉴, 좌표입력 방법 등을 설정한다.

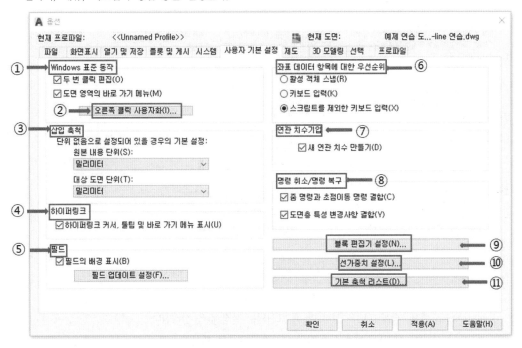

① Windows 표준 동작 : 키 입력 및 마우스 오른쪽 버튼 클릭 동작을 지정한다.

② 오른쪽 클릭 사용자화 : 오른쪽 클릭 사용자화 대화상자를 표시한다.

③ 삽입 축척 : 도면에 블록 및 도면을 삽입할 기본 축척을 지정한다.

④ 하이퍼링크 : 하이퍼링크 표시 및 특성에 관련된 설정 값을 설정한다.

⑤ 필드 : 필드 관련 기본 설정을 설정한다.

⑥ 좌표 데이터 항목에 대한 우선순위 : 입력한 좌표로 객체 스냅 재지정 여부를 설정한다.

⑦ 연관 치수 기입 : 연관 치수, 비 연관 치수 적용 여부를 지정한다.

⑧ 명령 취소/명령 복구 : 줌 및 초점 이동에 대한 명령 취소 및 명령 복구를 지정한다.

⑨ 블록 편집기 설정 : 블록 편집기 설정 대화상자를 표시한다.

⑩ 선가중치 설정 : 선 가중치 설정 대화상자를 표시한다.

⑪ 기본 축척 리스트 : 배치 뷰포트 및 플로팅과 연관된 리스트를 표시한다.

ⓖ 제도

도면 요소 스냅과 좌표 추적 등의 제도 환경을 설정 한다.

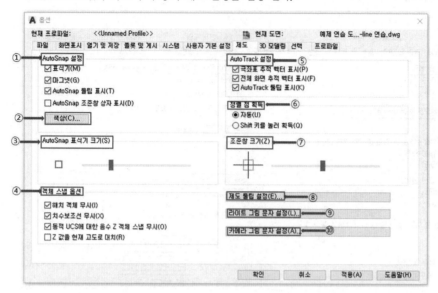

① AutoSnap 설정 : 객체 스냅을 설정 할 때 표시되는 설정 값을 설정한다.

　　ⓐ ☑ 표식기(M) : 도면요소에 스냅 점의 위치를 알려주는 표식기를 표시한다.

　　ⓑ ☑ 마그넷(G) : 스냅 찾기 상자가 스냅 점에 자석처럼 달라붙도록 한다.

　　ⓒ ☑ AutoSnap 툴팁표시(T) : 스냅 점을 풍선 도움말로 표시한다.

　　ⓓ ☑ AutoSnap 조준창 상자표시(D) : 그래픽 커서에 스냅 찾기 상자를 표시한다.

　　　　– 색상(C) : 스냅 점 표식기의 색(기본색 : 노란색)을 지정한다.

　　　　– 컨텍스트(X) : 변경할 위치를 선택한다.

　　　　– 인터페이스 요소(E) : 세부사항을 선택한다.

　　　　– 색상(C) : 색상을 선택한다.

② 색상 : 도면 윈도우 색상 대화상자를 표시한다.

③ AutoSnap 표식기 크기(S) : 스냅 점 표식기의 크리를 조정한다.

④ 객체스냅 옵션 : 객체 스냅 설정할 때 Z값을 현재의 높이로 지정한다.

⑤ AutoTrack 설정 : 극좌표 추적에 관한 설정 값을 설정한다.

⑥ 정렬 점 획득 : 도면의 정렬 점 표시 방법을 조정한다.

⑦ 조준 창 크기(Z) : AutoSnap 조준창의 표시 크기를 1에서 50까지 설정한다.

⑧ 제도 툴팁 설정(E) : 제도 작업 툴 팁의 색상, 크기, 투병도, 적용위치 등을 지정한다.

　　– 색상(C) : 툴 팁의 색상을 지정한다.

　　– 크기(Z) : 툴 팁의 크기를 지정한다.

　　– 투명도 : 툴 팁의 투명도를 지정한다.

⑨ 조명그림 문자 설정(L) : 조명그림 문자 색상과 크기를 조절한다.

⑩ 카메라 그림 문자 설정(A) : 카메라 그림 문자 색상과 크기를 조절한다.

Ⓗ 3D모델링

3D모델링의 환경을 설정한다.

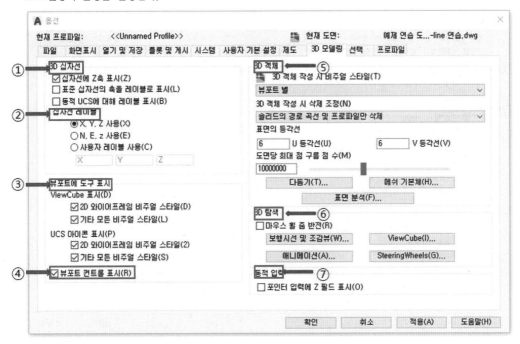

① 3D 십자선 : 3D 작업에서 십자선 포인터의 형식을 위한 설정을 조정한다.

② 십자선 레이블 : 십자선 포인트와 함께 표시할 레이블을 선택한다.

③ 뷰포트에 도구 표시 : ViewCube, UCS 아이콘 및 뷰포트 컨트롤의 표시를 조정한다.

    ⓐ ViewCube 표시 : ViewCube의 표시를 조정한다.

    ⓑ UCS 아이콘 표시 : UCS 아이콘의 표시를 조정한다.

④ 뷰포트 컨트롤 표시 : 뷰포트 컨트롤 메뉴의 표 시를 조정한다.

⑤ 3D 객체 : 3D 솔리드, 표면 및 메쉬의 표시 설정값을 조정한다.

⑥ 3D 탐색 : 3D 모형을 위해 보행 시선, 조감 뷰 및 애니메이션 옵션을 설정한다.

    ⓐ 마우스 휠 줌 반전 : 가운데 마우스 휠 작동으로 줌 작업 방향을 전환한다.

    ⓑ 보행 시선 및 조감 뷰 : 보행 시선 및 조감 뷰 설정 대화상자를 표시한다.

    ⓒ 애니메이션 : 애니메이션 설정 대화상자를 표시한다.

    ⓓ ViewCube : ViewCube 설정 대화상자를 표시다.

⑦ 동적 입력 : 좌표 입력에 대한 동적 입력 필드의 표시를 조정한다.

① 선택

도면 요소의 선택, 그립 등의 환경을 설정한다.

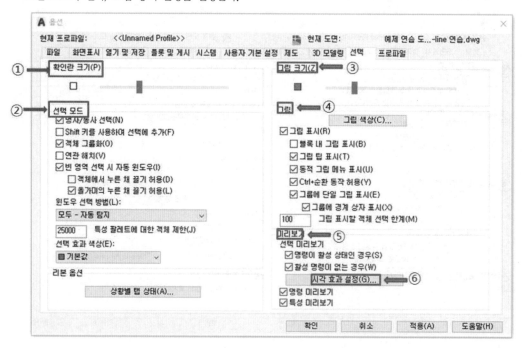

① 확인란 크기(P) : 선택 상자의 크기를 조정한다.

② 선택 모드 : 객체 선택 방법과 관련된 값을 설정한다.

③ 그립 크기(Z) : 객체의 맞물림 크기를 지정한다.

④ 그립 : 객체 선택 때 표시되는 작은 사각형에 관련된 설정을 조정, 입력한다.

⑤ 미리보기 : 도면 요소를 시각적인 효과를 부여하여 표시한다.

ⓐ 시각효과 설정(G) : 도면 요소 표현 효과 및 영역 선택의 색상 등을 지정한다.

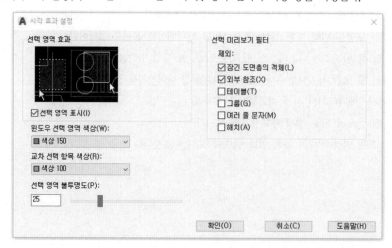

Ⓙ 프로파일

사용자환경을 설정한다.

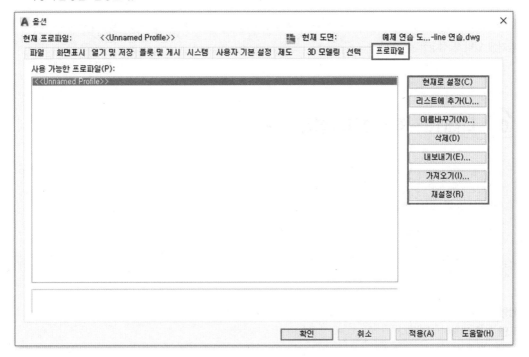

① 사용 가능한 프로파일 : 사용 가능한 프로파일의 리스트를 표시한다.

② 현재로 설정 : 선택한 프로파일을 현재 프로파일로 변환한다.

③ 리스트에 추가 : 다른 이름으로 저장할 수 있는 파일을 표시한다.

④ 이름 바꾸기 : 프로파일 변경 대화상자를 표시한다.

⑤ 삭제 : 선택한 프로파일을 삭제한다.

⑥ 내보내기 : 확장자가 .arg인 파일로 내보내기 하여 파일을 공유할 수 있다.

⑦ 가져오기 : 확장자가 .arg인 파일을 가져옵니다.

⑧ 재설정 : 선택한 값을 시스템 기본 설정으로 다시 설정한다.

02 AutoCAD의 다양한 명령어 적용 방법 ★★★★☆

도면을 쉽고, 빠르게 작도하기 위해 화면 상태의 설정과 명령어 입력 실행 상태를 보조 명령을 이용하여 사용자 환경에 알맞게 설정할 수 있다.

03 LIMITS – 작업영역의 설정 ★★★★★

도면 영역의 크기를 설정하고 제한한다.

LIMITS(도면 한계) 명령

명령어 ▶ LIMITS
단축키 ▶ LIM

명령 : LIMITS ↵
도면 한계 명령이 실행된다.

 옵션

① 왼쪽 아래 구석 지정 : 도면 영역의 왼쪽 아래 끝을 지정한다.
② 오른쪽 위 구석 지정 : 도면 영역의 오른쪽 위 끝을 지정한다.
③ 켜기(ON) : 설정된 도면 영역 안에 도면 요소를 작성한다.
④ 끄기(OFF) : 설정된 도면 영역 밖에 도면 요소를 작성한다.

04 LIMITS 기능 ★★★★★

따라하기 LIMITS 기능

명령 : LIMITS ↵
모형 공간 한계 재설정 :
왼쪽 아래 구석 지정 또는 [켜기(ON)/끄기(OFF)] 〈0.0000,0.0000〉 : 0,0 ↵
오른쪽 위 구석 지정 〈420.0000,297.0000〉 : 594,420 ↵

작업 용지 크기 설정하기

A열	용지 크기	B열	용지 크기
A0	841x1,189mm	B0	1,030x1,456mm
A1	594x841mm	B1	728x1030mm
A2	420x594mm	B2	515x728mm
A3	297x420mm	B3	364x515mm
A4	210x297mm	B4	257x364mm
A5	148x210mm	B5	182x257mm

용지 크기를 참고하여 작업영역 설정을 해본다.

05 ZOOM – 작업화면에 확대 및 축소 ★★★★★

1) ZOOM(줌) 명령

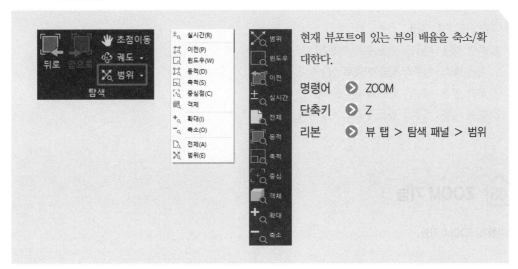

현재 뷰포트에 있는 뷰의 배율을 축소/확대한다.

명령어 ▶ ZOOM
단축키 ▶ Z
리본 ▶ 뷰 탭 > 탐색 패널 > 범위

명령 : ZOOM ↵
윈도우 구석 지정, 축척 비율(nX 또는 nXP) 입력 또는 [전체(A)/중심(C)/동적(D)/범위(E)/이전(P)/ 축척(S)/윈도우(W)/객체(O)] 〈실시간〉 :
ESC 또는 ENTER 키를 눌러 종료하거나 오른쪽 클릭하여 바로 가기 메뉴를 표시한다.

옵션

① 윈도우 구석 지정 : 도면 영역에서 줌 확대할 영역의 한쪽 구석을 지정한다.
② 반대 구석 : 도면 영역에서 줌 영역의 반대 구석을 지정한다.
③ 전체(A) : 도면 영역에서 표시되는 모든 객체의 범위, 그리드 한계 및 LIMITS
　　　　　　　명령의 한계 범위 중 가장 큰 범위를 화면에 표시한다.

2) PAN(실시간 초점이동) 명령 ★★★★★

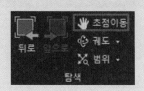

두 점의 거리와 방향을 지정하여 뷰를 이동한다.

명령어 ▶ PAN

단축키 ▶ P

① 실시간으로 초점 이동하기

   ⓐ 커서는 손 모양 커서로 변경된다.

   ⓑ 선택 버튼을 누른 채로 이동하면 도면 화면 표시가 커서와 같은 방향으로 이동한다.

   ⓒ 선택 버튼을 놓으면 초점 이동이 중단된다.

   ⓓ 뷰를 초점 이동할 때 커서는 가상의 도면 범위에 도달했음을 알려준다.

   ⓔ 초점 이동 명령을 종료하려면 Enter(↵)키 또는 ESC키를 선택한다.

② 마우스 휠 버튼 사용

   ⓐ 화면 확대 : 마우스 휠을 위로 이동한다.

   ⓑ 화면 축소 : 마우스 휠을 아래로 이동한다.

   ⓒ 화면 범위 : 마우스 휠을 두 번 선택한다.

   ⓓ 화면 이동 : 마우스 휠을 누르고 이동한다.

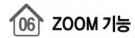 ZOOM 기능

따라하기 ZOOM 기능

명령 : ZOOM ↵
윈도우 구석 지정, 축척 비율(nX 또는 nXP) 입력 또는
[전체(A)/중심(C)/동적(D)/범위(E)/이전(P)/축척(S)/윈도우(W)/객체(O)] 〈실시간〉 : W
첫 번째 구석 지정 :
반대 구석 지정 :

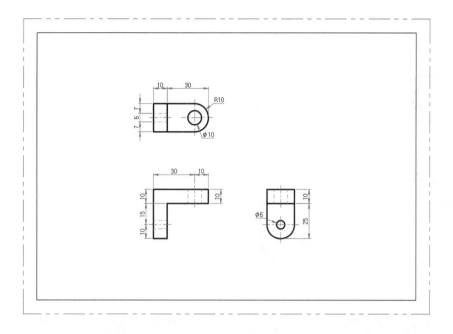

① ZOOM WINDOW 사용 전

명령 : Z ↵

ZOOM

윈도우 구석 지정, 축척 비율(nX 또는 nXP) 입력 또는

[전체(A)/중심(C)/동적(D)/범위(E)/이전(P)/축척(S)/윈도우(W)/객체(O)] 〈실시간〉 :

반대 구석 지정 :

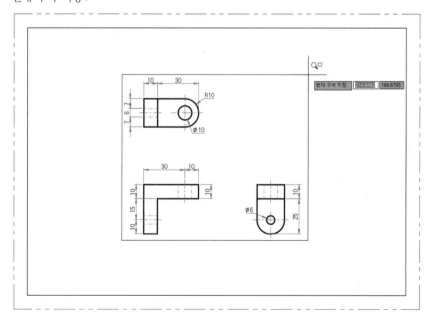

② ZOOM WINDOW 사용 후

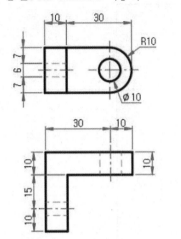
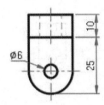

도면 크기를 A3 용지 420,297로 설정한다.
선 명령을 이용하여 직사각형을 만든다.
시작점은 10,10에서 시작하고 10mm 만큼 안으로 들어오게 작성한다.

① 명령 : LIMITS ↵
　　왼쪽 아래 구석 지정 또는 [켜기(ON)/끄기(OFF)] 〈0.0000,0.0000〉 : 0,0 ↵
　　오른쪽 위 구석 지정 〈590.0000,420.0000〉 : 420,297 ↵

② 명령 : ZOOM ↵
　　윈도우 구석 지정, 축척 비율(nX 또는 nXP) 입력 또는
　　[전체(A)/중심(C)/동적(D)/범위(E)/이전(P)/축척(S)/윈도우(W)/객체(O)] 〈실시간〉 : all ↵

③ 명령 : LINE ↵
　　첫 번째 점 지정 : 10,10 ↵
　　다음 점 지정 또는 [명령 취소(U)] : 〈직교 켜기〉 400 ↵
　　다음 점 지정 또는 [명령 취소(U)] : 〈직교 켜기〉 277 ↵
　　다음 점 지정 또는 [닫기(C)/명령취소(U)] : 〈직교 켜기〉 400 ↵
　　다음 점 지정 또는 [닫기(C)/명령취소(U)] : 〈직교 켜기〉 10,10 ↵

도면영역 확보하기

① 명령 : LIMITS ↵
　모형 공간 한계 재설정 :
　왼쪽 아래 구석 지정 또는 [켜기(ON)/끄기(OFF)] 〈0.0000,0.0000〉 : 0,0
　오른쪽 위 구석 지정 〈420.0000,297.0000〉 : 420,297

② 명령 : ZOOM ↵
　윈도우 구석 지정, 축척 비율(nX 또는 nXP) 입력 또는
　[전체(A)/중심(C)/동적(D)/범위(E)/이전(P)/축척(S)/윈도우(W)/객체(O)] 〈실시간〉 : ALL ↵

③ 명령 : GRID ↵
　그리드 간격두기(X) 지정 또는 [켜기
　(ON)/끄기(OFF)/스냅(S)/주(M)/가변(D)/
　한계(L)/따름(F)/종횡비(A)] 〈10.0000〉 :
　10 ↵

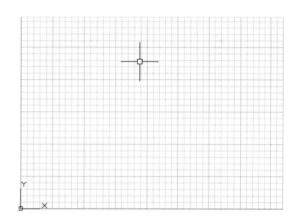

④ 명령 : REC ↵
　RECTANG
　첫 번째 구석점 지정 또는 [모따기(C)/고
　도(E)/모깎기(F)/두께(T)/폭(W)] : 10,10 ↵
　다른 구석점 지정 또는 [영역(A)/치수(D)/
　회전(R)] : @400,277 ↵

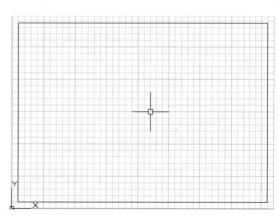

03 좌표계 익히기

01 좌표계 종류

1) 절대좌표(Absolute Coordinate) ★★★☆☆

X축, Y축이 이루는 평면에서 두축이 교차하는 지점을 원점(0,0)으로 지정하고, 원점으로 부터의 거리를 X, Y값으로 좌표를 표시한다.

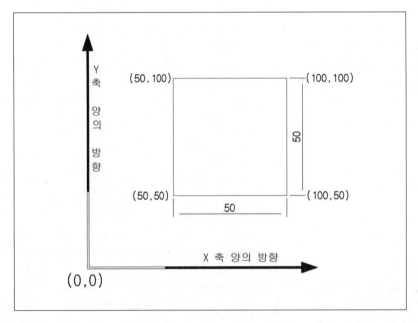

① 입력 : X, Y

    ⓐ X값 : 원점에서 X축 방향의 거리

    ⓑ Y값 : 원점에서 Y축 방향의 거리

입력 따라하기

명령 : LINE ↵

첫 번째 점 지정 : 50,50 ↵

다음 점 지정 또는 [명령 취소(U)] : 100,50 ↵

다음 점 지정 또는 [명령 취소(U)] : 100,100 ↵

다음 점 지정 또는 [닫기(C)/명령취소(U)] : 50,100 ↵

다음 점 지정 또는 [닫기(C)/명령취소(U)] : 50,50 ↵
다음 점 지정 또는 [닫기(C)/명령취소(U)] : ↵

2) 상대좌표(Relative Coordinate) ★★★★★

마지막에 입력한 점을 원점(0,0)으로 X축, Y축의 변위를 좌표로 표시하며 마지막으로 입력한 점을 의미하는 @를 좌표값 앞에 입력한다.

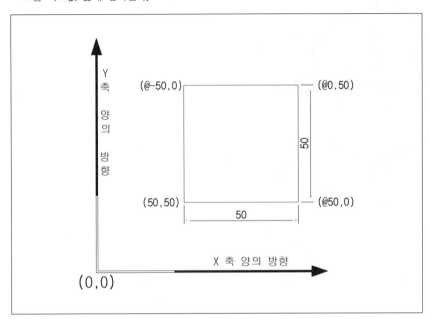

입력 : @X, Y

  @ : 마지막으로 입력한 좌표를 원점(0,0)으로 상대좌표로 표시

X값 : 마지막으로 입력한 좌표에서 X축 방향의 거리

Y값 : 마지막으로 입력한 좌표에서 Y축 방향의 거리

입력 따라하기

명령 : LINE ↵
첫 번째 점 지정 : 50,50 ↵
다음 점 지정 또는 [명령 취소(U)] : @50,0 ↵
다음 점 지정 또는 [명령 취소(U)] : @0,50 ↵
다음 점 지정 또는 [닫기(C)/명령취소(U)] : @-50,0 ↵
다음 점 지정 또는 [닫기(C)/명령취소(U)] : @50,50 ↵
다음 점 지정 또는 [닫기(C)/명령취소(U)] : ↵

3) 극좌표(Polar Coordinate) ★★★☆☆

X축, Y축이 이루는 평면에서 두 축이 교차하는 지점을 지정하고, 거리를 각도로 표시한다.

극좌표에서는 거리는 양수로 표시되며, 거리를 음수로 지정하면 -X축을 기준으로 계산하고, 각도는 X축을 기준으로 반시계 방향은 양수(+)이며, 시계방향은 음수(-)로 입력한다.

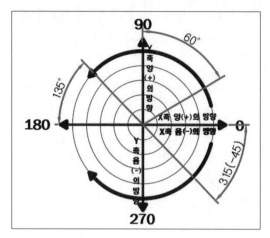

3)-1. 절대극좌표(Polar Coordinate) ★★★★★☆

X축, Y축이 이루는 평면에서 두 축이 교차하는 지점을 원점(0,0)으로 지정하고, 원점으로 부터의 거리를 각도로 표시한다.

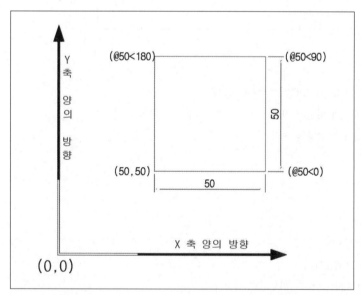

입력 : 거리〈각도

거리 : 원점에서 좌표까지의 표시

〈 : 극좌표 표시

각도 : X축과 이루는 각도

따라하기

명령 : LINE ↵

첫 번째 점 지정 : 50,50 ↵

다음 점 지정 또는 [명령 취소(U)] : 100〈0 ↵

다음 점 지정 또는 [명령 취소(U)] : 100〈90 ↵

다음 점 지정 또는 [닫기(C)/명령취소(U)] : 100〈180 ↵

다음 점 지정 또는 [닫기(C)/명령취소(U)] : 100〈270 ↵

다음 점 지정 또는 [닫기(C)/명령취소(U)] : ↵

3)-2 상대극좌표(Polar Coordinate) ★★★★★

X축, Y축이 이루는 평면에서 두 축이 교차하는 지점을 원점(0,0)으로 지정하고, 원점으로 부터의 거리를 각도로 표시한다.

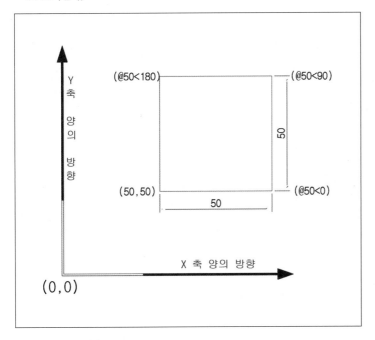

입력 : @거리〈각도

- @ : 마지막으로 입력한 좌표를 원점(0,0)으로 상대좌표로 표시

- 거리 : 마지막으로 입력한 좌표를 원점(0,0)으로 좌표까지의 거리

- 〈 : 극좌표 표시

- 각도 : X축과 이루는 각도

명령 : LINE ↵
첫 번째 점 지정 : 50,50 ↵
다음 점 지정 또는 [명령 취소(U)] : @50〈0 ↵
다음 점 지정 또는 [명령 취소(U)] : @50〈90 ↵
다음 점 지정 또는 [닫기(C)/명령취소(U)] : @50〈180 ↵
다음 점 지정 또는 [닫기(C)/명령취소(U)] : @50〈270 ↵
다음 점 지정 또는 [닫기(C)/명령취소(U)] : ↵

> **참고**
>
> 극좌표에서 거리는 양수로 표시하며, 거리를 음수로 지정하면 -X 축을 기준으로 계산하고, 각도는 X축을 기준으로 반시계
> 방향은 양수(+)이며, 시계방향은 음수(-)로 입력한다.

02 LINE(선) 명령 ★★★★★

점과 점을 잇는 연속된 직선 선분을 작성한다.

명령어	❯	LINE
단축키	❯	L
리본	❯	홈 탭 > 그리기 패널 > 선

명령 : LINE ↵
첫 번째 점 지정 :
다음 점 지정 또는 [명령 취소(U)] :
다음 점 지정 또는 [명령 취소(U)] :
다음 점 지정 또는 [닫기(C)/명령 취소(U)]

> **옵션**
>
> ① 첫 번째 점 지정
>   도면영역에서 선의 시작점을 지정 또는 좌표 값을 입력한다.
> ② 다음 점 지정
>   도면 영역에서 선의 끝점을 지정 또는 좌표 값을 입력한다.
> ③ 닫기(C) : 마지막 선의 끝점과 첫 번째 선의 시작점을 선으로 연결하여 닫힌 루프를 작성한다.
> ④ 명령 취소(U) : 선 순서의 가장 최근에 작성된 선분을 삭제한다.

절대좌표 / 상대좌표

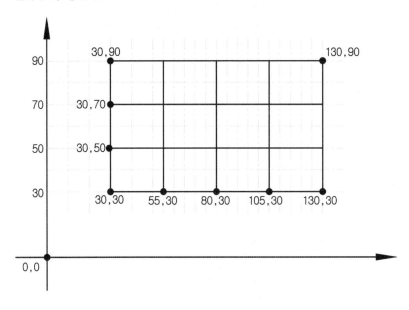

– 절대좌표(0,0)

　원점 0,0을 기준으로 좌표값이 누적되어 다음 좌표값을 사용한다.

　– 상대좌표(@X,Y)

　처음 시작점을 임의로 설정 현재의 좌표값이 기준이 되게 작용한다.

① 명령 : LIMITS ↵

　모형 공간 한계 재설정 :

　왼쪽 아래 구석 지정 또는 [켜기(ON)/끄기(OFF)] 〈0.0000,0.0000〉 : 0,0 ↵

　오른쪽 위 구석 지정 〈297.0000,210.0000〉 : 420,297 ↵

② 명령 : ZOOM ↵

　윈도우 구석 지정, 축척 비율(nX 또는 nXP) 입력 또는

　[전체(A)/중심(C)/동적(D)/범위(E)/이전(P)/축척(S)/윈도우(W)/객체(O)] 〈실시간〉 : ALL ↵

LINE 좌표 그리기

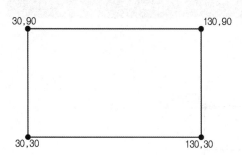

① 명령 : LINE ↵
   첫 번째 점 지정 : 30,30 ↵
   다음 점 지정 또는 [명령 취소(U)] : @100,0 ↵
   다음 점 지정 또는 [명령 취소(U)] : @0,60 ↵
   다음 점 지정 또는 [닫기(C)/명령취소(U)] : @-100,0 ↵
   다음 점 지정 또는 [닫기(C)/명령취소(U)] : 30,30 ↵
   다음 점 지정 또는 [닫기(C)/명령취소(U)] : ↵

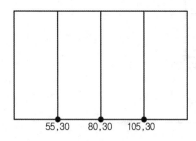

② 명령 : LINE ↵
   첫 번째 점 지정 : 55,30 ↵
   다음 점 지정 또는 [명령 취소(U)] : 〈객체 스냅 끄기〉 @60,0 ↵
   다음 점 지정 또는 [명령 취소(U)] : ↵

③ 명령 : LINE ↵
   첫 번째 점 지정 : 80,30 ↵
   다음 점 지정 또는 [명령 취소(U)] : 〈객체 스냅 끄기〉 @60,0 ↵
   다음 점 지정 또는 [명령 취소(U)] : ↵

④ 명령 : LINE ↵
   첫 번째 점 지정 : 105,30 ↵
   다음 점 지정 또는 [명령 취소(U)] : 〈객체 스냅 끄기〉 @60,0 ↵
   다음 점 지정 또는 [명령 취소(U)] : ↵

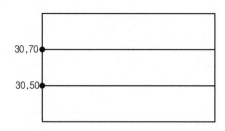

⑤ 명령 : LINE ↵
   첫 번째 점 지정 : 30,50 ↵
   다음 점 지정 또는 [명령 취소(U)] : @100,0 ↵
   다음 점 지정 또는 [명령 취소(U)] : ↵

⑥ 명령 : LINE ↵
   첫 번째 점 지정 : 30,70 ↵
   다음 점 지정 또는 [명령 취소(U)] : @100,0 ↵
   다음 점 지정 또는 [명령 취소(U)] : ↵

03 CIRCLE(원) 명령 ⊙ ★★★★★

1) CIRCLE(원) 명령

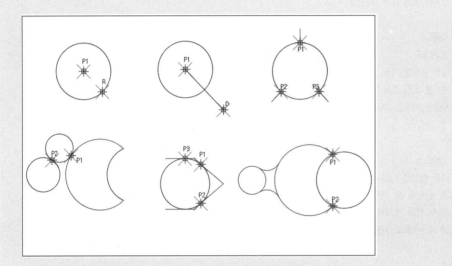

중심점에서 반지름과 같은 거리에 있는 점들의 집합으로 원을 작성한다.

명령어 ⊙ CIRCLE

단축키 ⊙ C

리본 ⊙ 홈 탭 > 그리기 패널 > 원

① 중심점, 반지름 : 원의 중심점을 찍고 원의 반지름(R)값 입력 후 원을 그린다.

② 중심점, 지름 : D선택 후 원의 중심점을 찍고 원의 지름값 입력 후 원을 그린다.

③ 3점 : 3점이 원주선을 지나는 원을 그린다.

④ 2점 : 2점을 지나는 원을 그린다.

⑤ 접선, 접선, 반지름(TTR) : 두 선과 교차하는 반지름을 그린다.

⑥ 접선, 접선, 접선 : 세 점이 지나는 원을 그린다.

명령 : CIRCLE ↵

원에 대한 중심점 지정 또는 [3점(3P)/2점(2P)/ Ttr – 접선 접선 반지름(T)] :

원의 반지름 지정 또는 [지름(D)] :

🔧 **옵션**

① 원에 대한 중심점 지정

도면 영역에서 원의 중심점을 지정 또는 좌표 값을 입력한다.

원의 반지름 지정

원의 반지름을 지정 또는 좌표 값을 입력한다.

② 원의 반지름(R)

명령 : CIRCLE ↵

원에 대한 중심점 지정 또는 [3점(3P)/2점(2P)/Ttr – 접선 접선 반지름(T)] :

원의 반지름 지정 또는 [지름(D)] : 50 ↵

③ 원의 지름(D)

명령 : CIRCLE ↵

원에 대한 중심점 지정 또는 [3점(3P)/2점(2P)/Ttr – 접선 접선 반지름(T)] :

원의 반지름 지정 또는 [지름(D)] 〈50.0000〉 : D ↵

원의 지름을 지정함 〈100.0000〉 : 50 ↵

④ 3점(3P)

명령 : CIRCLE ↵

원에 대한 중심점 지정 또는 [3점(3P)/2점(2P)/Ttr – 접선 접선 반지름(T)] : 3p ↵

원 위의 첫 번째 점 지정 :

원 위의 두 번째 점 지정 :

원 위의 세 번째 점 지정 :

⑤ 2점(2P)

명령 : CIRCLE ↵

원에 대한 중심점 지정 또는 [3점(3P)/2점(2P)/Ttr – 접선 접선 반지름(T)] : 2p ↵

원 지름의 첫 번째 끝점 지정 :

원 지름의 두 번째 끝점을 지정 :

⑥ Ttr – 접선 접선 반지름(T)

명령 : CIRCLE ↵

원에 대한 중심점 지정 또는 [3점(3P)/2점(2P)/Ttr – 접선 접선 반지름(T)] : TTR ↵

원의 첫 번째 접점에 대한 객체 위의 점 지정 : _tan 대상

원의 첫 번째 접점에 대한 객체 위의 점 지정 : _tan 대상

원의 반지름 지정 〈40.1884〉 : 50 ↵

⑦ TTT(접선 접선 접선)

명령 : CIRCLE ↵

원에 대한 중심점 지정 또는 [3점(3P)/2점(2P)/Ttr - 접선 접선 반지름(T)] : TTT ↵

원 위의 첫 번째 점 지정 : _tan 대상

원 위의 두 번째 점 지정 : _tan 대상

원 위의 세 번째 점 지정 : _tan 대상

 따라하기

1) CIRCLE(원) 연습 문제

아래 순서대로 따라하기로 작성해 본다.

① 명령 : LIMITS ↵

모형 공간 한계 재설정 :

왼쪽 아래 구석 지정 또는 [켜기(ON)/끄기(OFF)] 〈0.0000,0.0000〉 : ↵

오른쪽 위 구석 지정 〈1216.2509,1311.1642〉 : 420,297 ↵

② 명령 : ZOOM ↵

윈도우 구석 지정, 축척 비율(nX 또는 nXP) 입력 또는

[전체(A)/중심(C)/동적(D)/범위(E)/이전(P)/축척(S)/윈도우(W)/객체(O)] 〈실시간〉 : ALL ↵

③ 명령 : REC ↵

RECTANG

첫 번째 구석점 지정 또는 [모따기(C)/고도(E)/모깎기(F)/두께(T)/폭(W)] : 0,0 ↵

다른 구석점 지정 또는 [영역(A)/치수(D)/회전(R)] : 420,297 ↵

2) CIRCLE(원) 예제 따라하기

중심점에서 일정한 거리로 그린다.

① 원의 반지름을 입력한다.

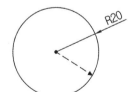

명령 : CIRCLE ↵

원에 대한 중심점 지정 또는 [3점(3P)/2점(2P)/Ttr - 접선 접선 반지름(T)] : 임의 점

원의 반지름 지정 또는 [지름(D)] : 20 ↵

② 원의 지름을 입력한다.

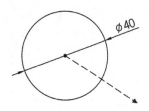

명령 : CIRCLE ↵

원에 대한 중심점 지정 또는 [3점(3P)/2점(2P)/Ttr – 접선 접선 반지름(T)] :

원의 반지름 지정 또는 [지름(D)] 〈15.0000〉 : D ↵

원의 지름을 지정함 〈30.0000〉 : 40 ↵

③ 원의 3P를 입력한다.

명령 : CIRCLE ↵

원에 대한 중심점 지정 또는 [3점(3P)/2점(2P)/Ttr – 접선 접선 반지름(T)] : 3P ↵

원 위의 첫 번째 점 지정 :

원 위의 두 번째 점 지정 :

원 위의 세 번째 점 지정 :

④ 원의 2P를 입력한다.

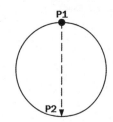

명령 : CIRCLE ↵

원에 대한 중심점 지정 또는 [3점(3P)/2점(2P)/Ttr – 접선 접선 반지름(T)] : 2P

원 지름의 첫 번째 끝점 지정 : P1

원 지름의 두 번째 끝점을 지정 : P2

⑤ 원의 TTR(접선, 접선, 반지름)을 입력한다.

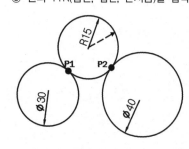

명령 : CIRCLE ↵

원에 대한 중심점 지정 또는 [3점(3P)/2점(2P)/Ttr – 접선 접선 반지름(T)] : T ↵

원의 첫 번째 접점에 대한 객체 위의 점 지정 : P1

원의 두 번째 접점에 대한 객체 위의 점 지정 : P2

원의 반지름 지정 〈20.0000〉 : 15

⑥ 원의 TTT (접선, 접선, 접선)를 입력한다.

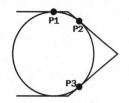

명령 : CIRCLE ↵

◯ 접선, 접선, 접선

원에 대한 중심점 지정 또는 [3점(3P)/2점(2P)/Ttr – 접선 접선 반지름(T)] : _3p ↵

원 위의 첫 번째 점 지정 : _tan 대상 P1

원 위의 두 번째 점 지정 : _tan 대상 P2

원 위의 세 번째 점 지정 : _tan 대상 P3

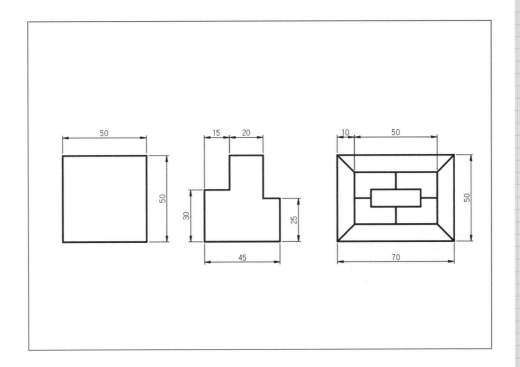

LINE 명령어 연습

LINE 명령어를 활용하여 선을 그린다.

① 명령 : LIMITS ↵
  모형 공간 한계 재설정 :
  왼쪽 아래 구석 지정 또는 [켜기(ON)/끄기(OFF)] 〈0.0000,0.0000〉 : ↵
  오른쪽 위 구석 지정 〈1216.2509,1311.1642〉 : 420,297 ↵

② 명령 : ZOOM ↵
  윈도우 구석 지정, 축척 비율(nX 또는 nXP) 입력 또는
  [전체(A)/중심(C)/동적(D)/범위(E)/이전(P)/축척(S)/윈도우(W)/객체(O)] 〈실시간〉 : ALL ↵

③ 명령 : REC ↵
  RECTANG
  첫 번째 구석점 지정 또는 [모따기(C)/고도(E)/모깎기(F)/두께(T)/폭(W)] : 0,0 ↵
  다른 구석점 지정 또는 [영역(A)/치수(D)/회전(R)] : 420,297 ↵

④ 직교켜기 사용 〈F8〉

    명령 : LINE ↵

    첫 번째 점 지정 :

    다음 점 지정 또는 [명령 취소(U)] : 〈직교 켜기〉

    다음 점 지정 또는 [명령 취소(U)] : 50 ↵

    다음 점 지정 또는 [닫기(C)/명령취소(U)] :

    다음 점 지정 또는 [닫기(C)/명령취소(U)] :

    다음 점 지정 또는 [닫기(C)/명령취소(U)] :

⑤ 절대좌표 사용

    명령 : LINE ↵

    첫 번째 점 지정 : 50,50

    다음 점 지정 또는 [명령 취소(U)] : 100,50 ↵

    다음 점 지정 또는 [명령 취소(U)] :

    다음 점 지정 또는 [닫기(C)/명령취소(U)] :

    다음 점 지정 또는 [닫기(C)/명령취소(U)] :

    다음 점 지정 또는 [닫기(C)/명령취소(U)] : ↵

⑥ 상대좌표 사용

    명령 : LINE ↵

    첫 번째 점 지정 : 임의의 점

    다음 점 지정 또는 [명령 취소(U)] : @50,0 ↵

    다음 점 지정 또는 [명령 취소(U)] :

    다음 점 지정 또는 [닫기(C)/명령취소(U)] :

    다음 점 지정 또는 [닫기(C)/명령취소(U)] :

    다음 점 지정 또는 [닫기(C)/명령취소(U)] : ↵

⑦ 상대극좌표 사용

    명령 : LINE ↵

    첫 번째 점 지정 : 임의의 점 ↵

    다음 점 지정 또는 [명령 취소(U)] : @50〈0 ↵

    다음 점 지정 또는 [명령 취소(U)] :

    다음 점 지정 또는 [닫기(C)/명령취소(U)] :

    다음 점 지정 또는 [닫기(C)/명령취소(U)] :

    다음 점 지정 또는 [닫기(C)/명령취소(U)] : ↵

직교켜기<F8>

LINE을 치수에 맞춰서 그린다.

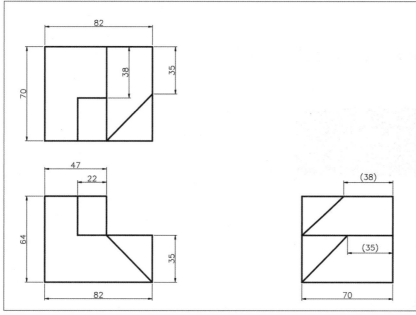

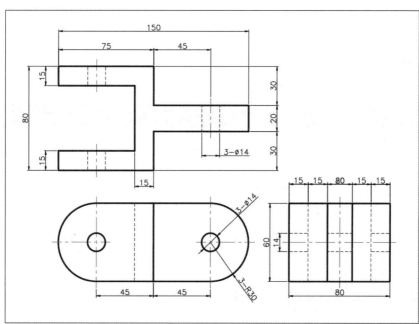

도면요소 선택 및 편집명령

01 ERASE(지우기) 명령 ★★★★★

객체를 삭제한다.

명령어	❯	ERASE
단축키	❯	E, Del
리본	❯	홈 탭 > 수정 패널 > 지우기

명령 : ERASE ↵
객체 선택 :

옵션

① 객체 선택 : 도면 영역에서 삭제할 객체를 지정한다.
② L : 마지막으로 작성된 객체를 삭제한다.
③ P : 이전 선택 세트를 삭제한다.
④ ALL : 모든 객체를 삭제한다.
⑤ 경계를 기준으로 교차하거나 접한 객체를 자른다.

따라하기

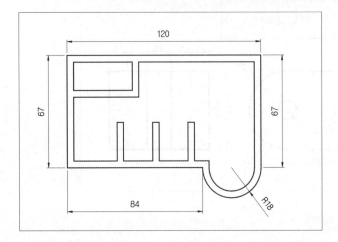

① 도면 요소를 하나씩 선택한다.

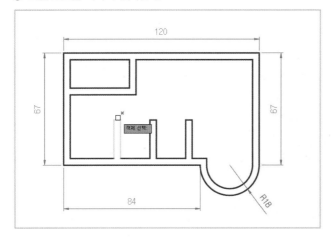

명령 : ERASE ↵
객체 선택 : 1개를 찾음
객체 선택 : 1개를 찾음, 총 2개
객체 선택 : 1개를 찾음, 총 3개
객체 선택 : ↵

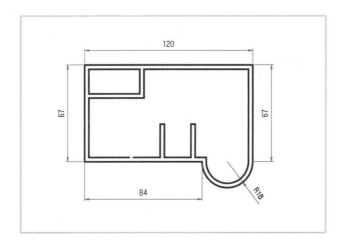

선택된 대상이 지워진 모양이다.

② 선택한 도면 요소들을 취소한다.

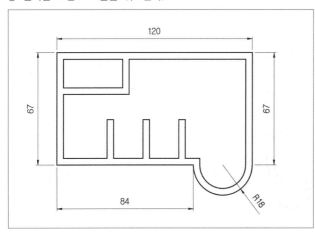

객체 선택 : ↵

③ 도면요소들을 걸치기(Crossing)로 선택한다.

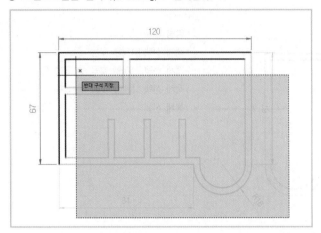

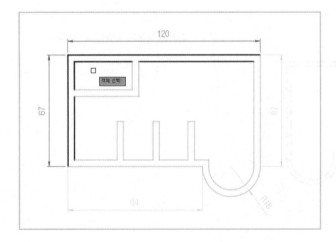

선택 후 모습이다.

명령 : ERASE ↵
객체 선택 : C ↵
첫 번째 구석 지정 : 반대 구석 지정 : 26개
를 찾음

④ 도면요소들을 윈도우(Window)로 선택한다.

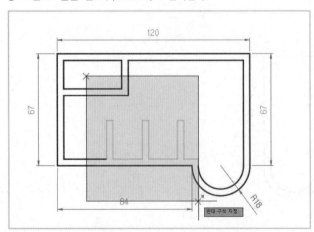

명령 : ERASE ↵
객체 선택 : w
첫 번째 구석 지정 : 반대 구석 지정 : 13개
를 찾음
객체 선택 : ↵

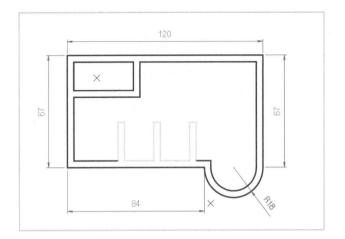

선택 후 모습이다.

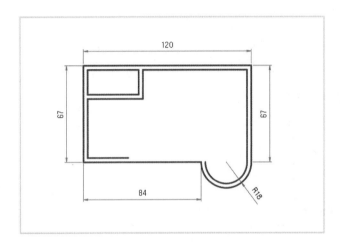

선택된 대상이 지워진 모양이다.

⑤ 선택요소를 하나씩 취소한다.

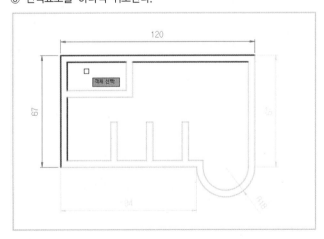

명령 : ERASE ↵
객체 선택 : 반대 구석 지정 : 26개를 찾음
객체 선택 : ↵
선택 후 모습이다.

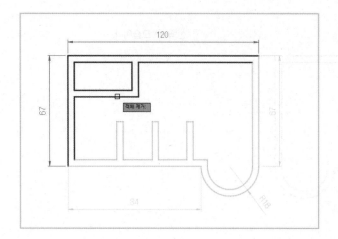

명령 : ERASE ↵
객체 선택 : 반대 구석 지정 : 26개를 찾음
객체 선택 : R (remove)
객체 제거 : 1개를 찾음, 1개 제거됨, 총 25개
객체 제거 : 1개를 찾음, 1개 제거됨, 총 24개
객체 제거 : 1개를 찾음, 1개 제거됨, 총 23개

Shift키를 선택한 상태에서 차례대로
선택해도 된다.

⑥ 선택을 모두 취소한다.

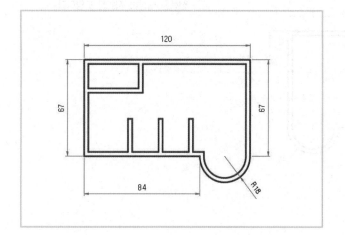

선택 된 대상을 취소 한 그림이다.

02 OOPS(취소) 명령 ★★★★★

지워진 객체를 복원합니다.

명령어 ❯ OOPS ↵
단축키 ❯ OO

따라하기

OPPS 선택 후 복원된 모습이다.

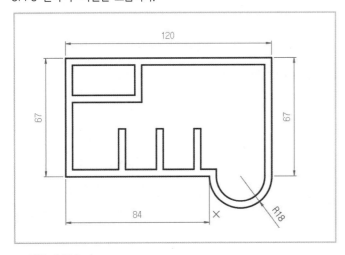

명령 : OOPS ↵

마지막 ERASE 명령에 의해 지워진 객체를 복원한다.

🏠 03 도면 요소 선택

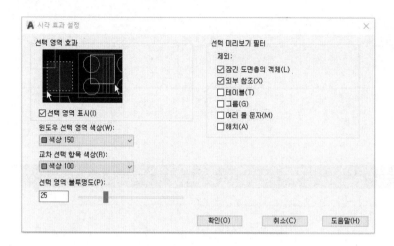

① 도면 요소를 한 개씩 선택

마우스로 도면 영역 안 한 개의 요소를 선택한다.

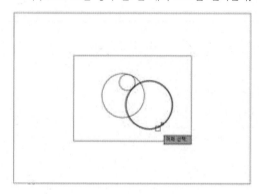
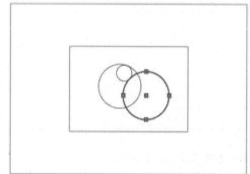

② 윈도우(Window)

마우스로 왼쪽에서 오른쪽 실선 사각 영역 안에 대상만 선택 된다.

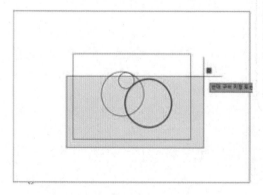
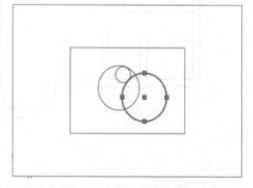

③ 걸치기(Crossing) ★★★★★

마우스로 왼쪽에서 오른쪽 점선 사이 사각 영역 사이에 걸친 대상도 선택 된다.

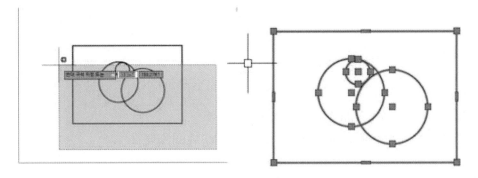

④ 선택 취소

선택된 요소를 취소하려면 (Shift)키를 누른 상태에서 취소할 도면 요소를 마우스로 선택한다.

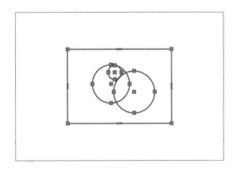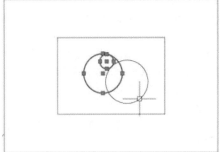

04 U, UNDO 명령 ★★★★★

바로 이전에 실행한 명령을 취소한다.

① 명령어 : U

명령 실행 중에 바로 전에 실행한 명령을 취소한다.

② 명령 : LINE ↵

첫 번째 점 지정 :

다음 점 지정 또는 [명령 취소(U)] :

다음 점 지정 또는 [명령 취소(U)] : U ↵

③ 명령어 : UNDO

실행한 명령을 취소한다.

④ 명령어 : UNDO

  단축키 : ⎡Ctrl⎤ + ⎡Z⎤

⑤ 명령 : UNDO ↵

현재 설정 : 자동 = 켜기, 조정 = 전체, 결합 = 예, 도면층 = 예

취소할 작업의 수 또는 [자동(A)/조정(C)/시작(BE)/끝(E)/표식(M)/뒤(B)] 입력 〈1〉 : ↵

옵션

① 취소할 작업의 수 : 이전 작업을 취소할 숫자를 입력한다.

② 자동(A) : 실행한 명령들을 그룹으로 묶는다.

③ 조정(C) : 명령의 기능을 제어한다.

  ⓐ 모두(A) : 반복하여 도면 요소를 취소할 수 있도록 명령을 활성화한다.

  ⓑ 없음(N) : 명령의 기능을 정지한다.

  ⓒ 결합(C) : 취소할 도면 요소를 추가하여 결합한다.

④ 시작(BE) : 취소할 작업을 묶어 그룹화할 시작 위치를 지정한다.

⑤ 끝(E) : 그룹화한 끝 위치를 지정한다.

⑥ 표식(M) : 실행을 취소할 위치가 지정한다.

⑦ 뒤(B) : 표시로 부가 명령을 지정한 이후부터 실행한 명령을 일괄적으로 취소한다.

  ⓐ REDO(취소한 작업 복구) 명령

  ⓑ UNDO 명령으로 취소한 작업을 복구한다.

명령어 : REDO

단축키 : ⎡Ctrl⎤ + ⎡Y⎤

실행한 명령을 취소한다.

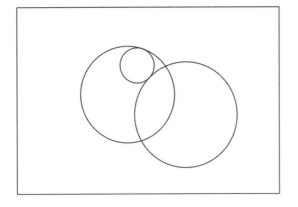

테두리 삭제한 상태

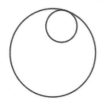

실행한 명령을 취소 복구한 후의 모습이다.

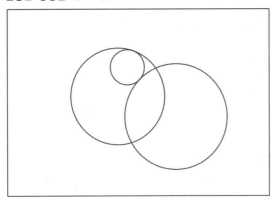

명령 : UNDO ↵
현재 설정 : 자동 = 켜기, 조정 = 전체, 결합 = 예, 도면층 = 예
취소할 작업의 수 또는 [자동(A)/조정(C)/시작(BE)/끝(E)/표식(M)/뒤(B)] 입력 ⟨1⟩ : 3 ↵
INTELLIZOOM   ERASE   ERASE

05 **BLIPMODE(잔상표시) 명령**(현재 버전에서는 사용하지 않는다)

도면 영역에서 잔상으로 표시/숨기기 한다.

 06 **REGEN(도면 재생성) 명령** ★★★☆☆

전체 재생성(A)

도면을 다시 생성한다.

명령 : REGEN ↵

 07 **REDRAW(화면 재생성) 명령** ★★★☆☆

다시 그리기(R)

화면에 표시되는 도면요소를 다시 그린다.

명령 : REDRAW ↵

08 **VIEWRES(해상도 조정) 명령** ★★★☆☆

명령 : VIEWRES ↵
고속 줌을 원하십니까? [예(Y)/아니오(N)] 〈Y〉 : ↵
원 줌 퍼센트 입력 (1-20000) 〈1000〉 : 정수로 입력한다.

DRAGMODE(가상객체 표시) 명령 ★★★☆☆

선, 원, 호 등의 명령을 입력하면 도면영역에 가상적으로 표시하여 미리 시각적인 효과로 표시한다.

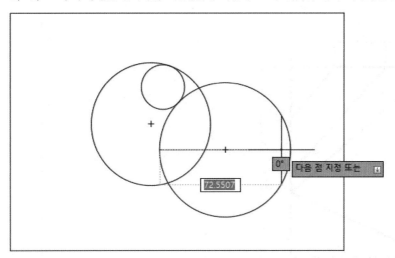

① 명령 : DRAGMODE ↵

새 값 입력 [켜기(ON)/*끄기*(OFF)/자동(A)] 〈자동〉 :

ⓐ 켜기(ON) : 드래그 모드를 켠다.

ⓑ *끄기*(OFF) : 드래그 모드를 끈다.

ⓒ 자동(A) : 드래그가 가능할 때 자동으로 드래그 모드가 된다.

② 명령 : MREDO ↵

몇 가지 이전 UNDO 또는 U 명령의 효과를 되돌린다.

③ 명령 : MREDO ↵

작업의 수 입력 또는 [전체(A)/최종(L)] :

옵션

ⓐ 작업의 수 입력 : 이전 작업을 복구할 숫자를 입력한다.

ⓑ 전체(A) : 취소한 명령을 모두 복구한다.

ⓒ 최종(L) : 마지막 취소한 명령만 복구한다.

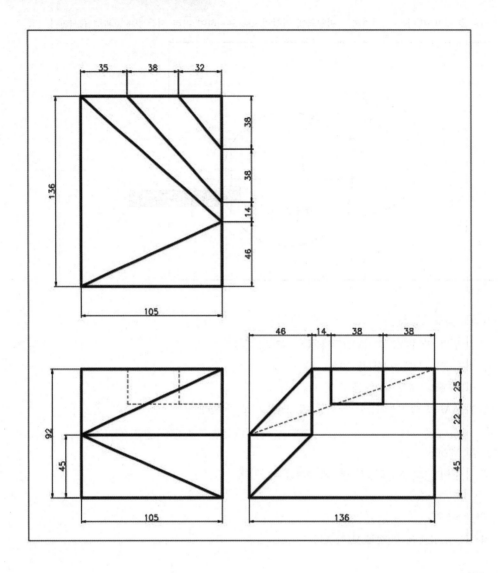

기본 도형 익히기 명령

01 ARC(호) 명령 ★★★★★

ARC(호) 명령 호를 작성한다.

명령어	❯	ARC
단축키	❯	A
리본	❯	홈 탭 > 그리기 패널 > 호

① 3점 : 임의의 3개의 점을 선택하여 호를 그린다.

② 시작점, 중심점, 끝점 : 시작점 중심점을 선택하고 끝점을 선택하여 호를 그린다.

③ 시작점, 중심점, 각도 : 시작점 중심점을 선택하고 각도 지정 후 호를 그린다.

④ 시작점, 중심점, 길이 : 시작점 중심점을 선택하고 호의 길이 지정 후 호를 그린다.

⑤ 시작점, 끝점, 각도 : 시작점 끝점을 선택하고 끝점 호의 길이 지정 후 호를 그린다.

⑥ 시작점, 끝점, 방향 : 시작점 끝점을 선택하고 끝점 호의 방향 지정 후 호를 그린다.

⑦ 시작점, 끝점, 반지름 : 시작점 끝점을 선택하고 끝점 호의 반지름 지정 후 호를 그린다.

⑧ 중심점, 시작점, 끝점 : 중심점, 시작점을 선택하고 끝점 지정 후 호를 그린다.

⑨ 중심점, 시작점, 각도 : 중심점, 시작점을 선택하고 각도 지정 후 호를 그린다.

⑩ 중심점, 시작점, 길이 : 중심점, 시작점을 선택하고 길이 지정 후 호를 그린다.

⑪ 연속 : 임의의 한 점만 선택하여 호를 그린다.

명령 : ARC ↵

호의 시작점 지정 또는 [중심(C)] :
호의 두 번째 점 또는 [중심(C)/끝(E)] 지정 :
호의 끝점 지정 :

옵션

① 호의 시작점 지정
도면 영역에서 호의 시작점을 지정 또는 좌표 값을 입력한다.
② 호의 두 번째 점
도면 영역에서 호의 두 번째 점을 지정 또는 좌표 값을 입력한다.
③ 호의 끝점 지정
도면 영역에서 호의 끝점을 지정 또는 좌표 값을 입력한다.

따라하기

호(ARC)

① 3점

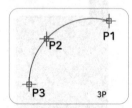

명령 : ARC ↵
호의 시작점 지정 또는 [중심(C)] :
호의 두 번째 점 또는 [중심(C)/끝(E)] 지정 :
호의 끝점 지정 :

② 시작점, 중심점, 끝점

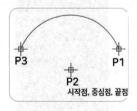

명령 : ARC ↵
호의 시작점 지정 또는 [중심(C)] :
호의 두 번째 점 또는 [중심(C)/끝(E)] 지정 : C
호의 중심점 지정 :
호의 끝점 지정(Ctrl 키를 누른 상태에서 방향 전환) 또는 [각도(A)/현의 길이(L)] :

③ 시작점, 중심점, 각도

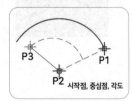

명령 : ARC ↵
호의 시작점 지정 또는 [중심(C)] :
호의 두 번째 점 또는 [중심(C)/끝(E)] 지정 : C
호의 중심점 지정 :
호의 끝점 지정(Ctrl 키를 누른 상태에서 방향 전환) 또는 [각도(A)/현의 길이(L)] : A
사이각 지정(Ctrl 키를 누른 채 방향 전환) : 163

④ 시작점, 중심점, 길이

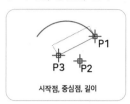

시작점, 중심점, 길이

명령 : ARC ↵

호의 시작점 지정 또는 [중심(C)] :

호의 두 번째 점 또는 [중심(C)/끝(E)] 지정 : C

호의 중심점 지정 :

호의 끝점 지정(Ctrl 키를 누른 상태에서 방향 전환) 또는 [각도(A)/현의 길이(L)] : L

현의 길이 지정(Ctrl 키를 누른 채 방향 전환) : 20

⑤ 시작점, 끝점, 각도

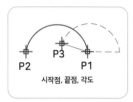

시작점, 끝점, 각도

명령 : ARC ↵

호의 시작점 지정 또는 [중심(C)] :

호의 두 번째 점 또는 [중심(C)/끝(E)] 지정 : E

호의 끝점 지정 :

호의 중심점 지정(Ctrl 키를 누른 상태에서 방향 전환) 또는 [각도(A)/방향(D)/반지름(R)] : A

사이각 지정(Ctrl 키를 누른 채 방향 전환) : 163

⑥ 시작점, 끝점, 방향

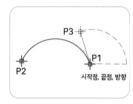

시작점, 끝점, 방향

명령 : ARC ↵

호의 시작점 지정 또는 [중심(C)] :

호의 두 번째 점 또는 [중심(C)/끝(E)] 지정 : E

호의 끝점 지정 :

호의 중심점 지정(Ctrl 키를 누른 상태에서 방향 전환) 또는 [각도(A)/방향(D)/반지름(R)] : D

호의 시작점에 대한 접선 방향 지정(Ctrl 키를 누른 상태에서 방향 전환) : 19

⑦ 시작점, 끝점, 반지름

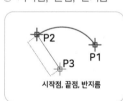

시작점, 끝점, 반지름

명령 : ARC ↵

호의 시작점 지정 또는 [중심(C)] :

호의 두 번째 점 또는 [중심(C)/끝(E)] 지정 : E

호의 끝점 지정 :

호의 중심점 지정(Ctrl 키를 누른 상태에서 방향 전환) 또는 [각도(A)/방향(D)/반지름(R)] : R

호의 반지름 지정(Ctrl 키를 누른 상태에서 방향 전환) : 20

⑧ 중심점, 시작점, 끝점

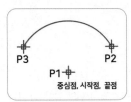

명령 : ARC ↵

호의 시작점 지정 또는 [중심(C)] : C

호의 중심점 지정 :

호의 시작점 지정 :

호의 끝점 지정(Ctrl 키를 누른 상태에서 방향 전환) 또는 [각도(A)/현의 길이(L)] :

⑨ 중심점, 시작점, 각도

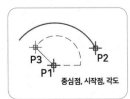

명령 : ARC ↵

호의 시작점 지정 또는 [중심(C)] : C

호의 중심점 지정 :

호의 시작점 지정 :

호의 끝점 지정(Ctrl 키를 누른 상태에서 방향 전환) 또는 [각도(A)/현의 길이(L)] : A

사이각 지정(Ctrl 키를 누른 채 방향 전환) : 136

⑩ 중심점, 시작점, 길이

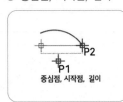

명령 : ARC ↵

호의 시작점 지정 또는 [중심(C)] : C

호의 중심점 지정 :

호의 시작점 지정 :

호의 끝점 지정(Ctrl 키를 누른 상태에서 방향 전환) 또는 [각도(A)/현의 길이(L)] : L

현의 길이 지정(Ctrl 키를 누른 채 방향 전환) : 20

⑪ 연속

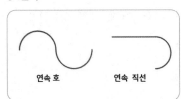

명령 : ARC ↵

호의 시작점 지정 또는 [중심(C)] :

호의 끝점 지정(Ctrl 키를 누른 상태에서 방향 전환) :

(마지막 그린 호의 끝자리에서 시작한다.)

04 OFFSET(간격 띄우기) 명령 ★★★★★

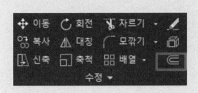

객체를 일정한 간격으로 평행하게 복사한다.

명령어 ❯ OFFSET

단축키 ❯ O

리본 ❯ 홈 탭 > 수정 패널 > 간격 띄우기

명령 : O ↵

OFFSET

현재 설정 : 원본 지우기=아니오 도면층=원본 OFFSETGAPTYPE=0

간격띄우기 거리 지정 또는 [통과점(T)/지우기 (E)/도면층(L)] 〈통과점〉:

간격띄우기할 객체 선택 또는 [종료(E)/명령 취소 (U)] 〈종료〉:

옵션

① 간격 띄우기 거리 지정 : 객체의 간격을 띄울 거리를 입력한다.

② 간격 띄우기 할 객체 선택 : 도면 영역에서 간격을 띄울 객체를 선택한다.

③ 통과점(T) : 도면영역에서 통과하는 점을 지정한다.

　지우기(E) : 원본 객체를 간격 띄우기 하고 복사한 후 지운다.

　도면층(L) : 현재 도면층에서 직사각형, 경로 및 원형으로 배열 복사한다.

　종료(E) : 간격 띄우기 명령을 종료한다.

　명령 취소(U) : 잘못 간격 띄우기 된 객체를 간격 띄우기 이전으로 되돌린다.

　다중(M) : 반복적으로 간격 띄우기를 한다.

OFFSET(간격 띄우기)

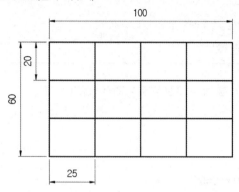

① 명령 : LINE ↵

첫 번째 점 지정 :

다음 점 지정 또는 [명령 취소(U)] : 〈직교 켜기〉 60

다음 점 지정 또는 [명령 취소(U)] : 100

다음 점 지정 또는 [닫기(C)/명령취소(U)] : ↵

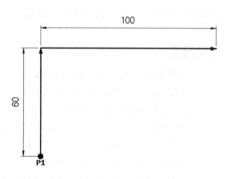

② 명령 : OFFSET ↵

현재 설정 : 원본 지우기=아니오   도면층=원본   OFFSETGAPTYPE=0

간격 띄우기 거리 지정 또는 [통과점(T)/지우기(E)/도면층(L)] 〈20.0000〉 : 100

간격 띄우기 할 객체 선택 또는 [종료(E)/명령 취소(U)] 〈종료〉 : ↵

③ 명령 : OFFSET ↵

현재 설정 : 원본 지우기=아니오   도면층=원본   OFFSETGAPTYPE=0

간격 띄우기 거리 지정 또는 [통과점(T)/지우기(E)/도면층(L)] 〈100.0000〉 : 60

간격 띄우기할 객체 선택 또는 [종료(E)/명령 취소(U)] 〈종료〉 : ↵

④ 명령 : OFFSET ↵

현재 설정 : 원본 지우기=아니오 도면층=원본 OFFSETGAPTYPE=0

간격 띄우기 거리 지정 또는 [통과점(T)/지우기(E)/도면층(L)] 〈60.000 0〉: 25

간격 띄우기 할 객체 선택 또는 [종료(E)/명령 취소(U)] 〈종료〉:

간격 띄우기 할 면의 점 지정 또는 [종료(E)/다중(M)/명령 취소(U)] 〈종료〉:

간격 띄우기 할 객체 선택 또는 [종료(E)/명령 취소(U)] 〈종료〉:

간격 띄우기 할 면의 점 지정 또는 [종료(E)/다중(M)/명령 취소(U)] 〈종료〉:

간격 띄우기 할 객체 선택 또는 [종료(E)/명령 취소(U)] 〈종료〉:

간격 띄우기 할 면의 점 지정 또는 [종료(E)/다중(M)/명령 취소(U)] 〈종료〉:

간격 띄우기 할 객체 선택 또는 [종료(E)/명령 취소(U)] 〈종료〉: ↵

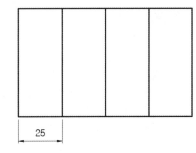

25

⑤ 명령 : OFFSET ↵

현재 설정 : 원본 지우기=아니오 도면층=원본 OFFSETGAPTYPE=0

간격 띄우기 거리 지정 또는 [통과점(T)/지우기(E)/도면층(L)] 〈25.0000〉: 20

간격 띄우기 할 객체 선택 또는 [종료(E)/명령 취소(U)] 〈종료〉:

간격 띄우기 할 면의 점 지정 또는 [종료(E)/다중(M)/명령 취소(U)] 〈종료〉:

간격 띄우기 할 객체 선택 또는 [종료(E)/명령 취소(U)] 〈종료〉:

간격 띄우기 할 면의 점 지정 또는 [종료(E)/다중(M)/명령 취소(U)] 〈종료〉:

간격 띄우기 할 객체 선택 또는 [종료(E)/명령 취소(U)] 〈종료〉: ↵

20

03 TRIM(자르기) 명령 ★★★★★

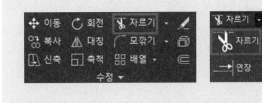

경계를 기준으로 교차하거나 접한 객체를 자른다.

명령어 ❯ TRIM

단축키 ❯ TR

리본 ❯ 홈 탭 > 수정 패널 > 자르기

명령 : TRIM ↵

현재 설정 : 투영=UCS, 모서리=없음, 모드=빠른 작업

자를 객체를 선택하거나 Shift 키를 누른 채로 선택하여 확장 또는

[절단 모서리(T)/걸치기(C)/모드(O)/프로젝트(P)/지우기(R)] :

① 절단 모서리 선택 : 도면 영역에서 자를 경계로 사용할 객체를 지정한다.

② 객체 선택 : 도면 영역에서 자를 객체를 지정한다.

③ 걸치기(C) : 객체를 2개의 점에 의해 직사각형 영역 내에 포함 또는 교차 선택한다.

④ 모드(O) : 절단 모서리를 선택하라는 프롬프트가 표시되는 표준으로 설정한다.

⑤ 프로젝트(P) : 3차원 도형에서 투영되어 선택된다.

⑥ 지우기(R) : 선택한 객체를 삭제한다.

〈참고〉

도면요소 전체를 자를 객체의 기준요소로 선택하면 자른 도면요소에 자르지 않는 도면요소가 생긴다.

이를 남기지 않기 위해 경계를 설정하여 자 르는 것이 편리하다.

자르고 남은 요소는 지우기(ERASE) 명령을 이용해 삭제한다.

따라하기

TRIM (자르기)

① 직선을 아래와 같이 간격띄우기 명령을 이용하여 완성한다.

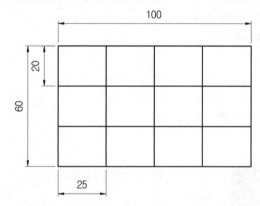

② TRIM 선택 옵션 모드는 표준모드(S)를 기준으로 자르기를 한다.
　　　　(대상을 선택 후 실행한다.)

명령 : TRIM ↵

현재 설정 : 투영=UCS, 모서리=없음, 모드=빠른 작업

자를 객체를 선택하거나 Shift 키를 누른 채로 선택하여 확장 또는 [절단 모서리(T)/걸치기(C)/모드(O)/프로젝트(P)/
 지우기(R)] : O

자르기 모드 옵션 입력 [빠른 작업(Q)/표준(S)] 〈빠른 작업(Q)〉 : S

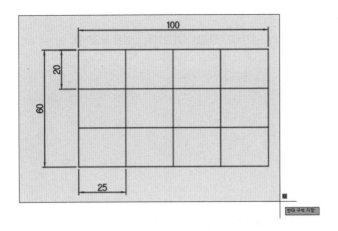

자를 객체를 선택하거나 Shift 키를 누른 채로 선택하여 확장 또는
[절단모서리(T)/울타리(F)/걸치기(C)/모드(O)/프로젝트(P)/모서리(E)/지우기(R)/명령취소(U)] :

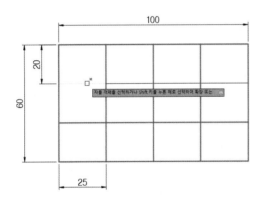

선택 후 자르기를 실행하는 모양이다.

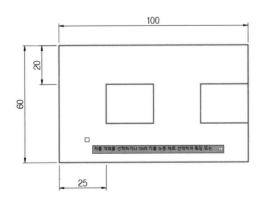

선택 후 자르기를 실행하는 모양이다.

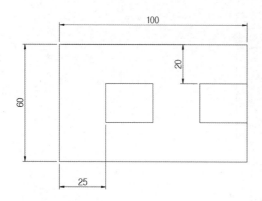

자르기 명령을 실행한 후 완성된 모양이다.

③ TRIM 선택 옵션 모드는 빠른모드(Q)를 기준으로 자르기를 한다.
   (대상을 선택하지 않아도 바로 실행 할 수 있다)

명령 : TRIM ↵

현재 설정 : 투영=UCS, 모서리=없음, 모드=빠른 작업

자를 객체를 선택하거나 Shift 키를 누른 채로 선택하여 확장 또는

 [절단 모서리(T)/걸치기(C)/모드(O)/프로젝트(P)/지우기(R)] : 점선으로 선택

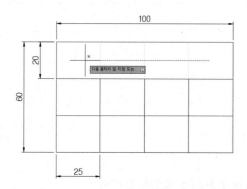 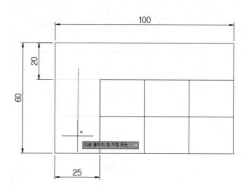

자를 객체를 선택하거나 Shift 키를 누른 채로 선택하여 확장 또는

 [절단 모서리(T)/걸치기(C)/모드(O)/프로젝트(P)/지우기(R)/명령취소(U)] : 점선으로 선택

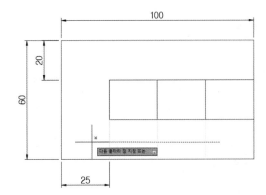

자를 객체를 선택하거나 Shift 키를 누른 채로 선택하여 확장 또는

[절단 모서리(T)/걸치기(C)/모드(O)/프로젝트(P)/지우기(R)/
명령취소(U)] : 점선으로 선택

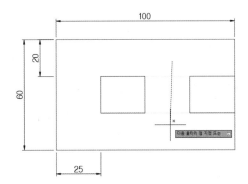

자를 객체를 선택하거나 Shift 키를 누른 채로 선택하여 확장 또는
[절단 모서리(T)/걸치기(C)/모드(O)/프로젝트(P)/지우기(R)/
명령취소(U)] : ↵

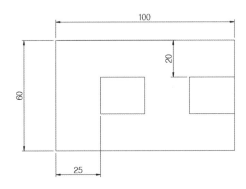

자르기 명령을 실행한 후 완성된 모양이다.

04 EXTEND(연장) 명령 →| ★★★★★

객체의 모서리를 둥글게 작성한다.

명령어 ❯	EXTEND
단축키 ❯	EX
리본 ❯	홈 탭 > 수정 패널 > 연장

명령 : EX ↵
EXTEND
현재 설정 : 투영=UCS, 모서리=없음, 모드=빠른 작업
연장할 객체 선택 또는 Shift 키를 누른 채 선택하여 자르기 또는
[경계 모서리(B)/걸치기(C)/모드(O)/프로젝트(P)] : ↵

옵션

① 객체 선택 : 도면 영역에서 연장할 경계 객체를 지정한다.
② 연장할 객체 : 도면 영역에서 연장할 객체를 지정한다.
③ 울타리(F) : 직선에 교차하는 도면 요소를 자동으로 선택한다.
④ 걸치기(C) : 사각으로 걸쳐진 도면 요소가 선택된다.
⑤ 모드(O) : 빠른 작업 모드 경계 모서리를 선택한다.
⑥ 프로젝트(P) : 3차원 도형에서 투영되어 선택된다.
⑦ 모서리(E) : 가상으로 연장하여 기준선으로 사용한다.
⑧ 명령 취소(U) : 바로 전에 실행한 명령을 취소한다.

〈참고〉
⑤ 모드=표준 모드
먼저 경계를 선택하고 Enter 키를 누른 다음, 연장할 객체를 선택한다.
모든 객체를 경계로 사용하려면 첫 번째 객체 선택에서 Enter 키를 누릅니다.

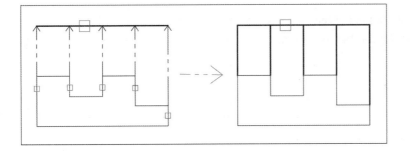

EXTEND (연장)

LINE(선)은 직교〈F8〉 좌표를 이용하여 예제와 같이 먼저 작성한다.
완성된 가로 선을 위쪽으로 간격띄우기(OFFSET)명령으로 37 만큼 띄워 두고 다음과정을 따라한다.

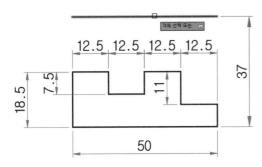

명령 : EXTEND ↵
현재 설정 : 투영=UCS, 모서리=없음, 모드=표준
경계 모서리 선택...
객체 선택 또는 [모드(O)] 〈모두 선택〉 : 1개를 찾음

EXTEND선택 옵션 모드는 빠른모드(Q)를 기준으로 연장을 한다.
(대상을 선택하지 않아도 바로 실행 할 수 있다.)

명령 : EXTEND ↵
현재 설정 : 투영=UCS, 모서리=없음, 모드=빠른 작업
연장할 객체 선택 또는 Shift 키를 누른 채 선택하여 자르기 또는 [경계 모서리(B)/걸치기(C)/모드(O)/프로젝트(P)] : 선택

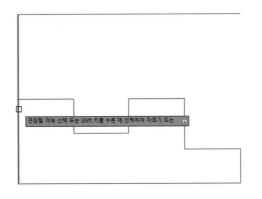

반복 선택하여 수행한다.

연장할 객체 선택 또는 Shift 키를 누른 채 선택하여 자르기 또는
[경계 모서리(B)/걸치기(C)/모드(O)/프로젝트(P)/명령취소(U)] : 선택

연장할 객체 선택 또는 Shift 키를 누른 채 선택하여 자르기 또는
[경계 모서리(B)/걸치기(C)/모드(O)/프로젝트(P)/명령취소(U)] : ↵

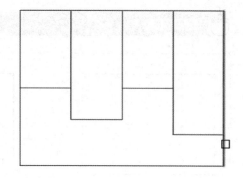

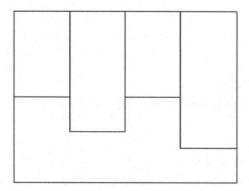

연장 명령을 실행한 후 완성된 모양이다.

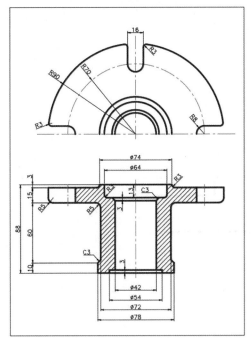

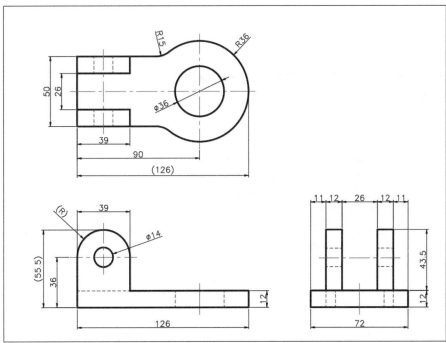

CHAPTER

06 응용 도형 익히기 명령

01 XLINE(구성선) 명령 ★★★★★

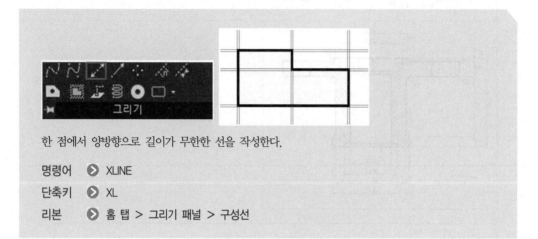

한 점에서 양방향으로 길이가 무한한 선을 작성한다.

명령어 ▶ XLINE

단축키 ▶ XL

리본 ▶ 홈 탭 > 그리기 패널 > 구성선

명령 : XLINE ↵

점 지정 또는 [수평(H)/수직(V)/각도(A)/이등분 (B)/간격띄우기(O)] :

통과점을 지정 :

옵션

① 점 지정 : 도면 영역에서 구성선이 통과할 점을 지정한다.

② 수평(H) : 지정한 점을 통과하는 수평 구성선(X축에 평행)을 작성한다.

③ 수직(V) : 지정한 점을 통과하는 수직 구성선(Y축에 평행)을 작성한다.

④ 각도(A) : X축 기준으로 지정한 각도로 구성선을 작성한다.

⑤ 이등분(B) : 선택한 각도 정점을 통과하면서 첫 번째 선과 두 번째 선 사이를 이등분하는 구성선을 작성한다.

⑥ 간격 띄우기(O) : 다른 객체에 평행하게 구성선을 작성한다.

따라하기

XLINE(구성선) 명령

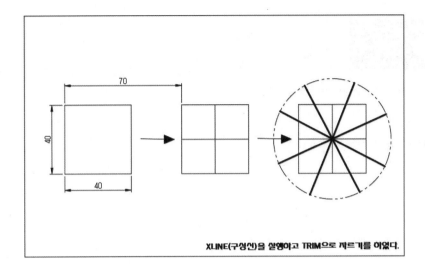

XLINE(구성선)을 실행하고 TRIM으로 자르기를 하였다.

① 명령 : RECTANGLE ↵
　첫 번째 구석점 지정 또는 [모따기(C)/고도(E)/모깎기(F)/두께(T)/폭(W)] : 임의의 시작점
　다른 구석점 지정 또는 [영역(A)/치수(D)/회전(R)] : @40,40

② 명령 : COPY ↵
　객체 선택 : 1개를 찾음
　객체 선택 :
　현재 설정 : 복사 모드 = 다중(M)
　기본점 지정 또는 [변위(D)/모드(O)] 〈변위〉 : 사각형 위쪽 모서리를 선택한다.
　두 번째 점 지정 또는 [배열(A)] 〈첫 번째 점을 변위로 사용〉 : 〈직교 켜기〉 70
　두 번째 점 지정 또는 [배열(A)/종료(E)/명령 취소(U)] 〈종료〉 : 140
　두 번째 점 지정 또는 [배열(A)/종료(E)/명령 취소(U)] 〈종료〉 : ↵

③ 명령 : LINE ↵
　첫 번째 점 지정 : [객체스냅] _mid 〈−
　다음 점 지정 또는 [명령 취소(U)] : [객체스냅] _mid 〈−
　다음 점 지정 또는 [명령 취소(U)] : ↵

④ 명령 : XLINE ↵
　점 지정 또는 [수평(H)/수직(V)/각도(A)/이등분(B)/간격띄우기(O)] : _mid 〈−
　통과점을 지정 : 임의의 점 클릭
　통과점을 지정 : 임의의 점 클릭
　통과점을 지정 : 임의의 점 클릭
　통과점을 지정 : 임의의 점 클릭
　통과점을 지정 : ↵

02 RAY(광선) 명령  ★★★★★

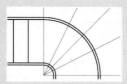

◀ AutoCad 2021 도움말

한 점에서 한쪽 방향으로 길이가 무한한 선을 작성한다.

명령어 ❯ RAY

리본 ❯ 홈 탭 > 그리기 패널 > 광선

단축키 ❯ RAY

명령 : RAY ↵
시작점을 지정 :
통과 점을 지정 :

🔧 **옵션**

① 시작점을 지정 : 도면영역에서 시작점을 지정 또는 좌표 값을 입력한다.

② 통과 점을 지정 : 도면영역에서 통과 점을 지정 또는 좌표 값을 입력한다.

따라하기

RAY (광선) 명령

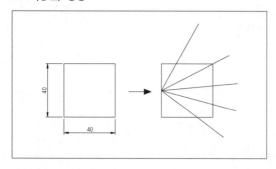

① **명령 :** RECTANGLE ↵

첫 번째 구석점 지정 또는 [모따기(C)/고도(E)/모깎기(F)/두께(T)/폭(W)] : 임의의 시작점

다른 구석 점 지정 또는 [영역(A)/치수(D)/회전(R)] : @40,40

② 명령 : CO ↵

COPY

객체 선택 : 1개를 찾음

객체 선택 :

현재 설정 : 복사 모드 = 다중(M)

기본점 지정 또는 [변위(D)/모드(O)] 〈변위〉: 사각형 위쪽 모서리를 선택한다.

두 번째 점 지정 또는 [배열(A)] 〈첫 번째 점을 변위로 사용〉: 〈직교 켜기〉 70

두 번째 점 지정 또는 [배열(A)/종료(E)/명령 취소(U)] 〈종료〉: 140

두 번째 점 지정 또는 [배열(A)/종료(E)/명령 취소(U)] 〈종료〉: ↵

③ 명령 : RAY ↵

시작점을 지정 : [객체스냅] _mid 〈─

통과점을 지정 : 임의의 점 클릭

통과점을 지정 : ↵

03 PLINE(2D폴리선) 명령 ★★★★★

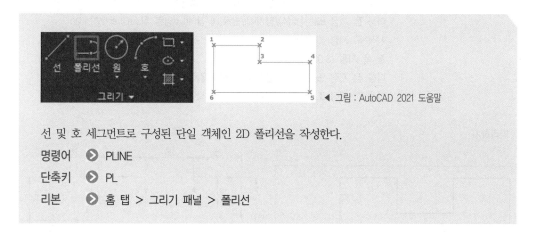

◀ 그림 : AutoCAD 2021 도움말

선 및 호 세그먼트로 구성된 단일 객체인 2D 폴리선을 작성한다.

명령어 ▶ PLINE

단축키 ▶ PL

리본 ▶ 홈 탭 > 그리기 패널 > 폴리선

명령 : PLINE ↵

시작점 지정 :

현재의 선폭은 0.0000임

다음 점 지정 또는 [호(A)/반폭(H)/길이(L)/명령 취소(U)/폭(W)] :

다음 점 지정 또는 [호(A)/닫기(C)/반폭(H)/길이 (L)/명령 취소(U)/폭(W)] : ↵

옵션

① 시작점 지정 : 도면영역에서 폴리선 선분의 시작점을 지정 또는 좌표 값을 입력한다.

② 다음 점 지정 : 도면영역에서 폴리선 선분의 끝점을 지정 또는 좌표 값을 입력한다.

③ 호(A) : 직선 선분에서 호 선분으로 전환하여 작성한다.

④ 닫기(C) : 마지막 점에서 시작점까지 닫힌 폴리선으로 선을 작성한다.

⑤ 반폭(H) : 폭을 가진 세그먼트의 중심에서 모서리까지의 폭을 지정한다.

⑥ 길이(L) : 지정한 길이의 세그먼트를 이전 세그먼트와 같은 각도로 작성한다.

⑦ 명령 취소(U) : 바로 전에 실행한 명령을 취소한다.

⑧ 폭(W) : 다음 세그먼트의 폭을 지정합니다.

 따라하기

PLINE(2D폴리선) 명령

① 화살표 따라하기

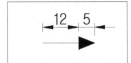

명령 : PL ↵

PLINE

시작점 지정 :

현재의 선 폭은 0.0000임

다음 점 지정 또는 [호(A)/반폭(H)/길이(L)/명령 취소(U)/폭(W)] : 12

다음 점 지정 또는 [호(A)/닫기(C)/반폭(H)/길이(L)/명령 취소(U)/폭(W)] : W

시작 폭 지정 〈0.0000〉 : 3

끝 폭 지정 〈3.0000〉 : 0

다음 점 지정 또는 [호(A)/닫기(C)/반폭(H)/길이(L)/명령 취소(U)/폭(W)] : 5

다음 점 지정 또는 [호(A)/닫기(C)/반폭(H)/길이(L)/명령 취소(U)/폭(W)] : ↵

② 따라하기

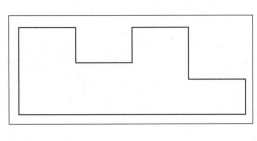 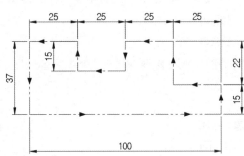

명령 : PLINE ↵

시작점 지정 :

현재의 선 폭은 0.0000임

다음 점 지정 또는 [호(A)/반폭(H)/길이(L)/명령 취소(U)/폭(W)] : 〈직교 켜기〉 37

다음 점 지정 또는 [호(A)/닫기(C)/반폭(H)/길이(L)/명령 취소(U)/폭(W)] : 100

다음 점 지정 또는 [호(A)/닫기(C)/반폭(H)/길이(L)/명령 취소(U)/폭(W)] : 15

다음 점 지정 또는 [호(A)/닫기(C)/반폭(H)/길이(L)/명령 취소(U)/폭(W)] : 25

다음 점 지정 또는 [호(A)/닫기(C)/반폭(H)/길이(L)/명령 취소(U)/폭(W)] : 17
다음 점 지정 또는 [호(A)/닫기(C)/반폭(H)/길이(L)/명령 취소(U)/폭(W)] : 19
다음 점 지정 또는 [호(A)/닫기(C)/반폭(H)/길이(L)/명령 취소(U)/폭(W)] : 22
다음 점 지정 또는 [호(A)/닫기(C)/반폭(H)/길이(L)/명령 취소(U)/폭(W)] : 25
다음 점 지정 또는 [호(A)/닫기(C)/반폭(H)/길이(L)/명령 취소(U)/폭(W)] : 15
다음 점 지정 또는 [호(A)/닫기(C)/반폭(H)/길이(L)/명령 취소(U)/폭(W)] : 25
다음 점 지정 또는 [호(A)/닫기(C)/반폭(H)/길이(L)/명령 취소(U)/폭(W)] : 15
다음 점 지정 또는 [호(A)/닫기(C)/반폭(H)/길이(L)/명령 취소(U)/폭(W)] : C

04 PEDIT(폴리편집) 명령 ★★★★★

폴리선 및 3D 폴리곤 메쉬를 편집함.

명령어 ❯	PEDIT
단축키 ❯	PE
리본 ❯	홈 탭 > 수정 패널 > 폴리선 편집

명령 : PEDIT ↵
폴리선 선택 또는 [다중(M)] :
선택된 객체가 폴리선이 아님
전환하기를 원하십니까? 〈Y〉
옵션 입력 [닫기(C)/결합(J)/폭(W)/정점 편집(E)/맞춤(F)/스플라인(S)/비곡선화(D)/선종류생성(L)/반전(R)/명령 취소(U)] : ↵

옵션

① 폴리선 선택 : 도면에서 폴리 선을 선택한다.
② 다중(M) : 도면에서 여러 개의 폴리 선을 선택한다.
③ 닫기(C) : 열린 폴리 선을 닫는다.
④ 결합(J) : 개별적인 도면 요소들을 하나의 폴리 선으로 결합한다.
⑤ 폭(W) : 폴리선의 폭을 전체적으로 변경한다.
⑥ 정점 편집(E) : 폴리선의 표시된 정점들을 편집한다.
⑦ 맞춤(F) : 지정된 점을 지나는 폴리선이 작성된다.
⑧ 스플라인(S) : 폴리 선을 스플라인 곡선으로 변경된다.
⑨ 비곡선화(D) : 곡선으로 된 폴리 선을 직선으로 변경한다.
⑩ 선 종류 생성(L) : 선의 종류로 작성된다.
⑪ 반전(R) : 정점의 순서를 반대로 변경한다.
⑫ 명령취소(U) : 바로 전에 실행한 명령을 취소한다.

PEDIT(폴리편집) 명령

아래 치수와 같이 도형을 작성한다.

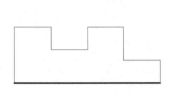 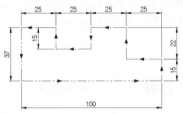

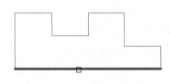

아래 선을 먼저 선택한다.

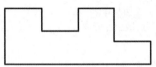

결합하고자 하는 선들을 지정하면 선들의 색이 먼저 선택한 색상으로 합쳐진다.

명령 : PEDIT ↵
폴리선 선택 또는 [다중(M)] :
선택된 객체가 폴리선이 아님
전환하기를 원하십니까? 〈Y〉
옵션 입력 [닫기(C)/결합(J)/폭(W)/정점 편집(E)/맞춤(F)/스플라인(S)/비곡선화(D)/선종류생성(L)/반전(R)/명령 취소(U)] : J
객체 선택 : 반대 구석 지정 : 10개를 찾음
객체 선택 :
9개의 세그먼트가 폴리선에 추가됨
옵션 입력 [열기(O)/결합(J)/폭(W)/정점 편집(E)/맞춤(F)/스플라인(S)/비곡선화(D)/선종류생성(L)/반전(R)/명령 취소(U)] : ↵

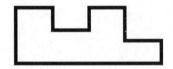

명령 : PEDIT ↵
폴리선 선택 또는 [다중(M)] :
옵션 입력 [열기(O)/결합(J)/폭(W)/정점 편집(E)/맞춤(F)/스플라인(S)/비곡선화(D)/선종류생성(L)/반전(R)/명령 취소(U)] : W
전체 세그먼트에 대한 새 폭 지정 : 2

위와 같이 완성된다,

05 SPLINE(자유곡선) 명령  ★★★★★

◀ 그림 : AutoCAD 2021 도움말

명령어 ❯ SPLINE
단축키 ❯ SPL
리본 ❯ 홈 탭 > 그리기 패널 > 스플라인

맞춤점 세트를 통과하거나 가까이 지나거나, 조정 프레임 내의 정점으로 정의되는 부드러운 곡선을 작성한다.

명령어 : SPLINE
단축키 : SPL
리 본 : 홈 탭 > 그리기 패널 > 스플라인

명령 : SPL ↵
SPLINE
현재 설정 : 메서드=맞춤 매듭=현
첫 번째 점 지정 또는 [메서드(M)/매듭(K)/객체(O)] :
다음 점 입력 또는 [시작 접촉부(T)/공차(L)] :
다음 점 입력 또는 [끝 접촉부(T)/공차(L)/명령 취소(U)] : ↵

옵션

① 첫 번째 점 지정 : 현재 방법에 따라 스플라인의 첫 번째 점을 지정한다.
② 메서드(M) : 스플라인이 통과해야 하는 맞춤점을 지정한다.
③ 매듭(K) : 연속하는 매듭 매개 변수화를 지정한다.
④ 객체(O) : 2차원 또는 3차원 스플라인 맞춤 폴리선을 스플라인으로 변환한다.
⑤ 다음 점 입력 : Enter 키를 누를 때까지 스플라인을 추가 작성한다.
⑥ 시작 접촉부 : 스플라인 시작점의 접선 조건을 지정한다.
⑦ 끝 접촉부(T) : 스플라인 끝점의 접선 조건을 지정한다.
⑧ 공차(F) : 스플라인이 지정된 맞춤점에서 벗어날 수 있는 거리를 지정한다.
⑨ 명령 취소(U) : 바로 전에 실행한 명령을 취소한다.

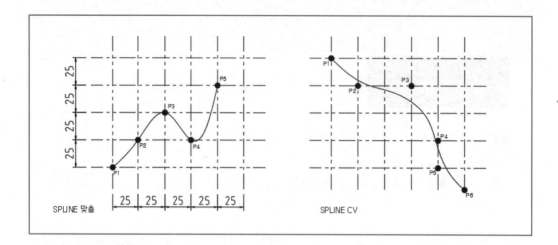

SPLINE 맞춤   SPLINE CV

① 명령 : SPL ↵

SPLINE

현재 설정 : 메서드=맞춤   매듭=현

첫 번째 점 지정 또는 [메서드(M)/매듭(K)/객체(O)] : P1

다음 점 입력 또는 [시작 접촉부(T)/공차(L)] : P2

다음 점 입력 또는 [끝 접촉부(T)/공차(L)/명령 취소(U)] : P3

다음 점 입력 또는 [끝 접촉부(T)/공차(L)/명령 취소(U)/닫기(C)] : P4

다음 점 입력 또는 [끝 접촉부(T)/공차(L)/명령 취소(U)/닫기(C)] : P5

다음 점 입력 또는 [끝 접촉부(T)/공차(L)/명령 취소(U)/닫기(C)] : ↵

② 명령 : _SPLINE

현재 설정 : 메서드=맞춤   매듭=현

첫 번째 점 지정 또는 [메서드(M)/매듭(K)/객체(O)] : _M

스플라인 작성 메서드 입력 [맞춤(F)/CV(C)] 〈맞춤〉 : _CV

현재 설정 : 메서드=CV   차수=3

첫 번째 점 지정 또는 [메서드(M)/각도(D)/객체(O)] : P1

다음 점 입력 : P2

다음 점 입력 또는 [명령 취소(U)] : P3

다음 점 입력 또는 [닫기(C)/명령 취소(U)] : P4

다음 점 입력 또는 [닫기(C)/명령 취소(U)] : P5

다음 점 입력 또는 [닫기(C)/명령 취소(U)] : P6

다음 점 입력 또는 [닫기(C)/명령 취소(U)] : ↵

06 **SPLINEDIT(자유곡선편집) 명령** ★★★☆☆

스플라인의 매개변수를 수정하거나 스플라인 맞춤 폴리선을 스
플라인으로 변환한다.

명령어 ❯ SPLINEDIT
단축키 ❯ SPE
리본 ❯ 홈 탭 > 수정 패널 > 스플라인 편집

명령 : SPLINEDIT ↵
스플라인 선택 :
옵션 입력 [닫기(C)/결합(J)/맞춤 데이터(F)/정점 편집(E)/폴리선으로 변환(P)/반전(R)/명령 취소(U)/종료(X)] ⟨종료⟩ : ↵

맞춤 데이터 옵션 입력
[추가(A)/닫기(C)/삭제(D)/꼬임(K)/이동(M)/소거(P)/접선(T)/공차(L)/종료(X)] ⟨종료⟩ : ↵

⚙옵션

① 스플라인 선택 : 도면영역에서 편집할 스플라인을 선택한다.
② 닫기(C) : 선택한 스플라인의 상태에 따라 하나가 표시된다.
③ 결합(J) : 선택한 스플라인을 결합하여 더 큰 스플라인을 형성한다.
④ 맞춤 데이터(F) : 스플라인 곡선의 변곡점을 변경한다.
  ⓐ 추가(A) : 스플라인에 맞춤점을 추가한다.
  ⓑ 닫기(C) : 마지막 점이 첫 번째 점과 일치하도록 열린 스플라인을 닫는다.
  ⓒ 꼬임(K) : 스플라인의 지정된 위치에서 매듭 및 맞춤점을 추가한다.
  ⓓ 이동(M) : 맞춤점을 새 위치로 이동한다.
  ⓔ 소거(P) : 스플라인의 맞춤 데이터를 조정 정점으로 대치한다.
  ⓕ 접선(T) : 스플라인의 시작 접선 및 끝 접선을 변경한다.
  ⓖ 공차(L) : 새 공차 값을 사용하여 기존 맞춤점에 스플라인을 다시 맞춘다.
  ⓗ 종료(X) : 이전 프롬프트로 복귀한다.

07 MLINE(다중 평행선) 명령 ★★★★★

일정한 다중선을 그리는 명령이다.

명령어 ▶ MLINE

단축키 ▶ ML

명령 : 명령창에서 MLINE을 입력한다.

명령 : MLINE ↵

현재 설정 : 자리 맞추기 = 맨 위, 축척 = 20.00, 스타일 = STANDARD

시작점 지정 또는 [자리맞추기(J)/축척(S)/스타일(ST)] : ↵

🔧 옵션

① 시작점 지정 : 도면 영역에서 마우스로 선택 또는 좌표를 입력한다.

② 자리맞추기(J) : 지정하는 점들 사이에 여러 줄이 그려지는 방법을 결정한다.

③ 축척(S) : 여러 줄의 전체 폭을 조정한다.

④ 스타일(S) : 여러 줄에 사용할 스타일을 지정한다.

〈참고〉

다중선은 하나의 블록으로 인식되므로, 편집을 위해서는 Mledit명령을 사용하거나, Explode명령으로 분해 후 편집해야함.

08 MLSTYLE(다중선 종류) 명령 ★★★★★

명령어 ▶ MLSTYLE

단축키 ▶ MLS

명령 : 명령창에서 MLSTYLE을 입력한다.

① 여러줄 스타일

② 여러줄 스타일 수정

③ 새 여러 줄 스타일 작성

④ 여러줄 스타일 로드

명령 : MLS ↵

MLSTYLE

현재 설정 : 자리 맞추기 = 맨 위, 축척 = 20.00, 스타일 = STANDARD

시작점 지정 또는 [자리 맞추기(J)/축척(S)/스타일(ST)] : ↵

옵션

① 시작점 지정 : 도면 영역에서 마우스로 선택 또는 좌표를 입력한다.
② 자리 맞추기(J) : 지정하는 점들 사이에 여러 줄이 그려지는 방법을 결정한다.
③ 축척(S) : 여러 줄의 전체 폭을 조정한다.
④ 스타일(S) : 여러 줄에 사용할 스타일을 지정한다.

09 **MLEDIT(다중선 편집) 명령** ★★★★★

여러 줄 교차점, 끊기점 및 정점을 편집한다.
여러 줄 편집 도구 대화상자가 표시된다.

여러 줄 편집도구

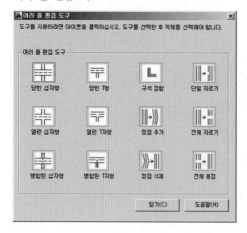

① CC(닫힌 십자형) : 두 여러 줄 사이의 닫힌 십자형 교차를 작성한다.

② OC(열린 십자형) : 두 여러 줄 사이의 열린 십자형 교차를 작성한다.

첫 번째 여러 줄의 모든 요소와 두 번째 여러 줄의 바깥쪽 요소만 끊어 진다.

③ MC(병합된 십자형) : 두 여러 줄 사이의 병합된 십자형 교차를 작성한다.

④ CT(닫힌 T자형 교차) : 두 여러 줄 사이의 닫힌 T자형 교차를 작성한다.

첫 번째 여러 줄은 두 번째 여러 줄과의 교차점까지 잘라지거나 연장된다.

⑤ OT(열린 T자형) : 두 여러 줄 사이의 열린 T자형 교차를 작성한다.

첫 번째 여러 줄은 두 번째 여러 줄과의 교차점까지 잘리거나 연장된다.

⑥ MT(병합된 T자형) : 두 개의 여러 줄 사이에 병합된 T자형 교차를 작성한다.

여러 줄은 잘리거나 다른 여러 줄과의 교차점까지 확장된다.

⑦ CJ(구석 접합) : 여러 줄 사이의 구석 접합을 작성한다.

여러 줄은 잘리거나 교차점까지 확장된다.

⑧ AV(정점 추가) : 여러 줄에 정점을 추가한다.

⑨ DV(정점 삭제) : 여러 줄에서 정점을 삭제한다.

⑩ CS : 여러 줄의 선택한 요소를 시각적으로 끊는다.

⑪ CA : 전체 여러 줄을 시각적으로 끊는다.

⑫ WA : 잘렸던 여러 줄 세그먼트를 다시 결합한다.

따라하기

MLINE(다중 평행선)

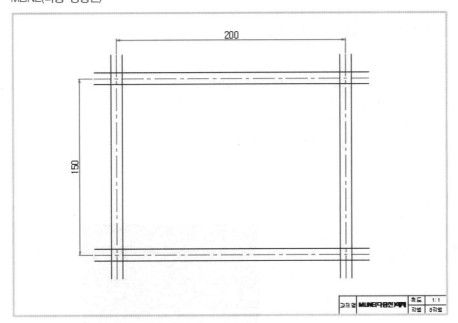

MLINE 으로 완성된 그림이다.

① 외벽선 작성하기

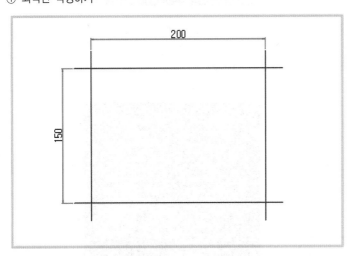

ⓐ 명령 : LINE ↵
  첫 번째 점 지정 : 임의의 점 지정
  다음 점 지정 또는 [명령 취소(U)] : 〈직교켜기〉 임의 점
  다음 점 지정 또는 [명령 취소(U)] : ↵

ⓑ 명령 : OFFSET ↵

　　현재 설정 : 원본 지우기=아니오　도면층=원본　OFFSETGAPTYPE=0

　　간격띄우기 거리 지정 또는 [통과점(T)/지우기(E)/도면층(L)] 〈통과점〉: 200

　　간격띄우기 할 객체 선택 또는 [종료(E)/명령 취소(U)] 〈종료〉:

　　간격띄우기 할 면의 점 지정 또는 [종료(E)/다중(M)/명령 취소(U)] 〈종료〉:

　　간격띄우기 할 객체 선택 또는 [종료(E)/명령 취소(U)] 〈종료〉:↵

ⓒ 명령 : OFFSET ↵

　　현재 설정 : 원본 지우기=아니오　도면층=원본　OFFSETGAPTYPE=0

　　간격띄우기 거리 지정 또는 [통과점(T)/지우기(E)/도면층(L)] 〈200.0000〉: 150

　　간격띄우기 할 객체 선택 또는 [종료(E)/명령 취소(U)] 〈종료〉:

　　간격띄우기 할 면의 점 지정 또는 [종료(E)/다중(M)/명령 취소(U)] 〈종료〉:

　　간격띄우기 할 객체 선택 또는 [종료(E)/명령 취소(U)] 〈종료〉:↵

② 선을 그린 후 중심선으로 전환한다.

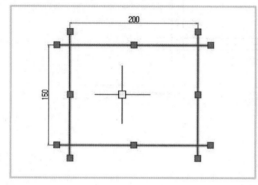 

명령 : PROPERTIES ↵

명령 : 반대 구석 지정 또는 [울타리(F)/윈도우폴리곤(WP)/걸침폴리곤(CP)] : ↵

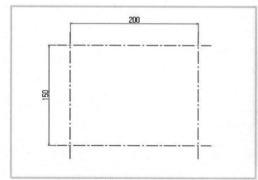 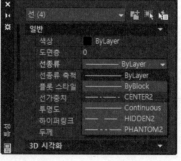

특성 창에서 선종류를 중심선(CENTER2) 전환 한 모양이다.

③ 그려진 중심을 사이에 두고 다중선을 그린다.

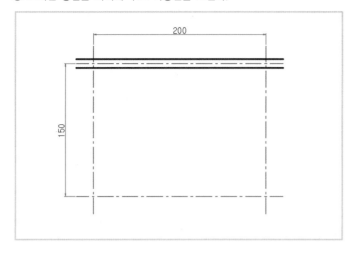

명령 : MLINE ↵
현재 설정 : 자리 맞추기 = 맨 위, 축척 = 10.00, 스타일 = STANDARD
시작점 지정 또는 [자리 맞추기(J)/축척(S)/스타일(ST)] : S
여러 줄 축척 입력 〈10.00〉 : 10
현재 설정 : 자리 맞추기 = 맨 위, 축척 = 10.00, 스타일 = STANDARD
시작점 지정 또는 [자리 맞추기(J)/축척(S)/스타일(ST)] : ↵
자리 맞추기 유형 입력 [맨 위(T)/0(Z)/맨 아래(B)] 〈맨 위〉 : Z
현재 설정 : 자리 맞추기 = 0, 축척 = 10.00, 스타일 = STANDARD
시작점 지정 또는 [자리 맞추기(J)/축척(S)/스타일(ST)] :
다음 점 지정 :
다음 점 지정 또는 [명령 취소(U)] : ↵

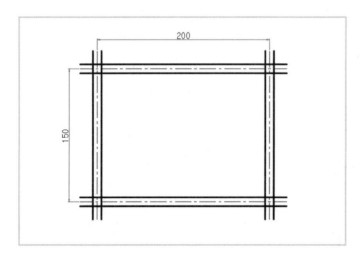

나머지 선을 MLINE으로 그려준다.
명령 : MLINE ↵

현재 설정 : 자리맞추기 = 0, 축척 = 10.00, 스타일 = STANDARD

시작점 지정 또는 [자리맞추기(J)/축척(S)/스타일(ST)] :

다음 점 지정 :

다음 점 지정 또는 [명령 취소(U)] :

명령 : MLINE ↵

현재 설정 : 자리맞추기 = 0, 축척 = 10.00, 스타일 = STANDARD

시작점 지정 또는 [자리맞추기(J)/축척(S)/스타일(ST)] :

다음 점 지정 :

다음 점 지정 또는 [명령 취소(U)] :

명령 : MLINE ↵

현재 설정 : 자리맞추기 = 0, 축척 = 10.00, 스타일 = STANDARD

시작점 지정 또는 [자리맞추기(J)/축척(S)/스타일(ST)] :

다음 점 지정 :

다음 점 지정 또는 [명령 취소(U)] :

④ 그려진 다중선을 편집을 한다.

명령 : MLEDIT ↵

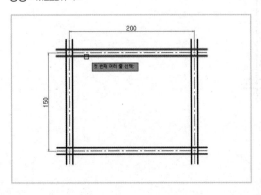

첫 번째 여러 줄 선택 :

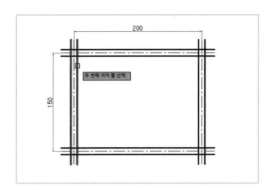

두 번째 여러 줄 선택 :

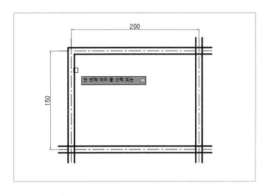

첫 번째 여러 줄 선택 또는 [명령 취소(U)] : ↵

남은 세곳을 동일한 방법으로 MLINE을 정리한다.

명령 : MLEDIT ↵

첫 번째 여러 줄 선택 :

두 번째 여러 줄 선택 :

첫 번째 여러 줄 선택 또는 [명령 취소(U)] :

두 번째 여러 줄 선택 :

첫 번째 여러 줄 선택 또는 [명령 취소(U)] :

두 번째 여러 줄 선택 :

첫 번째 여러 줄 선택 또는 [명령 취소(U)] :

두 번째 여러 줄 선택 :

첫 번째 여러 줄 선택 또는 [명령 취소(U)] : ↵

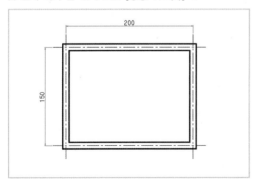

MLEDIT 편집 명령으로 완성된 그림을 확인한다.

⑩ REVCLOUD(구름선) 명령  ★★★★☆

◀ 그림 : AutoCAD 2021 도움말

구름형 리비전을 작성하거나 수정한다.

명령어	❯	REVCLOUD
단축키	❯	REVC
리본	❯	홈 탭 > 그리기 패널 > 직사각형 구름형 리비전

명령 : REVCLOUD ↵

REVCLOUD

최소 호 길이 : 195.8323   **최대 호 길이 :** 391.6646   **스타일 :** 일반   **유형 :** 직사각형
첫 번째 구석점 지정 또는 [호 길이(A)/객체(O)/직사각형(R)/폴리곤(P)/프리핸드(F)/스타일(S)/수정(M)] 〈객체(O)〉 : ↵

옵션

① 첫 번째 구석점 : 직사각형 구름형 리비전의 구석점을 지정한다.
② 반대 구석 : 직사각형 구름형 리비전의 대각선 반대 구석을 지정한다.
③ 방향 반전 : 구름형 리비전 에서 연속된 호의 방향을 반전한다.
④ 시작점 : 폴리곤 구름형 리비전의 시작점을 설정한다.
⑤ 다음 점 : 다음 점을 지정하여 구름형 리비전의 폴리곤 쉐이프를 정의한다.
⑥ 방향 반전 : 구름형 리비전 에서 연속된 호의 방향을 반전한다.
⑦ 첫 번째 점 : 프리핸드 구름형 리비전의 첫 번째 점을 지정한다.
⑧ 호 길이 : 각 호의 현 길이 근사값을 지정한다.
⑨ 객체 : 구름형 리비전 으로 변환할 객체를 지정한다.
⑩ 직사각형 : 대각선 구석으로 지정된 점을 사용하여 작성한다.
⑪ 폴리곤 : 폴리곤의 정점으로 세 개 이상의 점으로 작성한다.
⑫ 프리핸드 : 자유형 구름형 리비전을 작성한다.
⑬ 스타일 : 구름형 리비전의 스타일을 지정한다.
⑭ 일반 : 기본 타입 페이스를 사용하여 구름형 리비전을 작성한다.
⑮ 컬리그래피 : 컬리그래피와 모양이 유사한 구름형 리비전을 작성한다.
⑯ 수정 : 수정 옵션을 사용하고 하나 이상의 새 점을 지정하여 재정의 할 수 있다.
⑰ 폴리선 선택 : 수정할 구름형 리비전을 지정한다.
⑱ 다음 점 : 대치 단면의 폴리곤 쉐이프를 정의할 다음 점을 지정한다.
⑲ 지울 측면 선택 : 선택한 구름형 리비전의 단면을 제거한다.
⑳ 방향 반전 : 구름형 리비전의 호를 볼록 및 오목으로 반전한다.

따라하기

REVCLOUD(구름선) 명령

치수 없이 편하게 작성한다.

과제명	REVCLOUD(구름선)	척도	1:1
		각법	3각법

*지름 2개 되는 원을 영역의 거리로 작성한 후 구름선을 작도한다.

명령 : REVCLOUD ↵
최소 호 길이 : 155.2448   최대 호 길이 : 310.4896   스타일 : 일반   유형 : 폴리곤
시작점 지정 또는 [호 길이(A)/객체(O)/직사각형(R)/폴리곤(P)/프리핸드(F)/스타일(S)/수정(M)] 〈객체(O)〉: _F
최소 호 길이 : 155.2448   최대 호 길이 : 310.4896   스타일 : 일반   유형 : 프리핸드
첫 번째 점 지정 또는 [호 길이(A)/객체(O)/직사각형(R)/폴리곤(P)/프리핸드(F)/스타일(S)/수정(M)] 〈객체(O)〉:
구름 모양 경로를 따라 십자선 안내...
구름형 리비전을 완료했습니다.

11 SKETCH(자유선) 명령 ★★★☆☆

◀ 그림 : AutoCAD 2021 도움말

자유롭게 그린 일련의 선 세그먼트를 작성한다.

명령어 ❯ SKETCH
단축키 ❯ SKET
리본 ❯ 3D모델링 〉 홈 탭 > 곡선 패널 > 스플라인 CV 〉 스플라인 프리핸드

명령 : SKETCH ↵
유형 = 선   증분 = 1.0000   공차 = 0.5000
스케치 지정 또는 [유형(T)/증분(I)/공차(L)] :
스케치 지정 :

옵션

① 유형 : 스케치 선의 객체 유형을 지정합니다. (SKPOLY 시스템 변수)
　　ⓐ 선
　　ⓑ 폴리선
　　ⓒ 스플라인
② 증분 : 각 프리핸드 선 세그먼트의 길이를 정의한다.
③ 공차 : 스플라인의 경우에는 스플라인 곡선이 프리핸드 스케치에 얼마나 가깝게 맞춰지 는지를 지정한다.

따라하기

① SKETCH

명령 : SKETCH ↵
유형 = 선   증분 = 1.0000   공차 = 0.5000
스케치 지정 또는 [유형(T)/증분(I)/공차(L)] : T
스케치 유형 입력 [선(L)/폴리선(P)/스플라인(S)] 〈선〉 : S
스케치 지정 또는 [유형(T)/증분(I)/공차(L)] :
스케치 지정 :
1개의 스플라인이(가) 기록됨.

② SKETCH

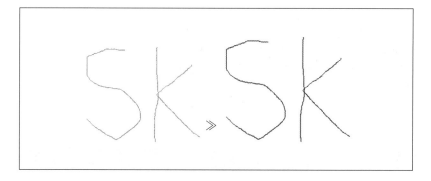

명령 : SKETCH 유형 = 스플라인 증분 = 1.0000 공차 = 0.5000

스케치 지정 또는 [유형(T)/증분(I)/공차(L)] : T

스케치 유형 입력 [선(L)/폴리선(P)/스플라인(S)] 〈스플라인〉 : P

스케치 지정 또는 [유형(T)/증분(I)/공차(L)] : I

스케치 증분 지정 〈1.0000〉 : 10

스케치 지정 또는 [유형(T)/증분(I)/공차(L)] :

스케치 지정 :

 12 POLYGON(다각형) 명령 ★★★★★

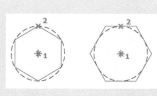

▲ 그림 : AutoCAD 2021 도움말

닫힌 등변 폴리선을 작성 한다.

명령어	❯	POLYGON
단축키	❯	Pol
리본	❯	홈 탭 > 그리기 패널 > 직사각형 〉 폴리곤

명령 : POL↵

POLYGON

POLYGON 면의 수 입력 〈4〉 :

폴리곤의 중심을 지정 또는 [모서리(E)] :

옵션을 입력 [원에 내접(I)/원에 외접(C)] 〈I〉 :

① 변의 수 : 폴리곤의 변의 수를 지정합니다(3~1024).

② 폴리곤의 중심 : 폴리곤의 중심 위치 및 새 객체가 내접하는지 아니면 외접하는지를 지정한다.

③ 원에 내접 : 폴리곤의 모든 정점이 있는 원의 반지름을 지정한다.

④ 원에 외접 : 폴리곤의 중심에서 폴리곤 모서리의 중간점까지의 거리를 지정한다.

⑤ 모서리 : 첫 번째 모서리의 끝점을 지정하여 폴리곤을 정의한다.

 따라하기

POLYGON(다각형) 명령

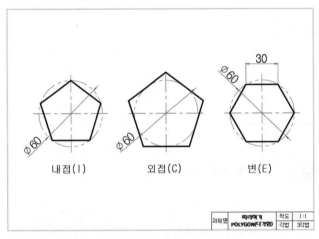

① 명령 : C ↵

CIRCLE

원에 대한 중심점 지정 또는 [3점(3P)/2점(2P)/Ttr – 접선 접선 반지름(T)] :

원의 반지름 지정 또는 [지름(D)] : 30

② 명령 : COPY ↵

객체 선택 : 1개를 찾음

객체 선택 :

현재 설정 : 복사 모드 = 다중(M)

기본점 지정 또는 [변위(D)/모드(O)] 〈변위〉 : _cen 〈–

두 번째 점 지정 또는 [배열(A)] 〈첫 번째 점을 변위로 사용〉 : 〈직교 켜기〉 90

③ 명령 : COPY ↵

객체 선택 : 1개를 찾음

객체 선택 :

현재 설정 : 복사 모드 = 다중(M)

기본점 지정 또는 [변위(D)/모드(O)] 〈변위〉: _cen 〈–

두 번째 점 지정 또는 [배열(A)] 〈첫 번째 점을 변위로 사용〉: 〈직교 켜기〉 90

④ 명령 : POLYGON ↵

내접(I)

면의 수 입력 〈4〉: 5

폴리곤의 중심을 지정 또는 [모서리(E)]:

옵션을 입력 [원에 내접(I)/원에 외접(C)] 〈I〉: I

원의 반지름 지정: 30

⑤ 명령 : POLYGON ↵

외접(C)

면의 수 입력 〈5〉: (괄호안에 있는 면의 수가 동일 할 경우 입력을 하지 않아도 된다)

폴리곤의 중심을 지정 또는 [모서리(E)]:

옵션을 입력 [원에 내접(I)/원에 외접(C)] 〈I〉: C

원의 반지름 지정: 30

⑥ 명령 : POLYGON ↵

변(E)

면의 수 입력 〈6〉: 6

폴리곤의 중심을 지정 또는 [모서리(E)]: E

모서리의 첫 번째 끝점 지정: 모서리의 두 번째 끝점 지정: 〈직교 켜기〉 30

13 RECTANG(직사각형) 명령 ★★★★★

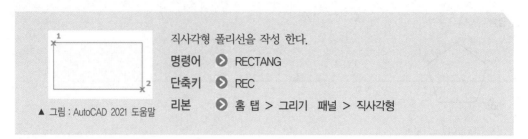

직사각형 폴리선을 작성 한다.

명령어	➡	RECTANG
단축키	➡	REC
리본	➡	홈 탭 > 그리기 패널 > 직사각형

▲ 그림 : AutoCAD 2021 도움말

명령 : REC↵

RECTANG

첫 번째 구석점 지정 또는 [모따기(C)/고도(E)/모깎기(F)/두께(T)/폭(W)] :

다른 구석점 지정 또는 [영역(A)/치수(D)/회전(R)] : ↵

옵션

① 면적 : 면적과 길이 또는 너비를 사용하여 직사각형을 작성 한다.

② 치수 : 길이 및 폭 값을 사용하여 직사각형을 작성한다.

③ 회전 : 지정된 회전 각도에서 직사각형을 작성한다.

④ 모따기 : 직사각형의 모따기 거리를 설정한다.

⑤ 고도 : 직사각형의 Z 값을 지정한다. 기본값은 0.0 이다.

⑥ 모깎기 : 직사각형의 모깎기 반지름을 지정한다.

⑦ 두께 : 직사각형의 면이 돌출되어 나타나는 거리를 지정한다. 기본값은 0 이다.

⑧ 폭 : 그릴 직사각형의 폴리선 너비를 지정한다.

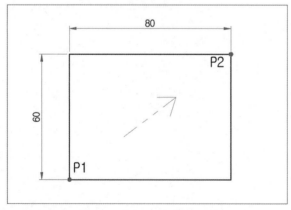

치수에 맞춰 만들어진 직사각형(RECTANGLE)을 확인한다.

14 ELLIPES(타원) 명령 ★★★★★

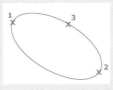

타원 또는 타원형 호를 작성한다.

명령어	●	ELLIPSE
단축키	●	EL
리본	●	홈 탭 > 그리기 패널 > 타원

▲ 그림 : AutoCAD 2021 도움말

명령 : EL↵

ELLIPSE

타원의 축 끝점 지정 또는 [호(A)/중심(C)] :

축의 다른 끝점 지정 :

다른 축으로 거리를 지정 또는 [회전(R)] : ↵

옵션

① 축 끝점 : 두 끝점을 사용하여 첫 번째 축을 정의한다.

② 다른 축까지의 거리 : 첫 번째 축의 중간점에서 두 번째 축의 끝점(3)까지의 거리를 사용하여 두 번째 축을 정의한다.

③ 회전 : 첫 번째 축을 기준으로 원을 회전할 때 표시되는 타원을 작성한다.

④ 호 : 타원형 호를 작성한다.

⑤ 축 끝점 : 첫 번째 축의 시작점을 정의한다.

⑥ 회전 : 첫 번째 축을 기준으로 원을 회전시켜 타원의 장축과 단축 비율을 정의한다.

⑦ 시작 각도 : 타원형 호의 첫 번째 끝점을 정의한다.

⑧ 각도 : 타원형 호의 끝 각도를 정의한다.

⑨ 사이각 : 시작 각도에서 시작하는 사이각을 정의한다.

⑩ 중심 : 첫 번째 축의 중심점과 끝점 및 두 번째 축의 길이를 사용하여 타원을 작성한다.

⑪ 등각원 : 현재의 등각 투영 도면 평면에서 등각원을 작성한다.

⑫ 반지름 : 지정한 반지름을 사용하여 원의 등각 투영 표현을 작성한다.

⑬ 지름 : 지정한 지름을 사용하여 원의 등각 투영 표현을 작성한다.

ELLIPSE(타원)

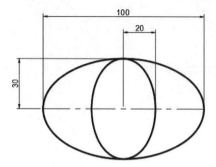

도면을 보고 순서대로 그린다

먼저 가로선을 100으로 그린다.

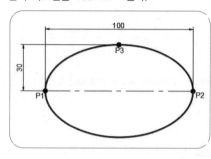

① 명령 : L↵

LINE

첫 번째 점 지정 :

다음 점 지정 또는 [명령 취소(U)] : 〈직교 켜기〉 100

② 명령 : EL↵

ELLIPSE

타원의 축 끝점 지정 또는 [호(A)/중심(C)] : P1 〈객체스냅 켜기〉(끝점)

축의 다른 끝점 지정 : P2 〈객체스냅 켜기〉(끝점)

다른 축으로 거리를 지정 또는 [회전(R)] : 30

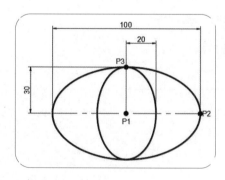

③ 명령 : ELLIPSE↵

타원의 축 끝점 지정 또는 [호(A)/중심(C)] : C

타원의 중심 지정 : P1〈객체스냅 켜기〉(중심점, 중간점)

축의 끝점 지정 : P2 〈객체스냅 켜기〉(사분점)

다른 축으로 거리를 지정 또는 [회전(R)] : 20

15 DONUT(도넛) 명령 ★★★★★

그리기

◀ AutoCAD 2021 도움말

채워진 원 또는 넓은 링을 작성한다.

명령어 ❯ DONUT
단축키 ❯ DO
리본 ❯ 홈 탭 > 그리기 패널 > 도넛

명령 : DO↵
DONUT
도넛의 내부 지름 지정 〈0.5000〉 :
도넛의 외부 지름 지정 〈1.0000〉 :
도넛의 중심 지정 또는 〈종료〉 :

🔧 **옵션**

① 내부 지름 : 그림과 같이 도넛의 내부 지름을 지정한다.
② 외부 지름 : 도넛의 외부 지름을 지정한다.
③ 도넛의 중심 : 중심점을 기준으로 도넛의 위치를 지정한다.

🖱 **따라하기**

DONUT　　　내경 : 20 외경 : 40　　　내경 : 0 외경 : 40　　　내경 : 40 외경 : 40

① 명령 : DONUT↵

　도넛의 내부 지름 지정 〈0.0000〉: 20

　도넛의 외부 지름 지정 〈10.0000〉: 40

　도넛의 중심 지정 또는 〈종료〉: ↵

② 명령 : DONUT↵

　도넛의 내부 지름 지정 〈20.0000〉: 0

　도넛의 외부 지름 지정 〈40.0000〉: 40

　도넛의 중심 지정 또는 〈종료〉: ↵

③ 명령 : DONUT↵

　도넛의 내부 지름 지정 〈0.0000〉: 40

　도넛의 외부 지름 지정 〈40.0000〉: 40

　도넛의 중심 지정 또는 〈종료〉: ↵

16 FILL(채우기) 명령 ★★★☆☆

해치, 2D 솔리드, 굵은 폴리선과 같은 채워진 객체의 표시를 조정합니다.

명령어 ❯ FILL

단축키 ❯ FI

명령 : FILL↵
모드 입력 [켜기(ON)/끄기(OFF)] 〈켜기〉 :

옵션

① 켜기 : 채우기 모드를 켠다.

② 끄기 : 채우기 모드를 끈다. (윤곽선만 표시되고 플롯 된다)

명령 : FILL↵
모드 입력 [켜기(ON)/끄기(OFF)] 〈켜기〉 :

DONUT　　내경 : 20 외경 : 40　　내경 : 0 외경 : 40　　내경 : 40 외경 : 40

명령 : FILL↵
모드 입력 [켜기(ON)/끄기(OFF)] 〈켜기〉 : OFF

명령 : REGEN ↵

DONUT　　내경 : 20 외경 : 40　　내경 : 0 외경 : 40　　내경 : 40 외경 : 40

다각형, 타원, 구성선, 광선, 다중선을 이용하여 도면을 완성한다.
편집 명령어를 이용하여 도면 정리도 같이 한다.

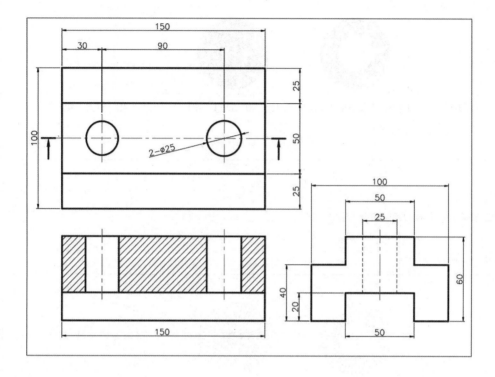

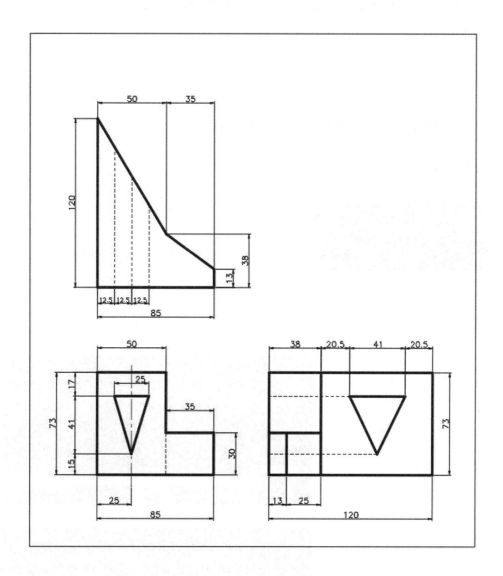

도면층 익히기 명령

[01] LAYER(도면층) 명령 ★★★★★

1)-1 도면층 설정하기

명령어 ▶ LAYER
단축키 ▶ LA
리 본 ▶ 홈 탭 > 도면층 패널 > 도면층

명령 : LA↵

① 도면층(LAYER)

② 도면 층(LAYER) 만들기

③ 옵션

  Ⓐ 도면 층 목록창

    ⓐ 상태 : 도면 층 상태를 표시한다.

                현재 도면 층을 표시한다.

                사용 중인 도면 층을 표시한다.

                사용 중이 아닌 도면층을 표시한다.

    ⓑ 이름 : 도면 층 또는 필터의 이름을 표시하며 마우스로 선택 또는 F2키를 누르고, 새 이름을 입력한다.

    ⓒ 켜기/*끄기*(On/Off) : 선택한 도면 층 을 켜거나 끈다.

    ⓓ 동결 해제/동결(Thaw/Freeze) : 선택한 도면 층을 동결해제나 동결한다.

    ⓔ 잠금 해제/잠금(Unlock/Lock) : 선택한 도면 층을 잠금 해제나 잠근다.

💡 **참고**

도면층 핫 키

새 특성 필터 `Alt` + `F`

새 그룹 필터 `Alt` + `C`

도면층 상대 관리자 `Alt` + `S`

새 도면층 `Alt` + `M`

도면층 삭제 `Alt` + `D`

도면층 현재로 설정 `Alt` + `C`

 LAYTRANS(도면층변환기) 명령 ★★★☆☆

 현재 도면의 도면층을 지정된 도면층 표준으로 변환한다.

  명령어 ▶ LAYTRANS

  단축키 ▶ LAYT

  리 본 ▶ 홈 탭 > CAD 표준 패널 > 도면층 변환기

ⓐ 도면층 변환기

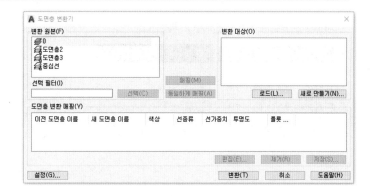

ⓑ 새 도면층

ⓒ 설정

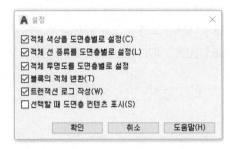

명령 : LAYT.⏎

LAYTRANS

[03] LINETYPE(선종류) 명령 ☰ ★★★★★

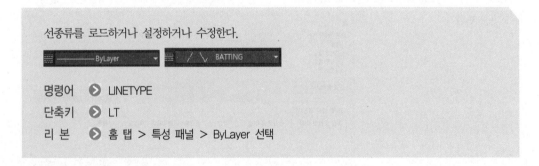

선종류를 로드하거나 설정하거나 수정한다.

명령어 ▶ LINETYPE

단축키 ▶ LT

리 본 ▶ 홈 탭 > 특성 패널 > ByLayer 선택

명령어 : LT↵

LINETYPE

🔧 옵션

① 선종류 필터 : 선의 유형을 목록으로 표시하고, 형식을 설정한다.
② ☑ 필터 반전(I) : 선의 유형을 목록에서 반전하여 표시한다.
③ 로드(L) : 기본적인 선의 유형 파일에 정의된 유형을 선택하여 불러온다.
④ 삭제(D) : 선택한 선 유형을 도면에서 제거한다.
⑤ 현재(C) : 선택한 선의 유형을 설정한다.
⑥ 자세히(D) : 선택한 선 유형의 상세정보로 이름, 설명, 축척 비율을 표시한다.

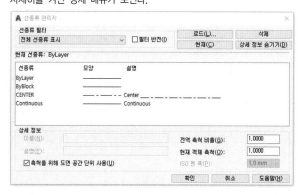

자세히를 켜면 상세 메뉴가 보인다.

1) 옵션

① 이름(N) : 선택한 선 유형의 이름을 변경한다.

② 설명(E) : 선택한 선 유형의 설명을 변경한다.

③ 전역 축척 비율(G) : 모든 도면요소에 적용될 선간격의 축척을 설정한다.

④ 현재 객체 축척(O) : 새로 그릴 도면요소에 적용될 선간격의 축척을 설정한다.

⑤ ISO 펜 폭(P) : ISO 규격으로 선간격의 축척을 설정한다.

⑥ ✓ 축척을 위해 도면 공간 단위 사용(U)

2) 선택(마우스 오른쪽 버튼으로 선택)

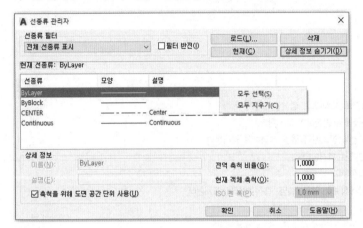

옵션

① 모두 선택(S) : 선 유형을 모두 선택한다.

② 모두 지우기(C) : 선택한 선 유형을 모두 지운다.

③ 한 개의 선 유형 선택 : 한 개의 선 종류를 선택한다.

④ 여러 개의 선 유형 선택 : 여러 개의 선 종류를 선택할 때는 (Ctrl) 키를 선택한 상태 에서 마우스로 이동하여 선택한다.

⑤ 계속된 선 유형 선택 : 선 종류를 선택하고, (Shift) 키를 선택한 상태에서 마우스로 이동하여 선택한다.

04 LTSCALE(선간격 축척) 명령 ★★★★★

전역 선종류 축척 비율을 설정한다.

명령어	❯	LTSCALE
단축키	❯	LTS

명령창에서 LTSCALE을 입력한다.

명령 : LTS↵

LTSCALE

LTSCALE 새 선종류 축척 비율 입력 ⟨1.0000⟩ :

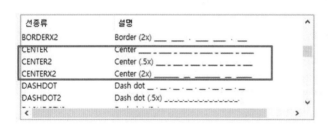

① 전체 축척 비율 : 전체 축척 비율은 도면의 모든 선종류 모양에 적용된다.

② 현재 객체 축척 : 특성 팔레트에서 기존 객체의 선종류 축척을 변경할 수 있다.

③ 도면 공간 선종류 축척 : 도면 공간에서 다른 축척으로 설정 할 수 있다.

④ 모형 공간 선종류 축척 : 모형 탭에서 주석 축척이 선종류 축척에 영향을 줄 수 있다.

 05 COLOR(색상) 명령 ★★★★★

ByLayer

AutoCAD 색상 색인(ACI)에서 색상을 지정한다.

명령어	❯	COLOR
단축키	❯	COL
리 본	❯	홈 탭 > 특성 패널 > Bylayer 선택

명령어 : COL ↵

COLOR

① 색상 : 선택된 도면층에 연관된 색상을 변경한다.

② 큰 팔레트에는 10에서 249까지의 색상을 표시한다.

③ 두 번째 팔레트에는 1에서 9까지의 번호와 이름이 있는 색상을 표시한다.

④ 세 번째 팔레트에는 250에서 255까지의 회색색상으로 표시한다.

옵션

1) 색상 색인

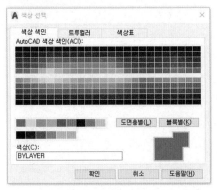

① 색상 색인 : 색상 위로 마우스를 움직이면 ACI 색상 번호가 표시된다.

② 빨간색, 초록색, 파란색 : 색상 위로 마우스를 움직이면 RGB 색상값이 표시된다.

③ Bylayer : 새 객체가 작성된 도면층에 지정한 색상이 새 객체에 적용되도록 지정한다.

④ Byblock : 새 객체가 기본색상을 사용하도록 지정한다.

⑤ 색상 : 색상 이름, BYLAYER 또는 BYBLOCK 색상 (1- 255사이의 색상) 번호를 지정한다.

⑥ 예전 색상 견본 : 이전에 선택한 색상을 표시한다.

⑦ 새 색상 견본 : 현재 선택한 색상을 표시한다.

2) 트루컬러

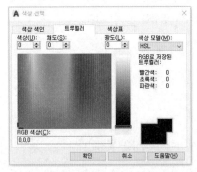

트루컬러(24비트 색상)로 색상 설정을 지정한다.

(색조, 채도, 광도(HSL) 색상 모델 또는 빨간색, 초록색, 파란색(RGB) 색상 모델을 사용)

트루컬러 기능을 사용하게 되면 천 육백만 가지 이상의 색상을 사용할 수 있다.

트루컬러 탭의 옵션은 HSL 또는 RGB 색상 모델 중 지정에 따라 다르다.

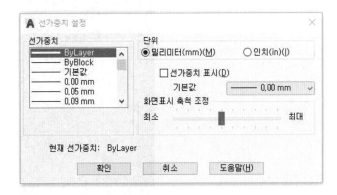

옵션

① HSL 색상 모델 : 색상을 선택하려면 HSL 색상 모델을 지정한다.

② 색조(H) : 색상의 색조를 지정한다.

③ 채도(S) : 색상의 순도를 지정한다.

④ 광도(L) : 색상의 밝기를 지정한다.

⑤ 색상 스펙트럼 : 색상의 색조 및 순도를 지정한다.

⑥ 색상 슬라이더 : 색상의 밝기를 지정한다.

⑦ RGB 색상 모델 : RGB(빨간색, 초록색, 파란색) 색상 모델을 지정한다.

⑧ 빨간색(R) : 색상의 빨간색 구성요소를 지정한다.(1부터 255까지의 값을 지정)

⑨ 초록색(G) : 색상의 초록색 구성요소를 지정한다.(1부터 255까지의 값을 지정)

⑩ 파란색(B) : 색상의 파란색 구성요소를 지정한다.(1부터 255까지의 값을 지정)

⑪ RGB 색상 : RGB 색상값을 지정한다.

⑫ 예전 색상 견본 : 이전에 선택한 색상을 표시한다.

⑬ 새 색상 견본 : 현재 선택한 색상을 표시한다.

06 LWEIGHT(선가중치) 명령 ★★★★★

현재 선가중치, 선가중치 표시 옵션 및 선가중치 단위를 설정한다.

명령어 ❯ LWEIGHT

단축키 ❯ LW

명령 창에서 −LWEIGHT를 입력하면 된다.

명령 : LW ↵

LWEIGHT

07 CHPROP(도면요소 특성변경) 명령 ★★★★★

객체의 특성을 변경한다.

명령어 ● CHPROP

단축키 ● CHP

명령창에서 CHPROP를 입력한다.

명령 : CHP ↵
CHPROP
객체 선택 : 1개를 찾음
객체 선택 :
변경할 특성 입력
[색상(C)/도면층(LA)/선종류(LT)/선종류축척(S)/선가중치(LW)/두께(T)/
투명도(TR)/재료(M)/주석(A)] : ↵

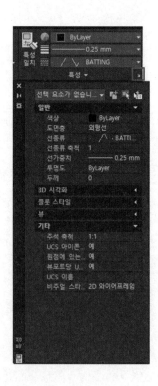

명령 : DDCHP ↵
PROPERTIES

옵션

① 객체 선택 : 수정할 객체를 지정한다.
② 색상 : 선택한 객체의 색상을 변경한다.
③ 트루컬러 : 선택된 객체에 사용될 트루컬러를 지정한다.
④ 색상 표 : 선택한 객체에 사용할 색상을 로드된 색상 표에서 지정한다.
⑤ 도면 층 : 선택한 객체의 도면 층을 변경한다.
⑥ 선 종류 : 선택한 객체의 선 종류를 변경한다.
⑦ 선 종류 축척 : 선택한 객체의 선 종류 축척 비율을 변경한다.
⑧ 선가중치 : 선택한 객체의 선가중치를 변경한다.

⑨ 두께 : 2D 객체의 Z방향 두께를 변경한다.

⑩ 투명도 : 선택한 객체의 투명도 레벨을 변경한다.

⑪ 재료 : 재료가 부착된 경우 선택된 객체의 재료를 변경한다.

⑫ 주석 : 선택된 객체의 주석 특성을 변경한다.

⑬ 플롯 스타일 : 명명된 플롯 스타일의 특성을 변경한다.

 옵션

① 객체 선택 : 수정할 객체를 지정한다.

② 색상 : 선택한 객체의 색상을 변경한다.

③ 트루컬러 : 선택된 객체에 사용될 트루컬러를 지정한다.

④ 색상 표 : 선택한 객체에 사용할 색상을 로드된 색상 표에서 지정한다.

⑤ 도면 층 : 선택한 객체의 도면 층을 변경한다.

⑥ 선 종류 : 선택한 객체의 선 종류를 변경한다.

⑦ 선 종류 축척 : 선택한 객체의 선 종류 축척 비율을 변경한다.

⑧ 선가중치 : 선택한 객체의 선가중치를 변경한다.

⑨ 두께 : 2D 객체의 Z방향 두께를 변경한다.

⑩ 투명도 : 선택한 객체의 투명도 레벨을 변경한다.

⑪ 재료 : 재료가 부착된 경우 선택된 객체의 재료를 변경한다.

⑫ 주석 : 선택된 객체의 주석 특성을 변경한다.

⑬ 플롯 스타일 : 명명된 플롯 스타일의 특성을 변경한다.

따라하기

1. 선 종류(LINETYPE)

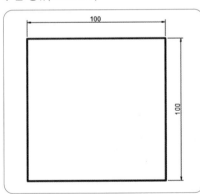

① 명령 : REC ↵

ORECTANG

첫 번째 구석점 지정 또는 [모따기(C)/고도(E)/모깎기(F)/두께(T)/폭(W)] :

다른 구석 점 지정 또는 [영역(A)/치수(D)/회전(R)] : @100,100

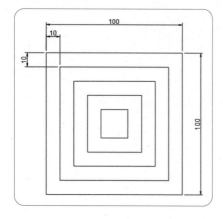

② 명령 : OFFSET ↵

현재 설정: 원본 지우기=아니오 도면층=원본 OFFSETGAPTYPE=0
간격띄우기 거리 지정 또는 [통과점(T)/지우기(E)/도면층(L)] ⟨10.0000⟩ : 10
간격띄우기 할 객체 선택 또는 [종료(E)/명령 취소(U)] ⟨종료⟩ : 객체 선택
간격띄우기 할 면의 점 지정 또는 [종료(E)/다중(M)/명령 취소(U)] ⟨종료⟩ :
간격띄우기 할 객체 선택 또는 [종료(E)/명령 취소(U)] ⟨종료⟩ : 객체 선택
간격띄우기 할 면의 점 지정 또는 [종료(E)/다중(M)/명령 취소(U)] ⟨종료⟩ :
간격띄우기 할 객체 선택 또는 [종료(E)/명령 취소(U)] ⟨종료⟩ : 객체 선택
간격띄우기 할 면의 점 지정 또는 [종료(E)/다중(M)/명령 취소(U)] ⟨종료⟩ :
간격띄우기 할 객체 선택 또는 [종료(E)/명령 취소(U)] ⟨종료⟩ : 객체 선택
간격띄우기 할 면의 점 지정 또는 [종료(E)/다중(M)/명령 취소(U)] ⟨종료⟩ :
간격띄우기 할 객체 선택 또는 [종료(E)/명령 취소(U)] ⟨종료⟩ : ↵

필요한 선의 종류들을 로드한다.

③ 명령 : LINETYPE ↵

④ 명령 : LINETYPE ↵

로드한 선을 용도에 맞게 변경 한다.

⑤ 명령 : PROPERTIES ↵

반대 구석 지정 또는 [울타리(F)/윈도우폴리곤(WP)/걸침폴리곤(CP)] :

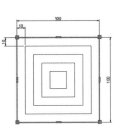

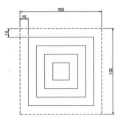

⑥ 명령 : 반대 구석 지정 또는 [울타리(F)/윈도우폴리곤(WP)/걸침폴리곤(CP)] :

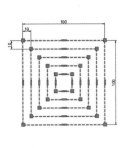

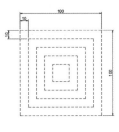

⑦ 변경된 선을 특성을 이용하여 선종류 축척을 조절한다.

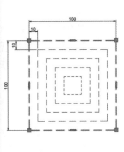

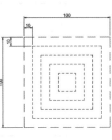

반복하여 선의 축척을 조절하여 본다.

2. 곡선 선종류

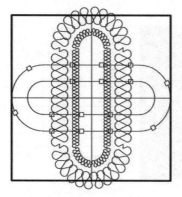

선종류가 변경된 완성된 그림이다.

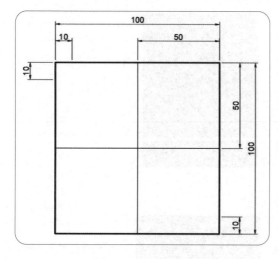

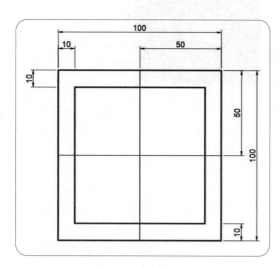

① 명령 : REC ↵

RECTANG

첫 번째 구석점 지정 또는 [모따기(C)/고도(E)/모깎기(F)/두께(T)/폭(W)] :

다른 구석점 지정 또는 [영역(A)/치수(D)/회전(R)] : @100,100 ↵

② 명령 : L ↵

LINE

첫 번째 점 지정 :

다음 점 지정 또는 [명령 취소(U)] : 중간점 선택

다음 점 지정 또는 [명령 취소(U)] : 중간점 선택

③ 명령 : LINE ↵

첫 번째 점 지정 :

다음 점 지정 또는 [명령 취소(U)] : 중간점 선택

다음 점 지정 또는 [명령 취소(U)] : 중간점 선택

④ 명령 : O ↵

OFFSET

현재 설정 : 원본 지우기=아니오

도면층=원본   OFFSETGAPTYPE=0

간격띄우기 거리 지정 또는 [통과점(T)/지우기(E)/도면층(L)] 〈10.0000〉 : 10

간격띄우기할 객체 선택 또는 [종료(E)/명령 취소(U)] 〈종료〉 :

간격띄우기할 면의 점 지정 또는 [종료(E)/다중(M)/명령 취소(U)] 〈종료〉 :

간격띄우기할 객체 선택 또는 [종료(E)/명령 취소(U)] 〈종료〉 : ↵

⑤ 명령 : X ↵
EXPLODE 1개를 찾음

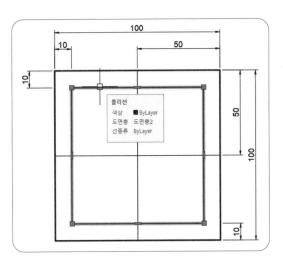

⑥ 명령 : EXTEND ↵
현재 설정 : 투영= UCS 모서리=없음
경계 모서리 선택 ...

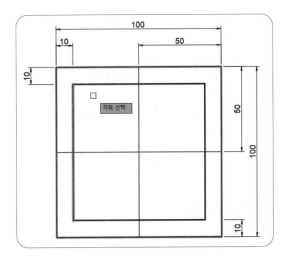

객체 선택 또는 〈모두 선택〉 : 1개를 찾음
객체 선택 :
연장할 객체 선택 또는 Shift 키를 누른 채 선택하여 자르기 또는 [울타리(F)/걸치기(C)/프로젝트(P)/모서리(E)/명령 취소(U)] : ↵

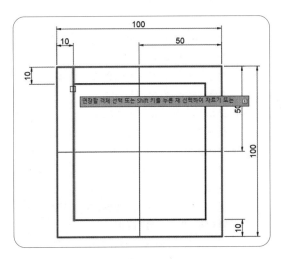

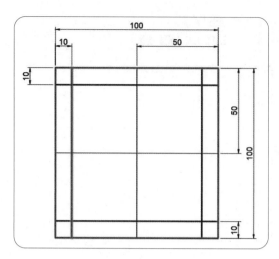

반복하여 완성한다

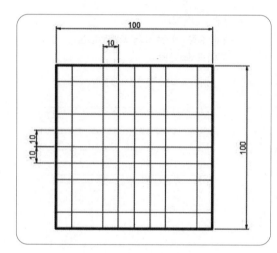

⑦ 명령 : OFFSET ↵
　현재　설정 : 원본　지우기=아니오　　도면층=원본
　OFFSETGAPTYPE=0
　간격띄우기 거리 지정 또는 [통과점(T)/지우기(E)/도
　면층(L)] 〈10.0000〉 : 10
　간격 띄우기 할 객체 선택 또는 [종료(E)/명령 취소
　(U)] 〈종료〉 :
　간격 띄우기 할 면의 점 지정 또는 [종료(E)/다중(M)/
　명령 취소(U)] 〈종료〉 : ↵

반복 수행한다.

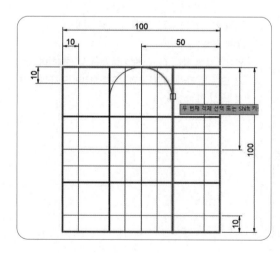

⑧ 명령 : FILLET ↵
　현재 설정 : 모드 = 자르기 않기,
　반지름 = 20.0000
　첫 번째 객체 선택 또는 [명령 취소(U)/폴리선(P)/반
　지름(R)/자르기(T)/다중(M)] : R
　모깎기 반지름 지정 〈20.0000〉 : 20
　첫 번째 객체 선택 또는 [명령 취소(U)/폴리선(P)/
　반지름(R)/자르기(T)/다중(M)] : T
　자르기 모드 옵션 입력 [자르기(T)/자르지 않기(N)]
　〈자르지 않기〉 : N
　첫 번째 객체 선택 또는 [명령 취소(U)/폴리선(P)/
　반지름(R)/자르기(T)/다중(M)] :
　두 번째 객체 선택 또는 Shift 키를 누른 채 선택하여
　구석 적용 또는 [반지름(R)] : ↵

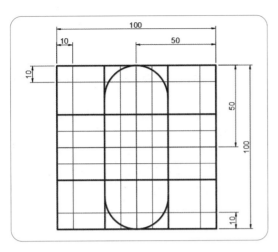

⑨ 순서대로 작성한다.

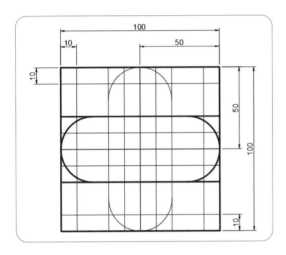

⑩ 반복 수행한다.

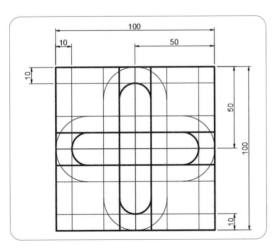

⑪ 명령 : FILLET ↵
현재 설정 : 모드 = 자르기 않기,
반지름 = 10.0000
첫 번째 객체 선택 또는 [명령 취소(U)/폴리선(P)/반
지름(R)/자르기(T)/다중(M)] :
두 번째 객체 선택 또는 Shift 키를 누른 채 선택하여
구석 적용 또는 [반지름(R)] :

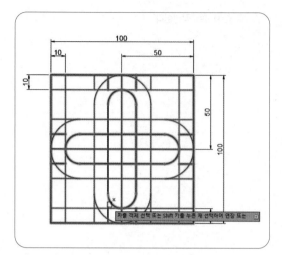

⑫ 명령 : TRIM ↵

　현재 설정 : 투영=UCS 모서리=없음

　절단 모서리 선택 ...

　객체 선택 또는 〈모두 선택〉: 반대 구석 지정 : 41개를
　찾음

　7개는 유효한 모서리나 선택 방법이 아닙니다.

　객체 선택 :

　자를 객체 선택 또는 Shift 키를 누른 채 선택하여 연
　장 또는 [울타리(F)/걸치기(C)/프로젝트(P)/모서리(E)/
　지우기(R)/명령 취소(U)] :

　반복 수행한다.

　자르고 남은 자리는 ERASE(지우기) 명령어를 이용하
　여 삭제한다.

⑬ 완성된 도면을 확인한다.

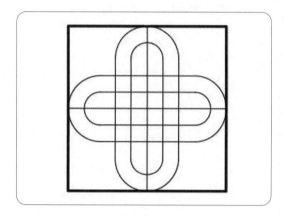

선의 종류를 로드한다.

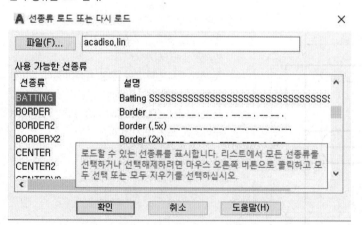

불러들인 선 종류를 특성 창을 열어 도면과 같이 바꿔준다.

⑭ 명령 : PROPERTIES ↵

 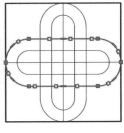  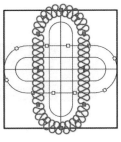

 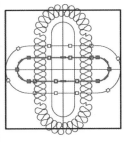  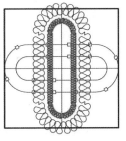

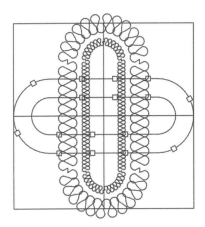

완성된 곡선을 확인한다.

MATCHPROP(다중 종류) 명령  ★★★★★

명령어	⮞	MATCHPROP
단축키	⮞	MATCHP
리본	⮞	홈 탭 > 특성 패널 > 특성일치 선택

명령 : MATCHPROP ↵
원본 객체를 선택 하십시오 :
현재 활성 설정 : 색상, 도면 층, 선 종류, 선축척, 선가중치, 투명도, 두께, 플롯 스타일, 치수, 문자, 해치, 폴리선, 뷰포트, 테이블, 재료, 다중 지시선, 중심 객체
대상 객체를 선택 또는 [설정(S)] : S

옵션

① 원본 객체를 선택 하십시오 : 도면에서 원본의 도면 요소를 선택한다.
② 대상 객체를 선택 : 특성을 복사할 도면요소를 선택한다.
③ 설정(S) : 원본 도면요소의 특성 중 일부만 복사한다.

ⓐ 설정(S)
복사할 객체 특성을 조정할 수 있는 특성 설정 대화상자를 표시한다.

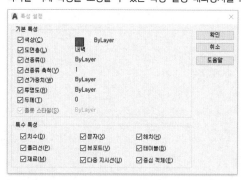

ⓑ 기본특성
① ✔️색상 : 색상을 원본 객체의 색상으로 변경한다.
② ✔️도면 층 : 도면 층을 원본 객체의 도면 층으로 변경한다.
③ ✔️선 종류 : 선 종류를 원본 객체의 선 종류로 변경한다.
④ ✔️선 종류 축척 : 원본 객체의 선 종류 축척 비율로 변경한다.
⑤ ✔️선가중치 : 선가중치를 원본 객체의 선가중치로 변경한다.
⑥ ✔️투명도 : 투명도를 원본 객체의 투명도로 변경한다.
⑦ ✔️두께 : 대상 객체의 두께를 원본 객체의 두께로 변경한다.
ⓒ 플롯 스타일 : 투명도 및 기타 지정한 특성이 포함된다.

옵션

치수특성

① ∅치수 : 원본 객체의 치수 스타일 및 주석 특성으로 변경한다.

② ∅폴리선 : 원본 폴리선의 폭 및 선 종류 생성 특성으로 변경한다.

③ ∅재료 : 객체에 적용된 재료를 변경한다.

④ ∅문자 : 원본 객체의 문자 스타일 및 주석 특성으로 변경한다.

⑤ ∅뷰포트 : 특성을 원본 뷰포트의 특성과 일치하도록 변경한다.

⑥ ∅자르기 : 도면 층 상태 동결/동결해제 한다.

⑦ ∅다중 지시선 : 원본객체의 다중 지시선 스타일 및 주석 특성으로 변경한다.

⑧ ∅해치 : 원본 객체의 해치 특성으로 변경한다.

⑨ ∅테이블 : 원본 객체의 테이블 스타일로 변경한다.

⑩ ∅중심 객체 : 기하학적 특성을 원본 객체의 특성으로 변경한다.

따라하기

MATCHPROP(다중 종류) 명령

원 명령어를 활용하여 아래와 같이 먼저 만들어 보자.

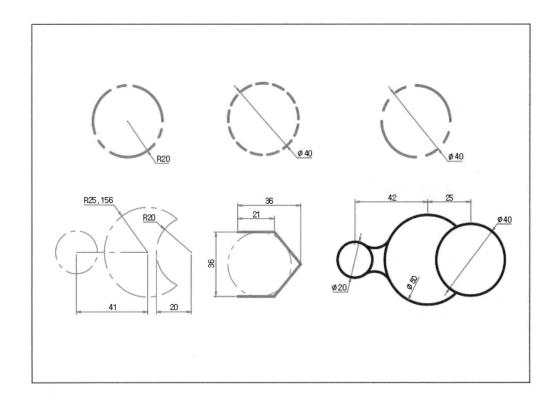

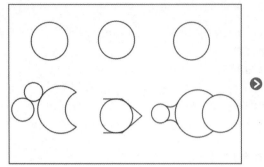

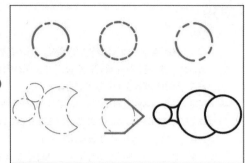

특성 변경 전 도면이다.   특성 변경으로 완성된 도면이다.

순서대로 따라해 본다.

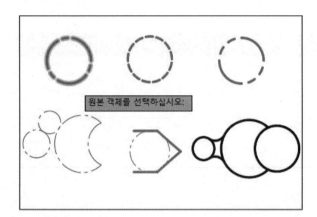

① 명령 : MA ↵
   MATCHPROP
   원본 객체를 선택 하십시오 :

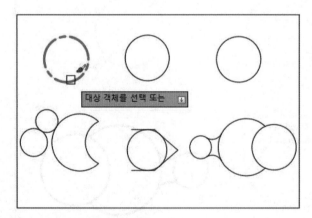

현재 활성 설정 : 색상, 도면층, 선종류, 선축척,
선가중치, 투명도, 두께, 플롯 스타일, 치수, 문자,
해치, 폴리선, 뷰포트, 테이블, 재료, 다중 지시선,
중심 객체
대상 객체를 선택 또는 [설정(S)] :

대상 객체를 선택 또는 [설정(S)] : ↵

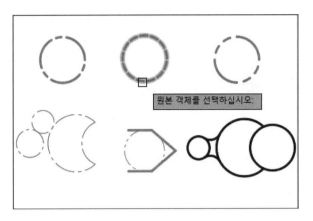

② 명령 : MA ↵
MATCHPROP
원본 객체를 선택 하십시오 :

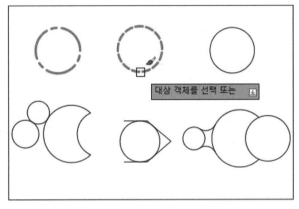

현재 활성 설정 : 색상, 도면 층, 선 종류, 선축척,
선가중치, 투명도, 두께, 플롯 스타일, 치수, 문자,
해치, 폴리선, 뷰포트, 테이블, 재료, 다중 지시선,
중심 객체
대상 객체를 선택 또는 [설정(S)] :

대상 객체를 선택 또는 [설정(S)] : ↵

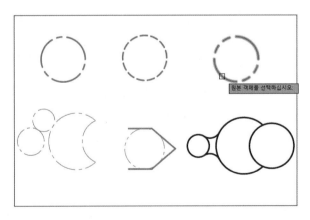

③ 명령 : MA ↵
MATCHPROP
원본 객체를 선택 하십시오 :

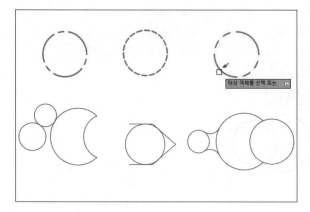

현재 활성 설정 : 색상, 도면 층, 선 종류, 선축척,
선가중치, 투명도, 두께, 플롯 스타일, 치수, 문자,
해치, 폴리선, 뷰포트, 테이블, 재료, 다중 지시선,
중심 객체
대상 객체를 선택 또는 [설정(S)] :

대상 객체를 선택 또는 [설정(S)] : ↵

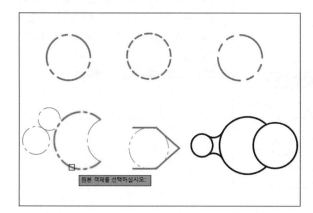

④ **명령** : MA ↵
MATCHPROP
원본 객체를 선택 하십시오 :

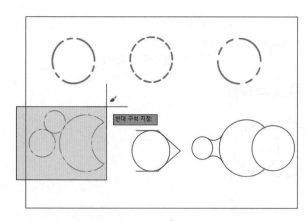

현재 활성 설정 : 색상, 도면 층, 선 종류, 선축척,
선가중치, 투명도, 두께, 플롯 스타일, 치수, 문자,
해치, 폴리선, 뷰포트, 테이블, 재료, 다중 지시선,
중심 객체
대상 객체를 선택 또는 [설정(S)] :

대상 객체를 선택 또는 [설정(S)] : ↵

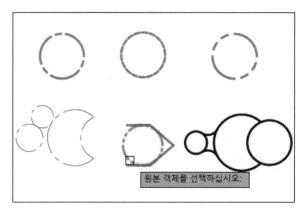

⑤ 명령 : MA ↵
MATCHPROP
원본 객체를 선택 하십시오 :

원본 객체를 선택하십시오:

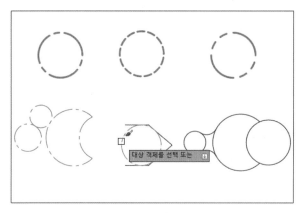

현재 활성 설정 : 색상, 도면 층, 선 종류, 선축척, 선가중치, 투명도, 두께, 플롯 스타일, 치수, 문자, 해치, 폴리선, 뷰포트, 테이블, 재료, 다중 지시선, 중심 객체
대상 객체를 선택 또는 [설정(S)] :

대상 객체를 선택 또는

대상 객체를 선택 또는 [설정(S)] : ↵

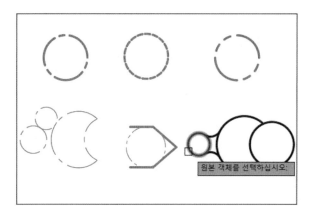

④명령 : MA ↵
MATCHPROP
원본 객체를 선택 하십시오 :

원본 객체를 선택하십시오:

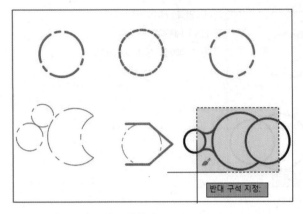

현재 활성 설정 : 색상, 도면 층, 선 종류, 선축척,
선가중치, 투명도, 두께, 플롯 스타일, 치수, 문자,
해치, 폴리선, 뷰포트, 테이블, 재료, 다중 지시선,
중심 객체
대상 객체를 선택 또는 [설정(S)] :

대상 객체를 선택 또는 [설정(S)] :

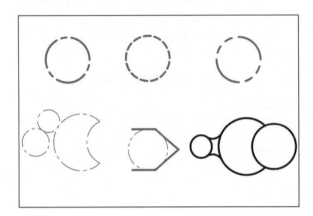

완성된 모양을 확인 한다.

09 CHANGE(편집) 명령 ★★★★★

기존 객체의 특성을 변경한다.

명령어 ❯ CHANGE
단축키 ❯ CHA

명령 창에서 CHANGE를 입력한다.

명령 : CHANGE ↵
객체 선택 :
변경 점 지정 또는 [특성(P)] :
변경할 특성 입력 [색상(C)/고도(E)/도면층(LA)/선종류(LT)/선종류축척(S)/선가중치(LW)/두께(T)/투명도(TR)/재료(M)/주석(A)] :

옵션

① 객체 지정 : 같은 선택 세트에서 선과 기타 변경 가능한 객체를 선택한 경우에는 객체 선택 순서에 따라 결과가 달라진다.

〈참고〉
CHANGE를 사용하는 가장 쉬운 방법
선택 세트에서 선만 선택하거나 선을 제외한 객체만 선택하는 것이다.

② 점 또는 값 변경 : 선택한 객체를 변경한다.
③ 선 :
  ⓐ 직교 모드가 꺼져 있는 경우〈F8〉: 변경 점에서 가장 근접한 곳에 있는 선택된 선의 끝점을 새 점으로 이동시킨다.
  ⓑ 직교 모드가 켜져 있는 경우〈F8〉: 선택한 선이 평행하게 되고 끝점은 지정된 좌표로 이동하지 않는다.
④ 원 : 원의 반지름을 변경한다.
⑤ 문자 : 문자 위치 및 기타 특성을 변경한다.
⑥ 새 문자 삽입 점 지정 : 문자를 재배치한다.
⑦ 속성 정의 : 속성의 문자 및 문자 특성을 변경한다.
⑧ 블록 : 블록의 위치나 회전을 변경한다.
⑨ 특성 : 기존 객체의 특성을 수정한다.
⑩ 색상 : 선택한 객체의 색상을 변경한다.
⑪ 도면 층 : 선택한 객체의 도면 층을 변경한다.
⑫ 선 종류 : 선택한 객체의 선 종류를 변경한다.
⑬ 선 종류 축척 : 선택한 객체의 선 종류 축척 비율을 변경한다.
⑭ 선가중치 : 선택한 객체의 선가중치를 변경한다.
⑮ 두께 : 2D 객체의 Z방향 두께를 변경한다.
⑯ 투명도 : 선택한 객체의 투명도 레벨을 변경한다.(0에서 90 사이의 값을 입력)
⑰ 재료 : 재료가 부착된 경우 선택된 객체의 재료를 변경한다.
⑱ 주석 : 선택된 객체의 주석 특성을 변경한다.

따라하기

CHANGE(도면 요소 특성 및 위치 변경)

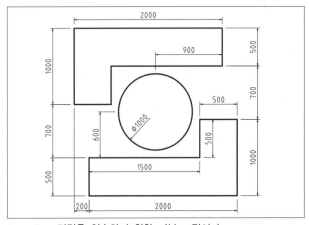

CHANGE 명령을 연습하기 위한 기본 그림이다.

① 선 종류 바꾸기 연습

명령 : CHANGE ↵
객체 선택 : 1개를 찾음

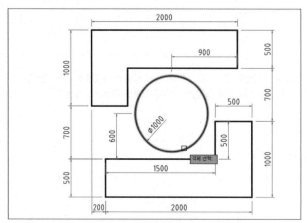

객체 선택 : 변경 점 지정 또는 [특성(P)] : P
변경할 특성 입력 [색상(C)/고도(E)/도면층(LA)/선종류(LT)/선 종류축척(S)/선가중치(LW)/두께(T)/투명도(TR)/재료(M)/주석(A)] : LT
새 선 종류 이름 입력 〈ByLayer〉: CENTER

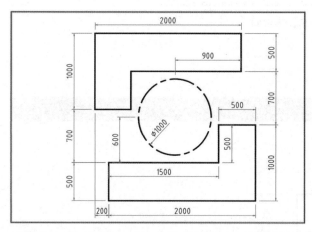

변경할 특성 입력 [색상(C)/고도(E)/도면층(LA)/선종류(LT)/선종류축척(S)/선가중치(LW)/두께(T)/투명도(TR)/재료(M)/주석(A)] : ↵

② 선두께 바꾸기 연습

명령 : CHANGE ↵
객체 선택 : 1개를 찾음

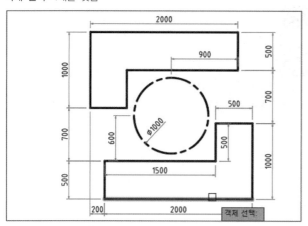

객체 선택 : 변경점 지정 또는 [특성(P)] : P
변경할 특성 입력 [색상(C)/고도(E)/도면층(LA)/선종류(LT)/선종류축척(S)/선가중치(LW)/두께(T)/투명도(TR)/재료(M)/주석(A)] : LW
새 선가중치 입력 〈ByLayer〉 : 3
선가중치가 다음의 가장 가까운 유효한 값으로 반올림됨 2.11 mm

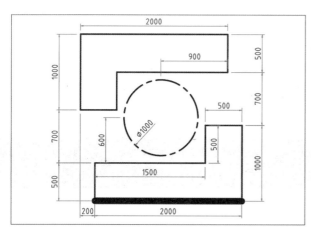

변경할 특성 입력 [색상(C)/고도(E)/도면층(LA)/선종류(LT)/선종류축척(S)/선가중치(LW)/두께(T)/투명도(TR)/재료(M)/주석(A)] : ↵

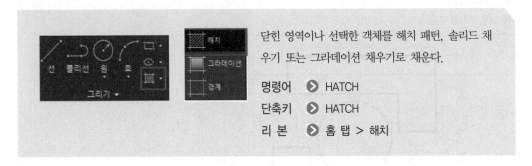

⌂10 HATCH(해치) ▨ ★★★★★

닫힌 영역이나 선택한 객체를 해치 패턴, 솔리드 채우기 또는 그라데이션 채우기로 채운다.

명령어	❯	HATCH
단축키	❯	HATCH
리 본	❯	홈 탭 > 해치

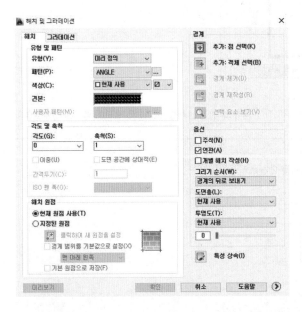

명령 : H ↵
HATCH
내부 점 선택 또는 [객체 선택(S)/명령 취소(U)/설정(T)] :

명령 : BH ↵
BHATCH
내부 점 지정 또는 [특성(P)/객체 선택(S)/경계 그리기(W)/경계 제거(B)/고급(A)/그리기 순서(DR)/원점(O)/주석(AN)/해치 색상(CO)/도면층(LA)/투명도(T)] :

옵션

① 내부 점 : 지정된 점을 기준으로 닫힌 영역을 구성하는 경계를 결정한다.

② 특성 : 적용할 새 해치 패턴 특성을 지정한다.

③ 패턴 이름—미리 정의 또는 사용자 : 미리 정의된 패턴 또는 사용자 패턴을 지정한다.

④ ?—패턴 이름 나열 : PAT 파일에 정의된 해치 패턴을 나열하고 설명한다.

⑤ 솔리드 : 솔리드 채우기를 지정한다.

⑥ 사용자 정의 : 사용자 정의 패턴을 지정한다.

⑦ 이중 해치 영역 : 처음 선 세트의 90도 지점에 두 번째 선 세트가 그려지도록 지정한다.

⑧ 객체 선택 : 선택된 객체에서 닫힌 영역을 구성하는 경계를 결정한다.

⑨ 경계 제거 : 이전에 추가된 객체를 경계 정의에서 모두 제거한다.

⑩ 고급 : 해치 경계를 작성하기 위해 사용되는 방법을 설정한다.

⑪ 경계 세트 : 해치의 선택 점으로 평가할 경계 세트라는 제한된 객체 세트를 지정한다.

⑫ 새로 만들기 : 선택한 객체에서 경계 세트를 작성한다.

⑬ 그리기 순서 : 해치 또는 채우기에 그리기 순서를 지정한다.

⑭ 원점 : 해치 패턴 생성의 시작 위치를 조정한다.

⑮ 색상 : 시스템에 설치된 색상표 에서 사용자 색상을 지정한다.

⑯ 도면층 : 지정한 도면 층에 새 해치 객체를 지정하여 현재 도면층을 재지정 한다.

⑰ 투명도 : 새 해치 또는 채우기에 대해 투명도 레벨을 설정하여 현재 객체 투명도를 재지정 한다.

따라하기

HATCH(해치)

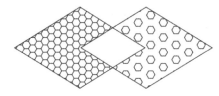

HATCH(해치) 명령으로 완성한 그림이다.

아래 순서대로 따라한다.

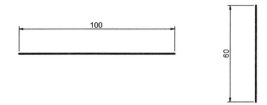

① 명령 : LINE ↵

첫 번째 점 지정 : 임의 의 점

다음 점 지정 또는 [명령 취소(U)] : [직교 켜기] 100

다음 점 지정 또는 [명령 취소(U)] :

② 명령 : LINE ↵
　　첫 번째 점 지정 : 임의의 점
　　다음 점 지정 또는 [명령 취소(U)] : 60
　　다음 점 지정 또는 [명령 취소(U)] :

그려진 선을 이동한다.

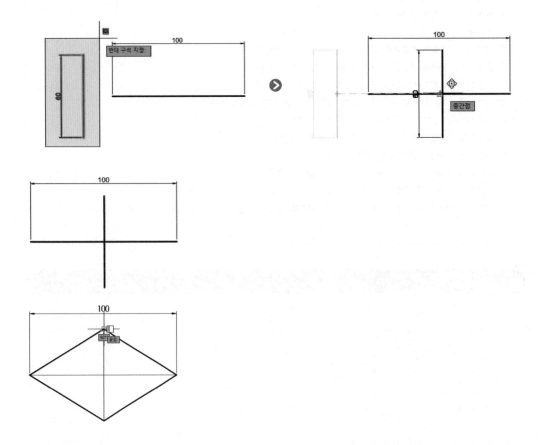

③ 명령 : LINE ↵
　　첫 번째 점 지정 : [객체스냅 켜기] END (끝점)
　　다음 점 지정 또는 [명령 취소(U)] : END (끝점)
　　다음 점 지정 또는 [명령 취소(U)] : END (끝점)
　　다음 점 지정 또는 [닫기(C)/명령 취소(U) : END (끝점)
　　다음 점 지정 또는 [닫기(C)/명령 취소(U)] : ↵

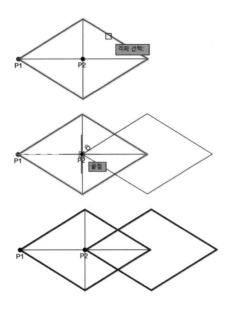

④ 명령 : COPY ↵

객체 선택 : 반대 구석 지정 : 4개를 찾음

객체 선택 :

현재 설정 : 복사 모드 = 다중(M)

기본점 지정 또는 [변위(D)/모드(O)] 〈변위〉 :

두 번째 점 지정 또는 [배열(A)] 〈첫 번째 점을 변위로 사용〉 :

두 번째 점 지정 또는 [배열(A)/종료(E)/명령 취소(U)] 〈종료〉 :

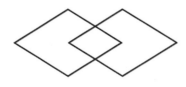

보조선으로 그려진 중간선 들을 ERASE(지우기) 명령으로 삭제한다.

⑤ 명령 : HATCH ↵

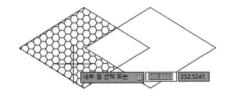

– 내부 점 선택 또는 [객체 선택(S)/명령 취소(U)/설정(T)] : 모든 것
선택...

가시적인 모든 것 선택 중...

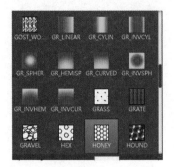

선택된 데이터 분석 중...
내부 고립영역 분석 중...

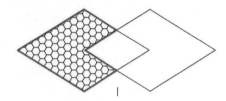

내부 점 선택 또는 [객체 선택(S)/명령 취소(U)/설정(T)] :

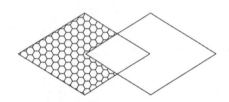

HATCH 명령으로 완성된 모양을 확인한다.

⑥ 명령 : H ↵

HATCH

내부 점 선택 또는 [객체 선택(S)/명령 취소(U)/설정(T)] : 모든 것 선택...

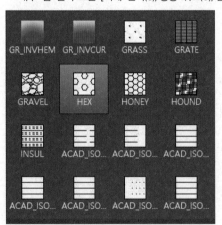

가시적인 모든 것 선택 중...
선택된 데이터 분석 중...

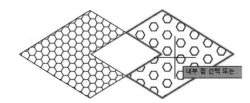

내부 고립영역 분석 중...
내부 점 선택 또는 [객체 선택(S)/명령 취소(U)/설정(T)] :

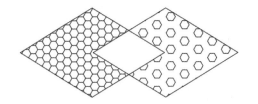

완성된 해치를 확인한다.

 PURGE(소거) ★★★☆☆

소거
블록 정의 및 도면층 등 사용되지 않은
명명된 항목을 도면에서 제거합니다.

블록 정의 및 도면층 등 사용되지 않은 항목을 도면에서 제거한다.

명령어 ❯ PURGE
단축키 ❯ PU

- 소거할 항목(U)

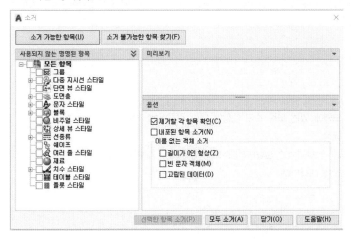

- 소거 불가능한 항목 찾기(F)

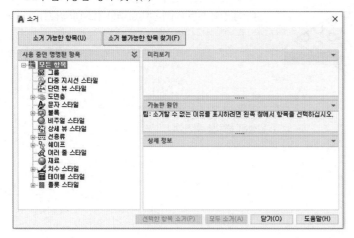

명령 : PU ↵

PURGE

 옵션

① 소거 가능한 항목(U) : 소거 할 수 있는 항목들을 표시한다.

② 소거 불가능한 항목(F) : 소거 할 수 없는 항목들을 표시한다.

③ ☑제거할 각 항목 확인(C) : 제거할 각 항목 확인한다.

④ ☑내포된 항목 소거(N) : 선택한 항목에 포함된 항목들을 제거한다.

따라하기

명령 : PURGE ↵

*D15070이(가) 소거되었습니다.(1508-1521)

_ArchTick이(가) 소거되었습니다.

TOTO-P44이(가) 소거되었습니다.
컴퓨터-평이(가) 소거되었습니다.
Annotative이(가) 소거되었습니다.
DH-001이(가) 소거되었습니다.
대미안-100이(가) 소거되었습니다.
주석이(가) 소거되었습니다.
dim이(가) 소거되었습니다.
HD이(가) 소거되었습니다.
I-MFUR이(가) 소거되었습니다.
TEXT1이(가) 소거되었습니다.
WALL(RC)이(가) 소거되었습니다.
wall2이(가) 소거되었습니다.
WID이(가) 소거되었습니다.
window이(가) 소거되었습니다.
내벽해치이(가) 소거되었습니다.
문이(가) 소거되었습니다.
스피커이(가) 소거되었습니다.
Annotative이(가) 소거되었습니다.
굴림체이(가) 소거되었습니다.

············
현재 도면에 있는 모든 소거 대상에 대한 값들이 소거된다.

소거 대상

BLOCK , DIMSTYLE, LAYER, LTYPES, SHAPES, APPLDS, MLINESTYLES 등의 데이터가 삭제 대상이다.

도면 층 생성

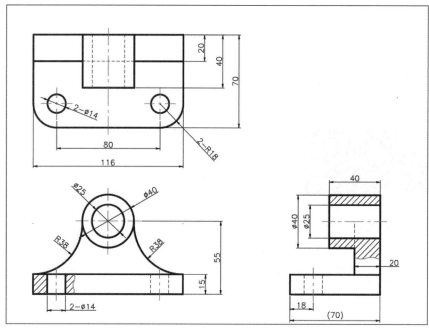

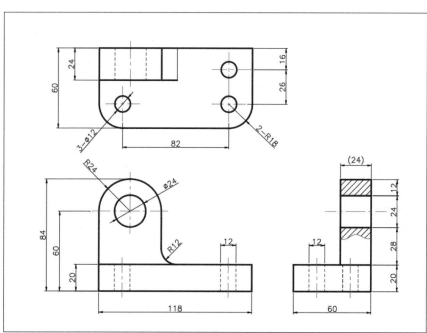

도면 기능 익히기 명령

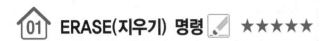

01 ERASE(지우기) 명령 ★★★★★

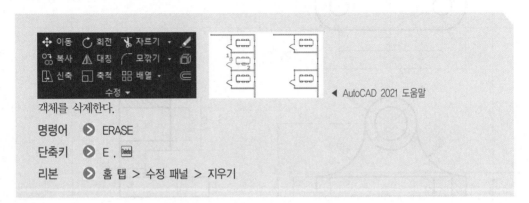

◀ AutoCAD 2021 도움말

객체를 삭제한다.

명령어 ❯	ERASE
단축키 ❯	E , Delete
리본 ❯	홈 탭 > 수정 패널 > 지우기

명령 : ERASE ↵
객체 선택 :

🛠 **옵션**

① 객체 선택 : 도면영역에서 삭제할 객체를 지정한다.
② L : 마지막으로 작성된 객체를 삭제한다.
③ W : 두점 사각형 속에 완전히 포함된 객체만 삭제한다.
④ C : 두점 사각형에 걸쳐진 객체도 삭제된다.
⑤ BOX : 윈도우 걸치기 기능 포함한다.
⑥ F : 선에 닿는 객체들을 삭제한다.
⑦ P : 이전 선택 세트를 삭제한다.
⑧ ALL : 모든 객체를 삭제한다.
⑨ 경계를 기준으로 교차하거나 접한 객체를 자른다.

도면 기능 익히기 명령

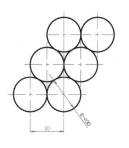 

명령 : ERASE ↵
객체 선택 : 1개를 찾음
객체 선택 :
치수가 연관 해제됨.

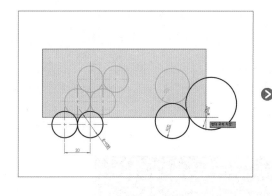  

선택 요소를 WINDOW 모드로 선택해서 지우기를 한다.

명령 : ERASE ↵
객체 선택 : 반대 구석 지정 : 0개를 찾음
객체 선택 : 반대 구석 지정 : 9개를 찾음
객체 선택 :

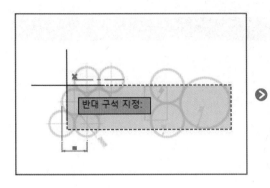 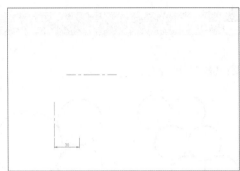

명령 : ERASE ↵
객체 선택 : C
첫 번째 구석 지정 : 반대 구석 지정 : 19개를 찾음
객체 선택 :
치수보조선이 연관해제 됨.

02 ARRAY(배열) 명령 ★★★★★

1) ARRAYRECT(직사각형 배열) 명령

객체를 행, 열의 개수와 간격으로 사각 배열 복사한다.

◀ AutoCAD 2021 도움말

명령어	⊙	ARRAYRECT 직사각형 배열
단축키	⊙	AR
리 본	⊙	홈 탭 > 수정 패널 > 직사각형 배열

명령 : ARRAYRECT ↵
객체 선택 :
유형 = 직사각형 연관 = 예
그립을 선택하여 배열을 편집하거나 [연관(AS)/ 기준점(B)/개수(COU)/간격두기(S)/
열(COL)/행 (R)/레벨(L)/종료(X)] 〈종료〉 : ↵

2) ARRAYPOLAR(원형 배열) 명령

객체를 중심점 또는 회전축을 기준으로 원형 패턴으로 균일하게 배열한다.

단축키 : ARRAYPATH 🔘 원형 배열

리 본 : 홈 탭 > 수정 패널 > 경로 배열

명령 : ARRAYPOLAR ↵

객체 선택 :

유형 = 경로 연관 = 예

경로 곡선 선택 :

그립을 선택하여 배열을 편집하거나 [연관(AS)/ 메서드(M)/기준점(B)/접선 방향(T)/

항목(I)/행(R)/ 레벨(L)/항목 정렬(A)/Z 방향(Z)/종료(X)] <종료> :

3) ARRAYPATH(경로 배열) 명령

객체를 경로 또는 경로의 일부분을 따라 균일하게 배열하여 복사한다.

단축키 : ARRAYPATH 🔘 경로 배열

리 본 : 홈 탭 〉 수정 패널 〉 원형 배열

명령 : ARRAYPATH ↵

객체 선택 :

유형 = 원형 연관 = 예

배열의 중심점 지정 또는 [기준점(B)/회전축(A)] :

그립을 선택하여 배열을 편집하거나 [연관(AS)/ 기준점(B)/항목(I)/사이의 각도(A)/채울 각도(F)/행

ARRAY(배열)명령

① ARRAYRECT(사각배열) ★★★★★

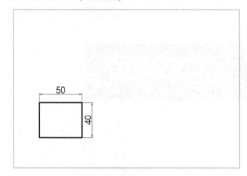 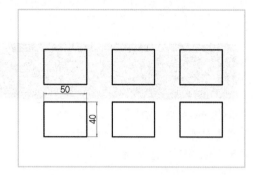

명령 : _arrayrect 〔□□ 직사각형 배열〕 ↵

객체 선택 : 1개를 찾음

객체 선택 : ↵

유형 = 직사각형 연관 = 예

그립을 선택하여 배열을 편집하거나 [연관(AS)/기준점(B)/개수(COU)/간격두기(S)/열(COL)/행(R)/레벨(L)/종료(X)] 〈종료〉: AS

연관 배열 작성 [예(Y)/아니오(N)] 〈예〉: N

그립을 선택하여 배열을 편집하거나 [연관(AS)/기준점(B)/개수(COU)/간격두기(S)/열(COL)/행(R)/레벨(L)/종료(X)] 〈종료〉: COU

열 수 입력 또는 [표현식(E)] 〈4〉: 3

행 수 입력 또는 [표현식(E)] 〈3〉: 2

그립을 선택하여 배열을 편집하거나 [연관(AS)/기준점(B)/개수(COU)/간격두기(S)/열(COL)/행(R)/레벨(L)/종료(X)] 〈종료〉: S

열 사이의 거리 지정 또는 [단위 셀(U)] 〈75〉: 80

행 사이의 거리 지정 〈67.5〉: 60

그립을 선택하여 배열을 편집하거나 [연관(AS)/기준점(B)/개수(COU)/간격두기(S)/열(COL)/행(R)/레벨(L)/종료(X)] 〈종료〉: ↵

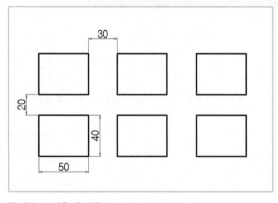

완성된 도면을 확인한다.

② ARRAYPOLAR(원형배열) ★★★★★

명령 : _arraypolar 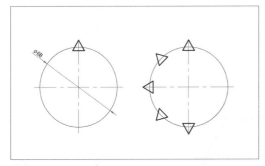 ↵

객체 선택 : 1개를 찾음

객체 선택 :

유형 = 원형   연관 = 아니오

배열의 중심점 지정 또는 [기준점(B)/회전축(A)] :

그립을 선택하여 배열을 편집하거나 [연관(AS)/기준점(B)/항목(I)/사이의 각도(A)/채울 각도(F)/행(ROW)/레벨(L)/항목 회전(ROT)/종료(X)]〈종료〉 : AS

연관 배열 작성 [예(Y)/아니오(N)] 〈아니오〉 : N

그립을 선택하여 배열을 편집하거나 [연관(AS)/기준점(B)/항목(I)/사이의 각도(A)/채울 각도(F)/행(ROW)/레벨(L)/항목 회전(ROT)/종료(X)]〈종료〉 : I

배열의 항목 수 입력 또는 [표현식(E)] 〈6〉 : 5

그립을 선택하여 배열을 편집하거나 [연관(AS)/기준점(B)/항목(I)/사이의 각도(A)/채울 각도(F)/행(ROW)/레벨(L)/항목 회전(ROT)/종료(X)]〈종료〉 : F

채울 각도 지정(+=ccw, −=cw) 또는 [표현식(EX)] 〈360〉 : 180

그립을 선택하여 배열을 편집하거나 [연관(AS)/기준점(B)/항목(I)/사이의 각도(A)/채울 각도(F)/행(ROW)/레벨(L)/항목 회전(ROT)/종료(X)]〈종료〉 : ↵

명령 : _arraypolar ↵

객체 선택 : 1개를 찾음

객체 선택 :

유형 = 원형   연관 = 아니오

배열의 중심점 지정 또는 [기준점(B)/회전축(A)] :

그립을 선택하여 배열을 편집하거나 [연관(AS)/기준점(B)/항목(I)/사이의 각도(A)/채울 각도(F)/행(ROW)/레벨(L)/항목 회전(ROT)/종료(X)]〈종료〉 : AS

연관 배열 작성 [예(Y)/아니오(N)] 〈아니오〉 : N

그립을 선택하여 배열을 편집하거나 [연관(AS)/기준점(B)/항목(I)/사이의 각도(A)/채울 각도(F)/행(ROW)/레벨(L)/항목 회전(ROT)/종료(X)]〈종료〉 : F

채울 각도 지정(+=ccw, −=cw) 또는 [표현식(EX)] 〈360〉 :

그립을 선택하여 배열을 편집하거나 [연관(AS)/기준점(B)/항목(I)/사이의 각도(A)/채울 각도(F)/행(ROW)/레벨(L)/항목 회전(ROT)/종료(X)]〈종료〉 : I

배열의 항목 수 입력 또는 [표현식(E)] 〈6〉 : 8

그립을 선택하여 배열을 편집하거나 [연관(AS)/기준점(B)/항목(I)/사이의 각도(A)/채울 각도(F)/행(ROW)/레벨(L)/항목 회전(ROT)/종료(X)]〈종료〉 :

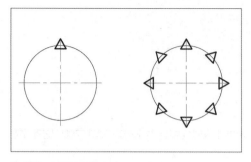

③ 명령 : ARRAYPATH ↵

객체 선택 : 1개를 찾음

객체 선택 : ↵

유형 = 경로   연관 = 아니오

경로 곡선 선택 :

그립을 선택하여 배열을 편집하거나 [연관(AS)/메서드(M)/기준점(B)/접선 방향(T)/항목(I)/행(R)/레벨(L)/항목 정렬(A)/Z 방향(Z)/종료(X)] 〈종료〉 : I

경로를 따라 배열되는 항목 사이의 거리 지정 또는 [표현식(E)] 〈31.1769〉 : 두 번째 점 지정

최대 항목 수 = 5개

항목 수 지정 또는 [전체 경로 채우기(F)/표현식(E)] 〈5〉 : 5

그립을 선택하여 배열을 편집하거나 [연관(AS)/메서드(M)/기준점(B)/접선 방향(T)/항목(I)/행(R)/레벨(L)/항목 정렬(A)/Z 방향(Z)/종료(X)] 〈종료〉 : ↵

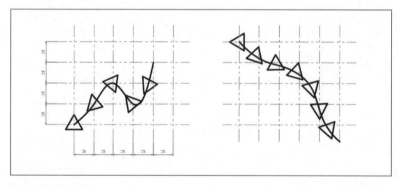

명령 : ARRAYPATH ↵

객체 선택 : 1개를 찾음

객체 선택 : ↵

유형 = 경로   연관 = 아니오

경로 곡선 선택 :

그립을 선택하여 배열을 편집하거나 [연관(AS)/메서드(M)/기준점(B)/접선 방향(T)/항목(I)/행(R)/레벨(L)/항목 정렬(A)/Z 방향(Z)/종료(X)] 〈종료〉 : I

경로를 따라 배열되는 항목 사이의 거리 지정 또는 [표현식(E)] 〈27〉 :

최대 항목 수 = 7개

항목 수 지정 또는 [전체 경로 채우기(F)/표현식(E)] 〈7〉 : 7

그립을 선택하여 배열을 편집하거나 [연관(AS)/메서드(M)/기준점(B)/접선 방향(T)/항목(I)/행(R)/레벨(L)/항목 정렬(A)/Z 방향(Z)/종료(X)] 〈종료〉 : ↵

03 COPY(복사) 명령 ★★★★★

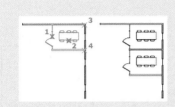

◀ AutoCAD 2021 도움말

객체를 지정된 방향과 거리로 복사한다.

명령어 ❯ COPY
단축키 ❯ CO, CP
리본 ❯ 홈 탭 > 수정 패널 > 복사

명령 : COPY ↵
객체 선택 :
현재 설정 : 복사 모드 = 다중(M)
기본 점 지정 또는 [변위(D)/모드(O)] 〈변위〉 :
두 번째 점 지정 또는 [배열(A)] 〈첫 번째 점을 변위로 사용〉 :
두 번째 점 지정 또는 [배열(A)/종료(E)/명령 취 소(U)] 〈종료〉 : ↵

옵션

① 객체 선택
   도면영역에서 복사할 객체를 지정한다.
② 기본 점 지정
   도면영역에서 복사할 객체의 기준점을 지정 또는 좌표 값을 입력한다.
③ 두 번째 점 지정
   도면영역에서 복사할 지점을 지정하거나 복사할 거리 및 방향을 지정한다.

COPY(복사)

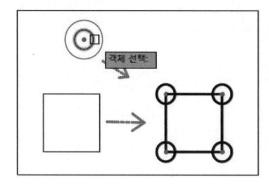

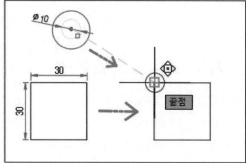

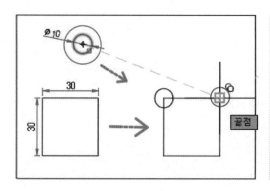

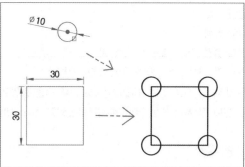

명령 : COPY ↵
객체 선택 : 1개를 찾음
객체 선택 :
현재 설정 : 복사 모드 = 다중(M)
기본점 지정 또는 [변위(D)/모드(O)] 〈변위〉 : CEN
두 번째 점 지정 또는 [배열(A)] 〈첫 번째 점을 변위로 사용〉 : END
두 번째 점 지정 또는 [배열(A)/종료(E)/명령 취소(U)] 〈종료〉 : ↵

완성된 도면을 확인한다.

04 MOVE(이동) 명령 ★★★★★

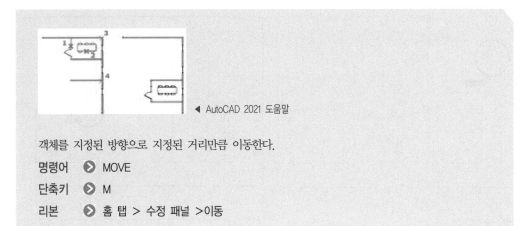

◀ AutoCAD 2021 도움말

객체를 지정된 방향으로 지정된 거리만큼 이동한다.

명령어	❯	MOVE
단축키	❯	M
리본	❯	홈 탭 > 수정 패널 >이동

명령 : MOVE ↵
객체 선택 : 1개를 찾음
객체 선택 : ↵
기준점 지정 또는 [변위(D)] 〈변위〉 :
두 번째 점 지정 또는 〈첫 번째 점을 변위로 사용〉 : ↵

옵션

① 객체 선택 : 도면영역에서 이동할 객체를 지정한다.
② 기준점 지정 : 도면영역에서 이동할 객체의 기준점을 지정 또는 좌표 값을 입력한다.
③ 두 번째 점 : 도면영역에서 기준점이 이동할 지점을 지정 또는 좌표 값을 입력한다.
③ 변위(D) : 상대 거리 및 방향을 지정한다.
④ 객체를 지정된 방향으로 지정된 거리만큼 이동한다.

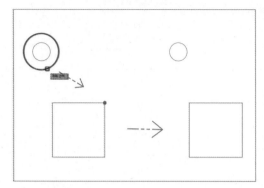

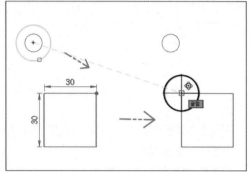

명령 : MOVE ↵

객체 선택 : 1개를 찾음

객체 선택 : ↵

기준점 지정 또는 [변위(D)] 〈변위〉 : cen

두 번째 점 지정 또는 〈첫 번째 점을 변위로 사용〉 : end

완성된 도면을 확인한다.

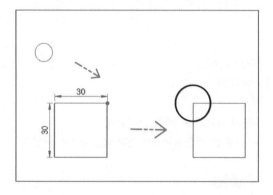

05 ROTATE(회전) 명령 ★★★★★

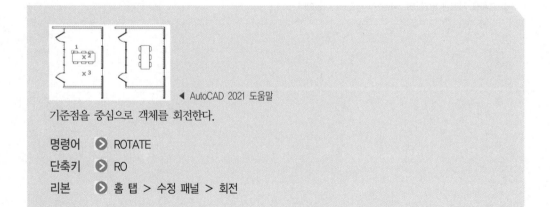

◀ AutoCAD 2021 도움말

기준점을 중심으로 객체를 회전한다.

명령어 ❯ ROTATE

단축키 ❯ RO

리본 ❯ 홈 탭 > 수정 패널 > 회전

명령 : ROTATE ↵

현재 UCS에서 양의 각도 : 측정 방향=시계 반대 방향 기준 방향=0

객체 선택 : ↵

객체 선택 :

기준점 지정 :

회전각도 지정 또는 [복사(C)/참조(R)] ⟨0⟩ : ↵

옵션

① 객체 선택 : 도면영역에서 회전할 객체를 선택한다.

② 기준점 지정 : 도면영역에서 회전할 기준점을 지정 또는 좌표 값을 입력한다.

③ 회전각도 지정 : 각도를 입력하거나, 도면영역에서 지점을 지정한다.

④ 복사(C) : 회전할 객체를 남기고, 회전하여 복사본을 작성한다.

객체를 지정된 방향으로 지정된 거리만큼 이동한다.

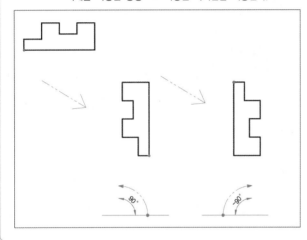

ROTATE(회전) 명령

① 시계 반대방향으로 회전하기 (정방향)

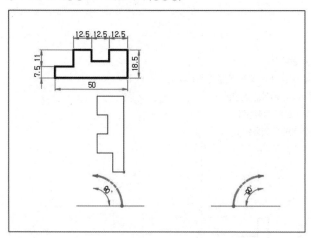

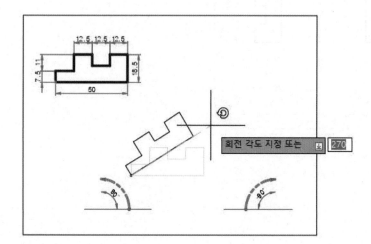

명령 : ROTATE ↵
현재 UCS에서 양의 각도 : 측정 방향=시계 반대 방향 기준 방향=0
객체 선택 : 반대 구석 지정 : 11개를 찾음
객체 선택 : ↵
기준점 지정 : end (연습의 점을 기준으로 지정한다)
회전각도 지정 또는 [복사(C)/참조(R)] ⟨270⟩ : 90 ↵

② 시계 방향으로 회전하기 (- 방향)

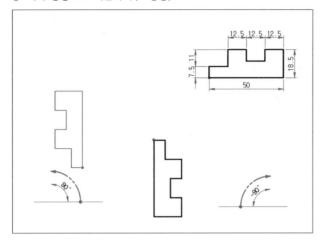

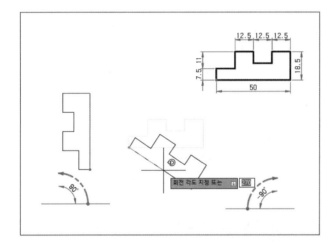

명령 : ROTATE ↵
현재 UCS에서 양의 각도 : 측정 방향=시계 반대 방향 기준 방향=0
객체 선택 : 반대 구석 지정 : 9개를 찾음
객체 선택 : 1개를 찾음, 총 10개
객체 선택 : ↵
기준점 지정 : end(연습의 점을 기준으로 지정한다)
회전 각도 지정 또는 [복사(C)/참조(R)] 〈90〉 : -90 ↵

06 MIRROR(대칭) 명령 ★★★★★

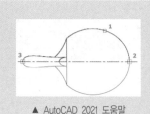

▲ AutoCAD 2021 도움말

객체를 반전하여 대칭으로 사본을 작성한다.

명령어 ❯ MIRROR

단축키 ❯ MI

리본 ❯ 홈 탭 > 수정 패널 > 대칭

명령 : MIRROR ↵

객체 선택 :

객체 선택 : ↵

대칭선의 첫 번째 점 지정 :

대칭선의 두 번째 점 지정 :

원본 객체를 지우시겠습니까? [예(Y)/아니오(N)] ⟨N⟩ : ↵

 옵션

① 객체 선택 : 도면영역에서 복사할 객체를 지정한다.

② 기본점 지정 : 도면영역에서 복사할 객체의 기준점 지정 또는 좌표 값을 입력한다.

③ 두 번째 점 지정 : 도면영역에서 복사할 지점을 지정, 거리 및 방향을 지정한다.

따라하기

MIRROR(대칭) 명령

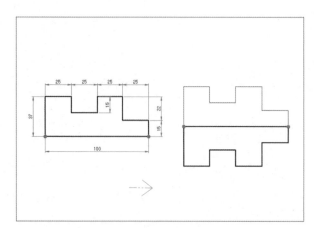

명령 : MIRROR ↵

객체 선택 : 대상의 근처의 시작점

반대 구석 지정 : 9개를 찾음

(가로선을 선택하면 대칭선이 중복이 되기 때문에
제외하고 선택한다.)

객체 선택 :

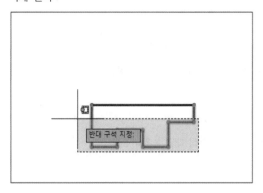

– 대칭선의 첫 번째 점 지정 : end

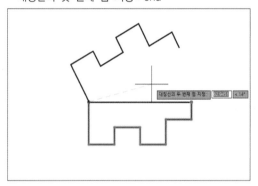

– 대칭선의 두 번째 점 지정 : end

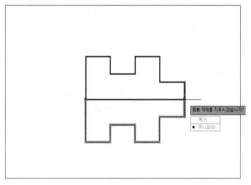

– 원본 객체를 지우시겠습니까? [예(Y)/아니오(N)] 〈아니오〉 : ↵

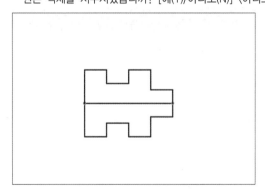

완성된 도면을 확인한다.

07 LENGTHEN(길이조정) 명령 ★★★★★

 선의 길이와 호의 사이각을 변경하여 작성한다.

명령어 ❯ LENGTHEN
단축키 ❯ LEN
리본 ❯ 홈 탭 〉 수정 패널 〉 길이조정

명령 : LENGTHEN ↵
객체 선택 또는 [증분(DE)/퍼센트(P)/합계(T)/ 동적(DY)] :
증분 길이 또는 [각도(A)] 입력 〈0.0000〉 :
증분 각도 입력 〈0〉 : ↵

⚙옵션

① 객체 선택 : 도면영역에서 길이를 조정할 객체를 지정한다.
② 증분(DE) : 객체의 끝점에서 지정된 객체의 길이와 각도를 변경한다.
③ 증분 길이 : 지정된 증분값만큼 객체의 길이를 변경한다.
④ 각도 : 선택된 호의 사이각을 지정된 각도만큼 변경한다.
⑤ 퍼센트(P) : 객체의 길이를 전체 길이(100%)에 대해 퍼센트 값을 입력한다.

🖱 따라하기

LENGTHEN(길이조정)명령

💡참고

※ 시작점과 끝점이 원(CIRCLE)이나 폴리라인(PLINE)과 같이 연결된 대상의 요소는 사용할 수 없다.

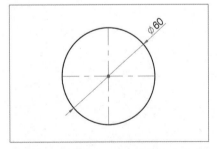

원형의 중심선 길이를 늘이는 연습을 하기 위한 기본 그림이다.

명령 : LEN ↵

LENGTHEN

측정할 객체 또는 [증분(DE)/퍼센트(P)/합계(T)/동적(DY)] 선택 〈증분(DE)〉 : DE

증분 길이 또는 [각도(A)] 입력 〈5.0000〉 : 5

변경할 객체 선택 또는 [명령 취소(U)] :

변경할 객체 선택 또는 [명령 취소(U)] :

변경할 객체 선택 또는 [명령 취소(U)] : ↵

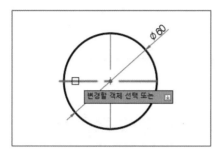

변경할 객체 선택 또는 [명령 취소(U)] : ↵

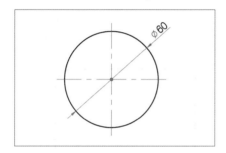

길이가 변경된 도면을 확인한다.

08 FILLET(모깎기) 명령 ★★★★★

객체의 모서리를 둥글게 작성한다.

▲ AutoCAD 2021 도움말

명령어	❯	FILLET
단축키	❯	F
리본	❯	홈 탭 > 수정 패널 > 모깎기

명령 : FILLET Enter↵

현재 설정 : 모드 = 자르기, 반지름 = 0.0000

첫 번째 객체 선택 또는 [명령 취소(U)/폴리선 (P)/반지름(R)/자르기(T)/다중(M)] :

두 번째 객체 선택 또는 Shift 키를 누른 채 선택 하여 구석 적용 또는 [반지름(R)] :

① 첫 번째 객체 선택

　　도면영역에서 모깎기 할 첫 번째 객체(선분)를 선택한다.

② 두 번째 객체 선택

　　도면영역에서 모깎기 할 두 번째 객체(선분)를 선택한다.

　　– 폴리선(P) : 폴리선의 각 정점에 모깎기 호를 작성한다.

　　– 반지름(R) : 모깎기 호의 반지름을 정의한다.

　　– 자르기(T) : 모서리의 절단 여부를 설정한다.

　　　Trim : 가장자리를 절단한 채 둥글게 한다.

　　　No trim : 가장자리를 남겨둔 채 둥글게 한다.

　　– 다중(M) : 한 번에 여러 곳의 모깎기를 처리하는 기능으로 지정한 값을 가지고 계속 둥근 모서리를 처리한다.

따라하기

FILLET(모깎기) 명령

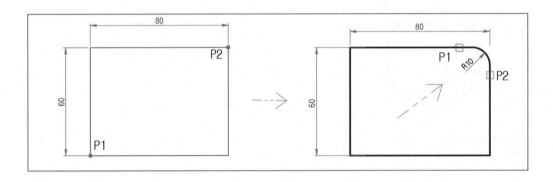

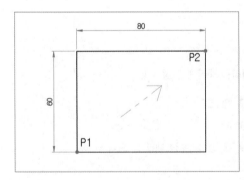

① **명령** : REC ↵

　　RECTANG

　　첫 번째 구석점 지정 또는 [모따기(C)/고도(E)/모깎기(F)/두께(T)/폭(W)] : 임의의 점(P1)

　　다른 구석점 지정 또는 [영역(A)/치수(D)/회전(R)] : @80,60 ↵

② 명령 : F ↵

FILLET

현재 설정 : 모드 = 자르기, 반지름 = 0.0000

첫 번째 객체 선택 또는 [명령 취소(U)/폴리선(P)/반지름(R)/자르기(T)/다중(M)] : r

모깎기 반지름 지정 〈0.0000〉 : 10

첫 번째 객체 선택 또는 [명령 취소(U)/폴리선(P)/반지름(R)/자르기(T)/다중(M)] : t

자르기 모드 옵션 입력 [자르기(T)/자르지 않기(N)] 〈자르기〉 : t

첫 번째 객체 선택 또는 [명령 취소(U)/폴리선(P)/반지름(R)/자르기(T)/다중(M)] :

두 번째 객체 선택 또는 Shift 키를 누른 채 선택하여 구석 적용 또는 [반지름(R)] : ↵

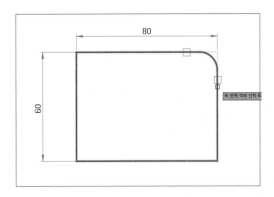

③ 명령 : F ↵

FILLET

현재 설정 : 모드 = 자르기, 반지름 = 15.0000

첫 번째 객체 선택 또는 [명령 취소(U)/폴리선(P)/반지름(R)/자르기(T)/다중(M)] : R

모깎기 반지름 지정 〈10.0000〉 : 10

첫 번째 객체 선택 또는 [명령 취소(U)/폴리선(P)/반지름(R)/자르기(T)/다중(M)] : T

자르기 모드 옵션 입력 [자르기(T)/자르지 않기(N)] 〈자르지 않기〉 : T

첫 번째 객체 선택 또는 [명령 취소(U)/폴리선(P)/반지름(R)/자르기(T)/다중(M)] : M

첫 번째 객체 선택 또는 [명령 취소(U)/폴리선(P)/반지름(R)/자르기(T)/다중(M)] :

두 번째 객체 선택 또는 Shift 키를 누른 채 선택하여 구석 적용 또는 [반지름(R)] : ↵

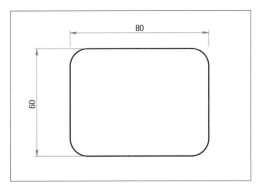

자르기 옵션으로 완성된 모깎기 도면을 확인한다.

–자르지 않기(N)

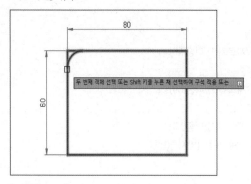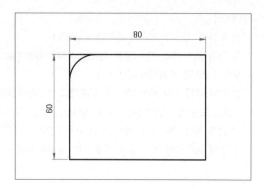

④ 명령 : F ↵

FILLET

현재 설정 : 모드 = 자르기, 반지름 = 10.0000

첫 번째 객체 선택 또는 [명령 취소(U)/폴리선(P)/반지름(R)/자르기(T)/다중(M)] : R

모깎기 반지름 지정 〈10.0000〉 : 15

첫 번째 객체 선택 또는 [명령 취소(U)/폴리선(P)/반지름(R)/자르기(T)/다중(M)] : T

자르기 모드 옵션 입력 [자르기(T)/자르지 않기(N)] 〈자르기〉 : N

첫 번째 객체 선택 또는 [명령 취소(U)/폴리선(P)/반지름(R)/자르기(T)/다중(M)] : M

첫 번째 객체 선택 또는 [명령 취소(U)/폴리선(P)/반지름(R)/자르기(T)/다중(M)] :

두 번째 객체 선택 또는 Shift 키를 누른 채 선택하여 구석 적용 또는 [반지름(R)] :

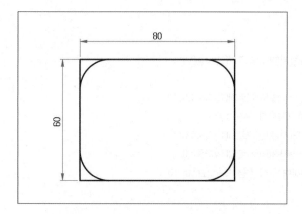

자르기 않기 옵션으로 완성된 모깎기 도면을 확인한다.

09 CHAMFER(모 따기) 명령 ★★★★★

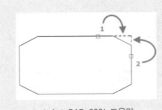

객체의 모서리를 경사지도록 절단하여 작성한다.

명령어	❯	CHAMFER
단축키	❯	CHA
리본	❯	홈 탭 > 수정 패널 > 모 따기

◀ AutoCAD 2021 도움말

명령 : CHAMFER ↵
(자르기 모드) 현재 모 따기 거리1 = 0.0000, 거 리2 = 0.0000
첫 번째 선 선택 또는 [명령 취소(U)/폴리선(P)/ 거리(D)/각도(A)/자르기(T)/메서드(E)/다중(M)] :
두 번째 선 선택 또는 Shift 키를 누른 채 선택하 여 구석 적용 또는 [거리(D)/각도(A)/메서드(M)] : ↵

옵션

① 첫 번째 객체 선택
도면영역에서 모 따기 할 첫 번째 객체(선분)를 선택한다.
② 두 번째 객체 선택
도면영역에서 모따기 할 두 번째 객체(선분)를 선택한다.
 – 명령취소(U) : 이전 상태로 되돌린다.
 – 폴리선(P) : 폴리선 을 모따기 한다.
 – 거리(D) : 선택한 모서리의 끝점으로부터의 모따기 거리를 설정한다.
 – 각도(A) : 각도를 사용하여 모따기 거리를 설정한다.
 – 자르기(T) : 모서리의 절단 여부를 설정한다.
   – Trim : 가장자리를 절단한 채 모따기를 한다.
   – No trim : 가장장리를 남겨둔 채 모따기를 한다.
 – 메서드(E) : 두 거리를 사용할지 또는 한 거리와 각도를 사용할지 선택한다.
 – 다중(M) : 한번에 여러곳의 객체 모서리를 지정한 값으로 계속 각진 모서리 처리를 한다.

① CHAMFER(모따기) – 자르기 옵션 명령

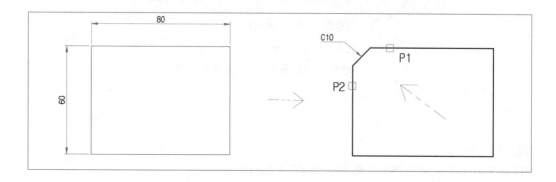

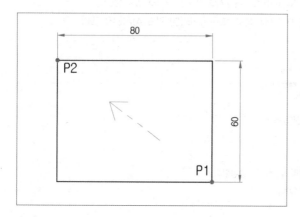

명령 : REC ↵

RECTANG

첫 번째 구석점 지정 또는 [모따기(C)/고도(E)/모깎기(F)/두께(T)/폭(W)] : 임의의 점

다른 구석점 지정 또는 [영역(A)/치수(D)/회전(R)] : @–80,80 ↵

명령 : CHA ↵

CHAMFER

(자르기 모드) 현재 모따기 거리1 = 3.0000, 거리2 = 3.0000

첫 번째 선 선택 또는 [명령 취소(U)/폴리선(P)/거리(D)/각도(A)/자르기(T)/메서드(E)/다중(M)] : D

첫 번째 모따기 거리 지정 〈3.0000〉 : 10

두 번째 모따기 거리 지정 〈10.0000〉 : 10

첫 번째 선 선택 또는 [명령 취소(U)/폴리선(P)/거리(D)/각도(A)/자르기(T)/메서드(E)/다중(M)] : T

자르기 모드 옵션 입력 [자르기(T)/자르지 않기(N)] 〈자르기〉 : T

첫 번째 선 선택 또는 [명령 취소(U)/폴리선(P)/거리(D)/각도(A)/자르기(T)/메서드(E)/다중(M)] :

두 번째 선 선택 또는 Shift 키를 누른 채 선택하여 구석 적용 또는 [거리(D)/각도(A)/메서드(M)] :

명령 : 반대 구석 지정 또는 [울타리(F)/윈도우폴리곤(WP)/걸침폴리곤(CP)] : ↵

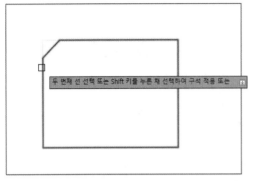

두 번째 선 선택 또는 Shift 키를 누른 채 선택하여 구석 적용 또는

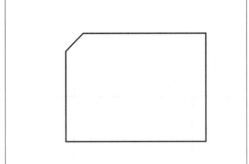

명령 : CHAMFER ↵

(자르기 모드) 현재 모따기 거리1 = 10.0000, 거리2 = 10.0000

첫 번째 선 선택 또는 [명령 취소(U)/폴리선(P)/거리(D)/각도(A)/자르기(T)/메서드(E)/다중(M)] : M

첫 번째 선 선택 또는 [명령 취소(U)/폴리선(P)/거리(D)/각도(A)/자르기(T)/메서드(E)/다중(M)] :

두 번째 선 선택 또는 Shift 키를 누른 채 선택하여 구석 적용 또는 [거리(D)/각도(A)/메서드(M)] : ↵

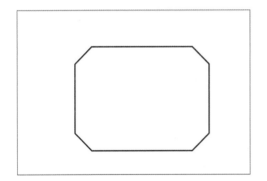

자르기 옵션으로 완성된 모따기 도면을 확인한다.

② CHAMFER(모따기) - 자르기 않기 옵션

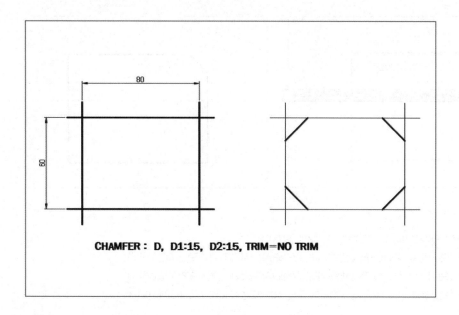

CHAMFER : D, D1:15, D2:15, TRIM=NO TRIM

명령 : CHA ↵
CHAMFER
(자르기 모드) 현재 모따기 거리1 = 10.0000, 거리2 = 10.0000
첫 번째 선 선택 또는 [명령 취소(U)/폴리선(P)/거리(D)/각도(A)/자르기(T)/메서드(E)/다중(M)] : T
자르기 모드 옵션 입력 [자르기(T)/자르지 않기(N)] 〈자르기〉 : N
첫 번째 선 선택 또는 [명령 취소(U)/폴리선(P)/거리(D)/각도(A)/자르기(T)/메서드(E)/다중(M)] : D
첫 번째 모따기 거리 지정 〈10.0000〉 : 15
두 번째 모따기 거리 지정 〈15.0000〉 : 15

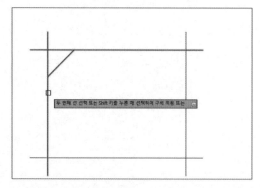

첫 번째 선 선택 또는 [명령 취소(U)/폴리선(P)/거리(D)/각도(A)/자르기(T)/메서드(E)/다중(M)] :
두 번째 선 선택 또는 Shift 키를 누른 채 선택하여 구석 적용 또는 [거리(D)/각도(A)/메서드(M)] : M

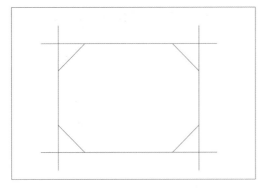

첫 번째 선 선택 또는 [명령 취소(U)/폴리선(P)/거리(D)/각도(A)/자르기(T)/메서드(E)/다중(M)] :
두 번째 선 선택 또는 Shift 키를 누른 채 선택하여 구석 적용 또는 [거리(D)/각도(A)/메서드(M)] :
반복 수행한다.

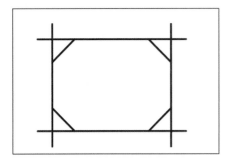

자르기 않기로 완성된 모따기 도면을 확인한다.

🏠 10 EXPLODE(분해) 명령 ⬜ ★★★★★

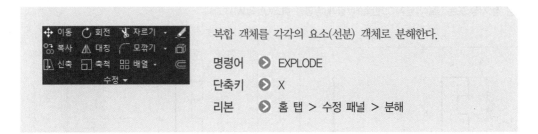

복합 객체를 각각의 요소(선분) 객체로 분해한다.

명령어 ❯ EXPLODE
단축키 ❯ X
리본 ❯ 홈 탭 > 수정 패널 > 분해

명령 : EXPLODE ↵
객체 선택 :

> ⚙ 옵션
>
> 객체 선택 : 도면영역에서 분해할 객체를 지정한다

EXPLODE(분해)명령

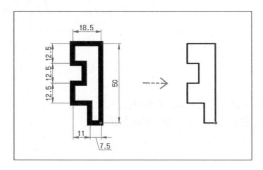 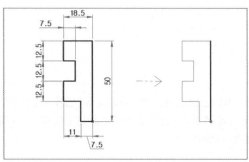

명령 : PL ↵

PLINE

시작점 지정 : 점을 기준으로 지정한다.

현재의 선폭은 0.0000임

다음 점 지정 또는 [호(A)/반폭(H)/길이(L)/명령 취소(U)/폭(W)] : 50

다음 점 지정 또는 [호(A)/닫기(C)/반폭(H)/길이(L)/명령 취소(U)/폭(W)] : 18.5

다음 점 지정 또는 [호(A)/닫기(C)/반폭(H)/길이(L)/명령 취소(U)/폭(W)] : 12.5

다음 점 지정 또는 [호(A)/닫기(C)/반폭(H)/길이(L)/명령 취소(U)/폭(W)] : 7.5

다음 점 지정 또는 [호(A)/닫기(C)/반폭(H)/길이(L)/명령 취소(U)/폭(W)] : 12.5

다음 점 지정 또는 [호(A)/닫기(C)/반폭(H)/길이(L)/명령 취소(U)/폭(W)] : 7.5

다음 점 지정 또는 [호(A)/닫기(C)/반폭(H)/길이(L)/명령 취소(U)/폭(W)] : 12.5

다음 점 지정 또는 [호(A)/닫기(C)/반폭(H)/길이(L)/명령 취소(U)/폭(W)] : 11

다음 점 지정 또는 [호(A)/닫기(C)/반폭(H)/길이(L)/명령 취소(U)/폭(W)] : 12.5

다음 점 지정 또는 [호(A)/닫기(C)/반폭(H)/길이(L)/명령 취소(U)/폭(W)] : C

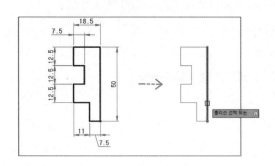 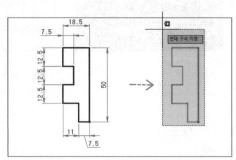

명령 : PEDIT ↵

폴리선 선택 또는 [다중(M)] :

선택된 객체가 폴리선이 아님

전환하기를 원하십니까? 〈Y〉 Y

옵션 입력 [닫기(C)/결합(J)/폭(W)/정점 편집(E)/맞춤(F)/스플라인(S)/비곡선화(D)/선종류생성(L)/반전(R)/명령 취소(U)] : J

걸치기(C) 올가미 스페이스바를 눌러 옵션 순환4개를 찾음

객체 선택 : 반대 구석 지정 : 11개를 찾음 (4개 중복됨), 총 11개

객체 선택 : ↵

9개의 세그먼트가 폴리선에 추가됨

옵션 입력 [열기(O)/결합(J)/폭(W)/정점 편집(E)/맞춤(F)/스플라인(S)/비곡선화(D)/선종류생성(L)/반전(R)/명령 취소(U)] : ↵

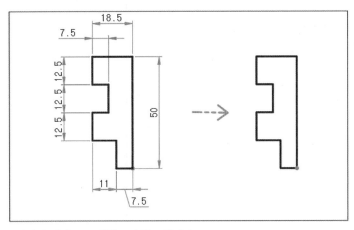

폴리라인 편집으로 결합(JOIN)된 모양이다.

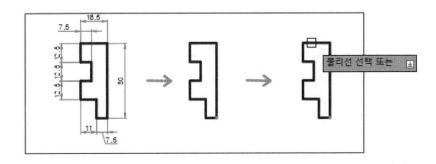

명령 : PEDIT ↵

폴리선 선택 또는 [다중(M)] :

옵션 입력 [열기(O)/결합(J)/폭(W)/정점 편집(E)/맞춤(F)/스플라인(S)/비곡선화(D)/선종류생성(L)/반전(R)/명령 취소(U)] : W

전체 세그먼트에 대한 새 폭 지정 : 2

옵션 입력 [열기(O)/결합(J)/폭(W)/정점 편집(E)/맞춤(F)/스플라인(S)/비곡선화(D)/선종류생성(L)/반전(R)/명령 취소(U)] :

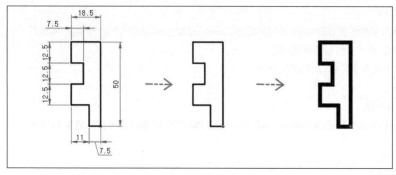

폴리라인(PLINE)편집(PEDIT)에서 두께(W)를 주어 완성된 모양이다

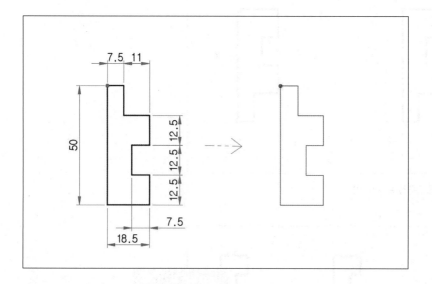

명령 : PL ↵

PLINE

시작점 지정 :

현재의 선 폭은 0.0000임

다음 점 지정 또는 [호(A)/반폭(H)/길이(L)/명령 취소(U)/폭(W)] : 50

다음 점 지정 또는 [호(A)/닫기(C)/반폭(H)/길이(L)/명령 취소(U)/폭(W)] : 18.5

다음 점 지정 또는 [호(A)/닫기(C)/반폭(H)/길이(L)/명령 취소(U)/폭(W)] : 12.5

다음 점 지정 또는 [호(A)/닫기(C)/반폭(H)/길이(L)/명령 취소(U)/폭(W)] : 7.5

다음 점 지정 또는 [호(A)/닫기(C)/반폭(H)/길이(L)/명령 취소(U)/폭(W)] : 12.5

다음 점 지정 또는 [호(A)/닫기(C)/반폭(H)/길이(L)/명령 취소(U)/폭(W)] : 7.5

다음 점 지정 또는 [호(A)/닫기(C)/반폭(H)/길이(L)/명령 취소(U)/폭(W)] : 12.5

다음 점 지정 또는 [호(A)/닫기(C)/반폭(H)/길이(L)/명령 취소(U)/폭(W)] : 11

다음 점 지정 또는 [호(A)/닫기(C)/반폭(H)/길이(L)/명령 취소(U)/폭(W)] : 12.5

다음 점 지정 또는 [호(A)/닫기(C)/반폭(H)/길이(L)/명령 취소(U)/폭(W)] : 7.5

다음 점 지정 또는 [호(A)/닫기(C)/반폭(H)/길이(L)/명령 취소(U)/폭(W)] : ↵

명령 : LINETYPE ↵

① 로드-선종류 불러오기

② 선종류- TRACKS 선 불러오기

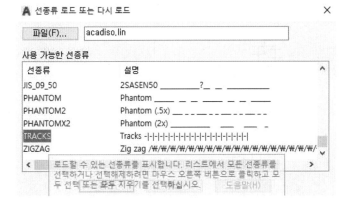

③ 불러온 선을 특성편집으로 편집한다.

명령 : PROPERTIES ↵
명령 : 반대 구석 지정 또는 [울타리(F)/윈도우폴리곤(WP)/걸침폴리곤(CP)] :

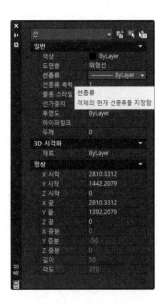

특성창에서 선종류를 선택하여 하위 메뉴에 나타나는 선 TRACKS를 찾아 지정한다.

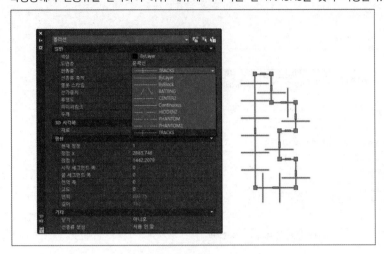

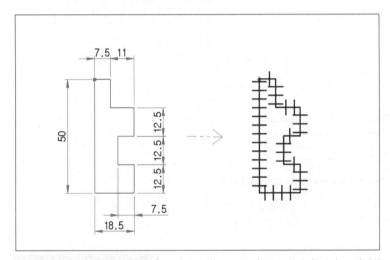

폴리 편집으로 선종류(LINETYPE)와 선가중치(LWEIGHT)를 수정해 완성된 도면이다.

명령 : EXPLODE ↵
객체 선택 :

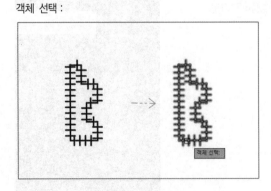
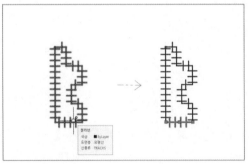

연결된 선이 분리된 상태로 완성된 모양이다.

11 BREAK(절단, 끊기) 명령 ★★★★☆

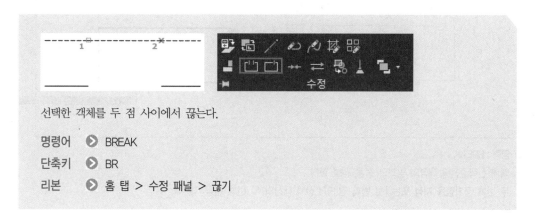

선택한 객체를 두 점 사이에서 끊는다.

명령어	▶	BREAK
단축키	▶	BR
리본	▶	홈 탭 > 수정 패널 > 끊기

따라하기

BREAK(절단, 끊기)명령

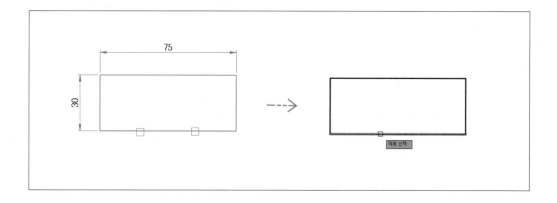

① 명령 : REC ↵

RECTANG

첫 번째 구석점 지정 또는 [모따기(C)/고도(E)/모깎기(F)/두께(T)/폭(W)] : 임의의 점 지정

다른 구석점 지정 또는 [영역(A)/치수(D)/회전(R)] : @75,30 ↵

② 명령 : BREAK ↵

객체 선택 : 선택 대상의 임의의 선을 선택 한다.

두 번째 끊기점 을 지정 또는 [첫 번째 점(F)] :

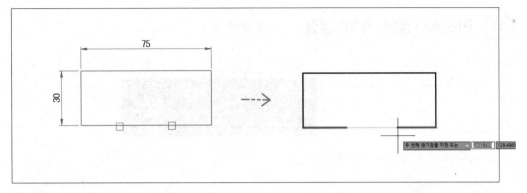

③ 명령 : BREAK ↵

　　객체 선택 : 선택 대상의 임의의 선을 선택 한다.

　　두 번째 끊기점을 지정 또는 [첫 번째 점(F)] : 선택 대상의 두 번째 점을 찍는다.

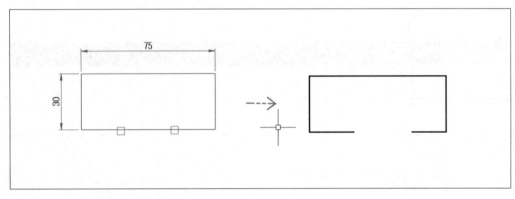

선택 점을 지정하여 완성된 도면을 확인한다.

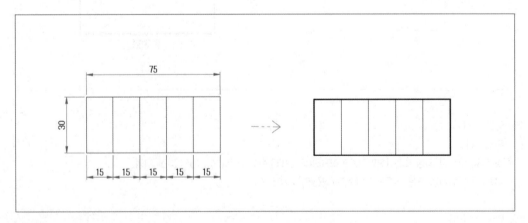

④ 명령 : O ↵

　　OFFSET

　　현재 설정 : 원본 지우기=아니오　도면층=원본　OFFSETGAPTYPE=0

　　간격띄우기 거리 지정 또는 [통과점(T)/지우기(E)/도면층(L)] 〈5.0000〉 : 15

간격띄우기할 객체 선택 또는 [종료(E)/명령 취소(U)] 〈종료〉:

간격띄우기할 면의 점 지정 또는 [종료(E)/다중(M)/명령 취소(U)] 〈종료〉:

간격띄우기할 객체 선택 또는 [종료(E)/명령 취소(U)] 〈종료〉:

간격띄우기할 면의 점 지정 또는 [종료(E)/다중(M)/명령 취소(U)] 〈종료〉:

간격띄우기할 객체 선택 또는 [종료(E)/명령 취소(U)] 〈종료〉:

간격띄우기할 면의 점 지정 또는 [종료(E)/다중(M)/명령 취소(U)] 〈종료〉:

간격띄우기할 객체 선택 또는 [종료(E)/명령 취소(U)] 〈종료〉:

간격띄우기할 면의 점 지정 또는 [종료(E)/다중(M)/명령 취소(U)] 〈종료〉:

간격띄우기할 객체 선택 또는 [종료(E)/명령 취소(U)] 〈종료〉:

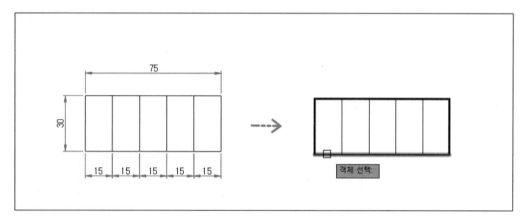

⑤ 명령 : BREAK ↵

객체 선택 :

두 번째 끊기점을 지정 또는 [첫 번째 점(F)] : F

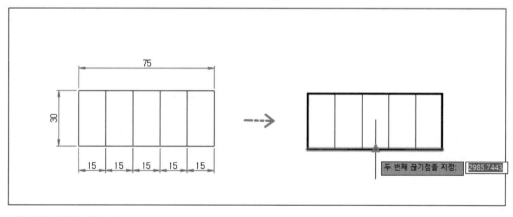

– 첫 번째 끊기점 지정 : MID

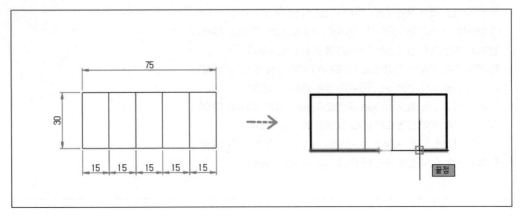

- 두 번째 끊기점을 지정 : END

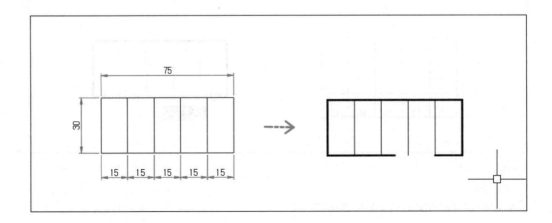

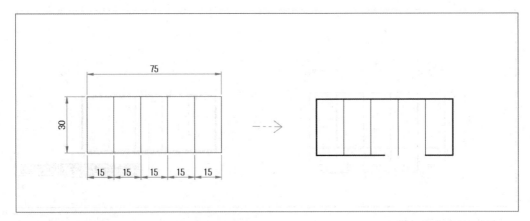

끊기 첫 번째 옵션(F)을 활용한 도면을 확인한다.

12 POINT(점) 명령 · ★★★★☆

점 모양을 작성한다.

명령어 ❯ POINT
단축키 ❯ POINT
리본 ❯ 홈 탭 > 그리기 패널 〉 점

13 PDSIZE(점크기) 명령 ★★★☆☆

점 표현의 크기를 조정한다.

명령 : PDSIZE ↵
PDSIZE에 대한 새 값 입력 〈0.0000〉:

14 PDMODE(점모양) 명령 ★★★☆☆

점 객체의 표시 방법을 조정한다.

명령 : PDMODE ↵
PDMODE에 대한 새 값 입력 〈0〉:

15 DDPTYPE(점 스타일) 명령 ★★★☆☆

명령어 ❯ PTYPE
단축키 ❯ PTYPE
리본 ❯ 홈 탭 > 유틸리티 패널 > 점 스타일

명령 : PTYPE ↵

🔧 **옵션**

① 점 표시 : 점 스타일을 지정한다.

② 점 크기 : 점 표시 크기를 설정한다.

③ 화면 기준 크기 설정 : 점 크기를 화면 크기 백분율로 설정한다.

④ 절대 단위로 크기 설정 : 점 크기를 실제 단위로 설정한다.

16 MEASURE(길이분할) 명령 ⚞ ★★★☆☆

선택한 도면요소를 길이로 등분, 위치를 점으로 표시한다.

명령어 ❯	MEASURE
단축키 ❯	MEASURE
리본 ❯	홈 탭 > 그리기 패널 〉 길이분할

명령 : MEASURE ↵

🔧 **옵션**

① 길이 분할 객체 : 점 객체 또는 블록을 추가할 참조 객체를 선택한다.

② 세그먼트의 길이 : 사용한 끝점에서 시작하여 지정된 간격으로 점 객체를 배치한다.

③ 블록 : 지정된 간격으로 블록을 배치한다.

MEASURE(길이분할) 명령

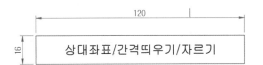

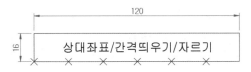

명령어 : MEASURE ↵
길이 분할 객체 선택 :
세그먼트의 길이 지정 또는 [블록(B)] : 20

17 ID(점 좌표) 명령 ★★★☆☆

ID 점	명령어 ❯	ID
점 스타일...	단축키 ❯	ID
유틸리티	리본 ❯	홈 탭 > 유틸리티 패널 〉 ID 점

명령 : ID
점 지정 : X = 727.3811   Y = 70.2382   Z = 0.0000

옵션
① 점 지정 : 위치의 UCS 좌표 값이 표시된다.

18 DIVIDE(등분할) 명령 ★★★☆☆

	명령어 ❯	DIVIDE
그리기	단축키 ❯	DIVIDE
	리본 ❯	홈 탭 > 그리기 패널 〉 등분할

명령 : DIVIDE ↵

① 등분할 객체 선택 : 단일 선, 폴리선, 호, 원, 타원 또는 스플라인을 지정한다.

② 세그먼트 수 : 동일한 간격으로 점 객체를 배치한다.

③ 블록 : 지정된 블록을 선택한 객체를 따라 동일한 간격으로 배치한다.

 따라하기

DIVIDE(등분할) 명령

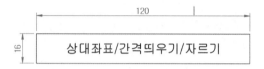

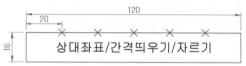

명령 : DIVIDE ↵

등분할 객체 선택 :

세그먼트의 개수 또는 [블록(B)] 입력 : 6

19 STATUS(작업상태 정보 표시) 명령 ★★★☆☆

 도면 유틸 리티 ▶

 상태
도면 통계, 모드 및 범위를 표시합니다.

현재 도면에 있는 모든 정보를 나타내 준다.

명령 : STATUS ↵

 따라하기

명령 : STATUS ↵

25630 객체가 C : ₩Users₩user₩Desktop₩재직 예제₩새 폴더₩예제 연습 도면집-line 연습.dwg에 있음

파일 크기 명령 취소 :   3.1 MB

모형 공간 한계   X :   0.0000   Y :   0.0000   (끄기)

```
                      X : 420.0000    Y : 297.0000
모형 공간 사용        X :  −0.1854    Y :  −0.0804 **초과
                      X : 5510.2658   Y : 1867.9118 **초과
디스플레이 보기       X : 2542.4678   Y :  27.8856
                      X : 3175.1221   Y : 320.5420
삽입 기준   X :   0.0000   Y :   0.0000   Z :   0.0000
스냅 해상도 X :  10.0000   Y :  10.0000
그리드 간격 X :  10.0000   Y :  10.0000


현재 공간 :       모형 공간
현재 배치 :       Model
현재 도면층 :     "치수"
현재 색상 :       BYLAYER — 1 (빨간색)
현재 선종류 :     BYLAYER — "Continuous"
현재 재료 :       BYLAYER — "Global"
현재 선가중치 :   BYLAYER
현재 고도 :        0.0000  두께 :         0.0000
채우기 켜기  그리드 켜기  직교 끄기  Qtext 끄기  스냅 끄기  타블렛 끄기
객체 스냅 모드 : 중심점, 끝점, 교차점, 중간점, 사분점
빈 도면 디스크 (C : ) 공간 : 258479.9 MB
빈 임시 디스크 (C : ) 공간 : 258479.9 MB
사용 가능한 실제 메모리 : 3395.2 MB (8155.6M 외).
사용 가능한 스왑 파일 공간 : 2825.0 MB (전체 10389.3M).
```

20 DBLIST(데이터베이스) 명령 ★★☆☆☆

도면의 각 객체에 대한 데이터베이스 정보를 나열한다.

명령어 ❯ DBLIST

단축키 ❯ DB

명령 : DB ↵

DBLIST(데이타베이스) 명령

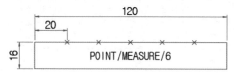

명령 : DB ↵
 DBLIST

명령 : DBLIST ↵

                LWPOLYLINE   도면층 : "내벽"
공간 : 모형 공간
                핸들 = 23e8
        닫힘
     상수 폭   0.0000
        면적   62370.0000
        둘레   1014.0000

         점 X=-980.0931 Y=-2043.0000 Z=   0.0000
         점 X=-683.0931 Y=-2043.0000 Z=   0.0000
         점 X=-683.0931 Y=-1833.0000 Z=   0.0000
         점 X=-980.0931 Y=-1833.0000 Z=   0.0000

                LWPOLYLINE   도면층 : "윤곽선"
공간 : 모형 공간
                핸들 = 23e9
        닫힘
     상수 폭   0.0000
        면적   52630.0000
        둘레   934.0000

         점 X=-970.0931 Y=-2033.0000 Z=   0.0000
         점 X=-693.0931 Y=-2033.0000 Z=   0.0000
         점 X=-693.0931 Y=-1843.0000 Z=   0.0000
         점 X=-970.0931 Y=-1843.0000 Z=   0.0000

                LWPOLYLINE   도면층 : "내벽"
공간 : 모형 공간
                핸들 = 2402
        닫힘

21 LIST(리스트) 명령 ★★★☆☆

도면요소의 모든 정보요소를 표시한다.(색상, 레이어, 선종류, 문자)

명령어	⊘ LIST
단축키	⊘ LIST
리본	⊘ 홈 탭 > 특성 패널 〉 리스트

명령 : LIST ↵

 따라하기

LIST(리스트) 명령

명령 : LIST ↵
객체 선택 : 1개를 찾음
객체 선택 : ↵

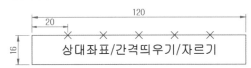

　　　　　　점　　　　　도면층 : "0"
공간 : 모형 공간
　　　　　　　핸들 = 596c
　　　　　　에 점, X= 827.3811　Y=　70.2382　Z=　　0.0000

22 SETVAR(설정값) 명령 ★★★☆☆

명령어	⊘ SETVAR
단축키	⊘ SETVAR

명령창에서 SETVAR를 입력한다.

SETVAR(설정값) 명령

명령 : SETVAR ↵
변수 이름 또는 [?] 입력 : ?
나열할 변수(들) 입력 ⟨*⟩ :
3DCONVERSIONMODE 1
3DDWFPREC   2
3DSELECTIONMODE   1
ACADLSPASDOC   0
ACADPREFIX   "C : ₩Users₩LIM₩appdata₩roaming₩autodesk₩AutoCAD 2018₩r22.0₩kor..." (읽기 전용)
ACADVER "22.0s (LMS Tech)"   (읽기 전용)
ACTPATH ""
ACTRECORDERSTATE 0   (읽기 전용)
ACTRECPATH   "C : ₩Users₩LIM₩appdata₩roaming₩autodesk₩AutoCAD 2018₩r22.0₩kor..."
ACTUI 6
AFLAGS   16
ANGBASE 0
ANGDIR   0
ANNOALLVISIBLE   1
ANNOAUTOSCALE   −4
ANNOTATIVEDWG   0
APBOX   0
APERTURE 10
AREA 124740.0000   (읽기 전용)
ATTDIA   1
계속하려면 Enter 키를 누르십시오 :

 23 DIST(거리) 명령 ★★★☆☆

두 점사이의 거리와 각도를 나타낸다.

따라하기

DIST(거리) 명령

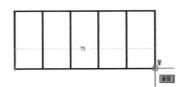

명령 : DIST ↵
첫 번째 점 지정 :
두 번째 점 또는 [다중 점(M)] 지정 :
거리 = 75.0000, XY 평면에서의 각도 = 0, XY 평면으로부터의 각도 = 0
X증분 = 75.0000, Y증분 = 0.0000,   Z증분 = 0.0000

24 AREA(면적) 명령 ★★★☆☆

도면의 면적을 나타낸다.
명령어 ▶ AREA
단축키 ▶ AREA

 따라하기

AREA (면적) 명령 ★★★★☆

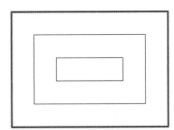

① 명령 : AREA ↵
첫 번째 구석점 지정 또는 [객체(O)/면적 추가(A)/면적 빼기(S)] 〈객체(O)〉 : O
객체 선택 :↵
영역 = 3500.0000, 둘레 = 240.0000

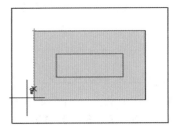

② 명령 : AREA ↵
첫 번째 구석점 지정 또는 [객체(O)/면적 추가(A)/면적 빼기(S)] 〈객체(O)〉 : S
첫 번째 구석점 지정 또는 [객체(O)/면적 추가(A)] :
(빼기 모드)다음 점 또는 [호(A)/길이(L)/명령 취소(U)] 지정 :
(빼기 모드)다음 점 또는 [호(A)/길이(L)/명령 취소(U)] 지정 :
(빼기 모드)다음 점 또는 [호(A)/길이(L)/명령 취소(U)/합계(T)] 지정 〈합계〉 :
(빼기 모드)다음 점 또는 [호(A)/길이(L)/명령 취소(U)/합계(T)] 지정 〈합계〉 :
영역 = 1500.0000, 둘레 = 160.0000
전체 면적 = −1500.0000

25 SCALE(축척) 명령 ★★★★☆

선택한 객체를 확대 또는 축소하여 나타낸다.

명령어 ❯ SCALE

단축키 ❯ SC

리본 ❯ 홈 탭 > 수정 패널 〉 축척

명령 : SCALE ↵

- 객체 선택 : 크기를 조정할 객체를 지정한다.
- 기준점 : 축척 작업의 기준점을 지정한다.
- 축척 비율 : 지정된 축척을 선택한 객체의 치수에 곱한다.
- 복사 : 축척하려는 선택된 객체를 복사한다.
- 복사여부(C) : 기존객체 참조하여 비율결정(R) 옵션 지정 가능하다.

따라하기

SCALE(축척) 명령

문자 스타일을 먼저 정한다.

① 명령 : STYLE ↵

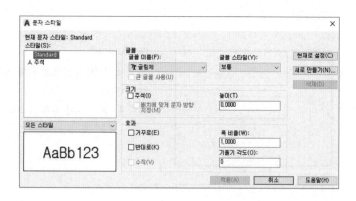

그림과 같이 작도한다.

문자 높이는 〈3.5〉를 지정한다.

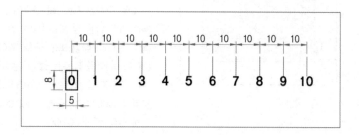

SCALE 명령을 실행한다.

② 명령 : SC ↵

    SCALE

    객체 선택 : 1개를 찾음

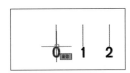

        객체 선택 : ↵

        기준점 지정 : END(끝점)

        축척 비율 지정 또는 [복사(C)/참조(R)] : 0.5

③ 명령 : SCALE ↵

    객체 선택 : 1개를 찾음

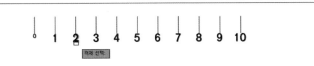

        객체 선택 : ↵

        기준점 지정 : END(끝점)

        축척 비율 지정 또는 [복사(C)/참조(R)] : 2

④ 명령 : SCALE ↵

    객체 선택 : 1개를 찾음

        객체 선택 : ↵

        기준점 지정 : END Point of(끝점)

        축척 비율 지정 또는 [복사(C)/참조(R)] : 3

        선, 원, 간격 띄우기, 자르기를 이용하여

        작성한다.

⑤ 명령 : SC ↵

    SCALE

    객체 선택 : 1개를 찾음

        객체 선택 : ↵

        기준점 지정 : END Point of(끝점)

        축척 비율 지정 또는 [복사(C)/참조(R)] : 5

⑥ 명령 : SC ↵

. SCALE

객체 선택 : 1개를 찾음

객체 선택 : ↵

기준점 지정 : END Point of(끝점)

축척 비율 지정 또는 [복사(C)/참조(R)] : 10

도면을 도면층을 적용하여 작성해 본다.
속성은 선의 종류, 색상, 선의 가중치를 적용한다.

① 명령 : LA ↵
   LAYER

② 명령 : PROPERTIES ↵
   특성일치를 적용하여 도면을 작성한다.

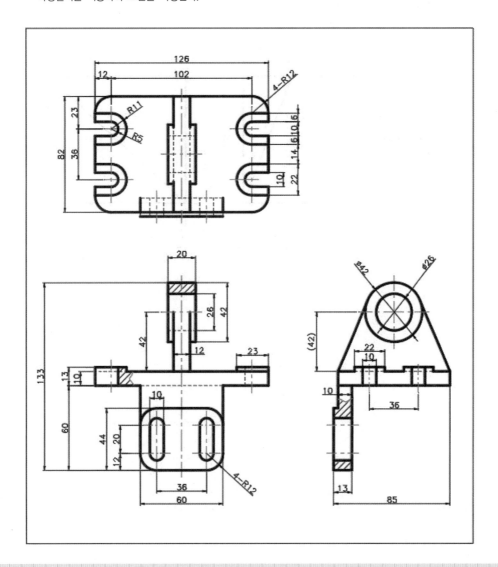

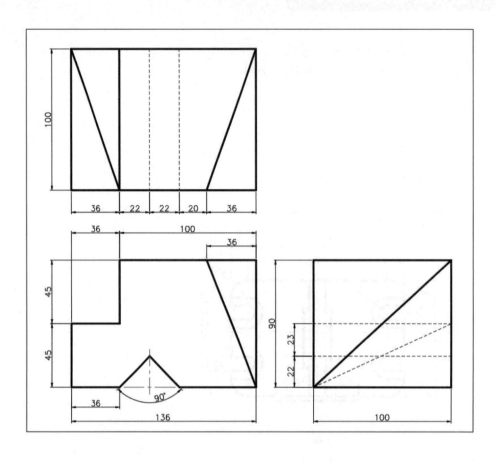

CHAPTER

09 문자 입력하기 명령

01 문자 스타일(STYLE) 명령 🅰 ★★★★★

입력할 문자의 글꼴을 정의한다.

명령어 **>** STYLE

단축키 **>** ST

리본 **>** 홈 탭 > 주석 패널 >문자 스타일

명령 : STYLE ↵

🔧 옵션

① 스타일 이름(S) : 문자유형의 이름을 지정한다.

② 글꼴 : 문자유형의 글꼴을 선택한다.

ⓐ SHX 글꼴(X) : 사용할 글꼴을 선택한다.

ⓑ 큰 글꼴(B) : 사용할 글꼴을 선택한다.

ⓒ 주석 : 문자 스타일이 주석임을 지정한다.

ⓓ 높이(T) : 문자 높이를 입력한다.

ⓔ ☑큰 글꼴 사용(U) : 큰 글꼴 사용여부를 설정한다.

③ 효과 : 글꼴 특성에 효과를 부여한다.

    ⓐ ∅ 거꾸로(E) : 문자 위, 아래로 뒤집어 표시한다.

    ⓑ ∅ 반대로(K) : 문자를 반대방향으로 표시한다.

    ⓒ ∅ 수직(V) : 문자를 수직으로 정렬한다.

    ⓓ 폭 비율(W) : 문자의 폭 비율을 입력한다.

    ⓔ 기울기 각도(O) : 문자의 기울기 각도를 입력한다.

[02] TEXT, DTEXT(문자 입력) 명령 ★★★★★

단일행(한줄) 문자를 입력한다.

명령어	❱	TEXT
단축키	❱	T
리본	❱	홈 탭 > 주석 패널 > 문자 스타일 〉 단일행 선택

명령 : TEXT ↵

현재 문자 스타일 : "Standard" 문자 높이 : 7.2531 주석 : 아니오 자리맞추기 : 왼쪽

문자의 시작점 지정 또는 [자리맞추기(J)/스타일(S)] :

높이 지정 〈7.2531〉: 5

문자의 회전각도 지정 〈0〉: ↵

🔧 옵션

① 시작점 : 문자 객체의 시작점을 지정한다.

② 높이 지정 : 도면 문자 높이 지정한다.

③ 자리 맞추기 : 문자의 자리 맞추기를 조정한다.

④ 좌측면 : 문자를 기준선에서 왼쪽 자리 맞추기 하며 사용자가 점으로 위치를 지정한다.

⑤ 중심 : 문자를 기준선의 가로 중심에서 부터 정렬하며 사용자가 점으로 위치를 지정한다.

⑥ 회전각도 : 중심점을 기준으로 문자 기준선의 방향을 지정한다.

⑦ 오른쪽 : 문자를 기준선에 오른쪽 자리 맞추기 하며 사용자가 점으로 위치를 지정한다.

⑧ 정렬 : 기준선의 양 끝점을 지정하여 문자 높이 및 문자 방향을 지정한다.

⑨ 문자의 크기 : 문자의 높이에 비례하여 조정된다.

⑩ 중간 : 문자를 기준선의 가로 중심 및 지정한 높이의 세로 중심에 정렬한다.

⑪ 맞춤 : 문자가 영역 내에 맞도록 또한 두 점과 높이로 정의된 방향에 맞도록 지정한다.

⑫ TL(맨 위 왼쪽) : 문자의 맨 위에 지정된 점에 문자를 왼쪽 자리 맞추기 한다.

⑬ TC(맨 위 중심) : 문자의 맨 위에 지정된 점에 문자를 중심 자리 맞추기 한다.

⑭ TR(맨 위 오른쪽) : 문자의 맨 위에 지정된 점에 문자를 오른쪽 자리 맞추기 한다.

⑮ ML(중간 왼쪽) : 문자의 중간에 지정된 점에 문자를 왼쪽 자리 맞추기 한다.

⑯ MC(중간 중심) : 문자의 중간에 문자를 가로 및 세로로 중심 자리 맞추기 한다.

⑰ MR(중간 오른쪽) : 문자의 중간에 지정된 점에 문자를 오른쪽 자리 맞추기 한다.

⑱ BL(맨 아래 왼쪽) : 기준선에 지정된 점에 문자를 왼쪽 자리 맞추기 한다.

⑲ BC(맨 아래 중심) : 기준선에 지정된 점에 문자를 중심 자리 맞추기 한다.

⑳ BR(맨 아래 오른쪽) : 기준선에 지정된 점에 문자를 오른쪽 자리 맞추기 한다.

㉑ 스타일 : 문자의 모양을 결정하는 스타일을 지정한다.

㉒ ? : 현재 문자 스타일, 연관된 글꼴 파일, 높이 및 기타 매개변수가 나열된다.

– 특수문자

ⓐ %%C : 원의 지름을 나타내는 기호이다.(∅)

ⓑ %%D : 각도를 나타내는 기호이다.(°)

ⓒ %%P : 허용공차를 나타내는 기호이다.(±)

03 QTEXT(문자열 표시) 명령 ★★★☆☆

단순화된 객체로 표시하여 속도를 개선한다.

명령 : QTEXT ↵

모드 입력 [켜기(ON)/끄기(OFF)] ⟨끄기⟩ : ON

명령 : RE

REGEN 모형 재생성 중.

A 여러 줄 문자
A 단일 행

여러 줄 문자를 작성한다.

명령어	❯	MTEXT
단축키	❯	MT
리본	❯	홈 탭 > 주석 패널 >문자 스타일 〉 여러줄 문자 선택

명령 : MTEXT ↵

옵션

① 첫 구석 : 대각선으로 사각구역을 지정한다.
② 반대 구석 : 대각선으로 사각구역을 지정한다.
③ 높이 : 여러 줄 문자에 문자 높이를 지정한다.
④ 자리 맞추기 : 문자 자리 맞추기를 지정한다.
  ⓐ TL(맨 위 왼쪽) : 문자의 맨 위에 지정된 점에 문자를 왼쪽 자리 맞추기 한다.
  ⓑ TC(맨 위 중심) : 문자의 맨 위에 지정된 점에 문자를 중심 자리 맞추기 한다.
  ⓒ TR(맨 위 오른쪽) : 문자의 맨 위에 지정된 점에 문자를 오른쪽 자리 맞추기 한다.
  ⓓ ML(중간 왼쪽) : 문자의 중간에 지정된 점에 문자를 왼쪽 자리 맞추기 한다.
  ⓔ MC(중간 중심) : 문자의 중간에 문자를 가로 및 세로로 중심 자리 맞추기 한다.
  ⓕ MR(중간 오른쪽) : 문자의 중간에 지정된 점에 문자를 오른쪽 자리 맞추기 한다.
  ⓖ BL(맨 아래 왼쪽) : 기준선에 지정된 점에 문자를 왼쪽 자리 맞추기 한다.
  ⓗ BC(맨 아래 중심) : 기준선에 지정된 점에 문자를 중심 자리 맞추기 한다.
  ⓘ BR(맨 아래 오른쪽) : 기준선에 지정된 점에 문자를 오른쪽 자리 맞추기 한다.
⑤ 행 간격 : 여러 줄 문자의 행 간격을 지정한다.
⑥ 회전 : 문자의 회전 각도를 지정한다.
⑦ 스타일 : 여러 줄 문자 스타일을 지정한다.
⑧ ? : 문자 스타일 이름 및 특성을 나열한다.
⑨ 폭 : 문자 폭을 지정한다.
⑩ 열 : 여러 줄 문자 열 옵션을 지정한다.

따라하기

MTEXT(다중문자) 명령

명령 : MT ↵

MTEXT

현재 문자 스타일 : "Standard" 문자 높이 : 5 주석 : 아니오

첫 번째 구석 지정 :

반대 구석 지정 또는 [높이(H)/자리 맞추기(J)/선 간격두기(L)/회전(R)/스타일(S)/폭(W)/열(C)] :

05 SPELL(철자) 명령 ★★☆☆☆

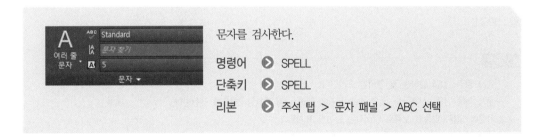

문자를 검사한다.

명령어	❯	SPELL
단축키	❯	SPELL
리본	❯	주석 탭 > 문자 패널 > ABC 선택

명령 : SPELL ↵

① 철자검사 시작하기

② 철자검사 무시하기

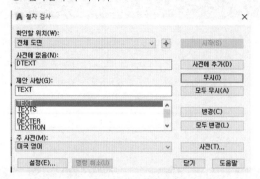

③ 사전 기능

명령 : SPELL ↵

따라하기

SPELL(철자) 명령

명령 : SPELL ↵
22개를 찾음

06 DDEDIT(문자 수정) 명령 ★★★★★

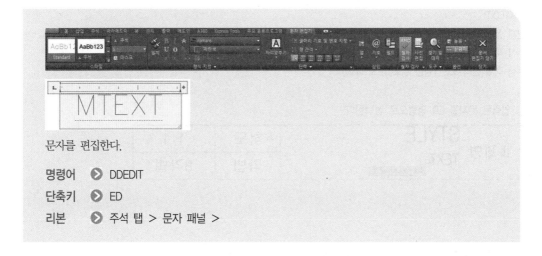

문자를 편집한다.

명령어 ❯ DDEDIT

단축키 ❯ ED

리본 ❯ 주석 탭 > 문자 패널 >

명령 : EDSPELL ↵

TEXTEDIT

현재 설정 : 편집 모드 = Multiple

주석 객체 선택 또는 [명령 취소(U)/모드(M)] :

 옵션

① 주석 객체 선택 : 문자 또는 치수를 지정한다.

② 명령 취소 : 마지막으로 적용된 변경 사항을 취소한다.

③ 모드 : 자동 반복 여부를 조정한다.

④ 단일 : 선택한 문자를 한 번 수정하고 명령을 종료한다.

⑤ 다중 : 여러 문자를 편집할 수 있는 다중 모드를 설정한다.

따라하기

DDEDIT(문자 수정) 명령

아래와 같이 치수에 맞추어 표를 만들고 MTEXT 중앙정렬로 문자를 작성한다.

120			
20	55	20	25

과제명	STYLE TEXT	척도	1:1
		각법	3각법

명령 : ED ↵

TEXTEDIT

현재 설정 : 편집 모드 = Multiple

주석 객체 선택 또는 [명령 취소(U)/모드(M)] :

주석 객체 선택 또는 [명령 취소(U)/모드(M)] :

① 입력된 문자를 ED 명령으로 선택한다.

과제명	STYLE TEXT	척도	1:1
		각법	3각법

② 입력된 문자를 ED 명령으로 선택한다.

과제명	STYLE TEXT	척도	1:1
		각법	3각법

③ 입력된 문자를 ED 명령으로 선택한다.

과제명	STYLE TEXT	척도	1:1
		각법	3각법

④ 입력된 문자를 ED 명령 자리 맞추기 중간중심(MC)을 선택한다.

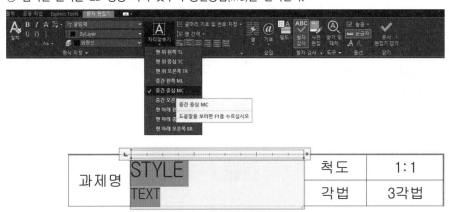

과제명	STYLE TEXT	척도	1:1
		각법	3각법

⑤ 입력된 문자를 ED 명령 중간을 선택한다.

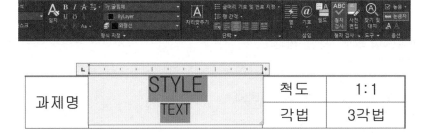

과제명	STYLE TEXT	척도	1:1
		각법	3각법

⑥ 문자 수정으로 완성된 것을 확인한다.

과제명	STYLE TEXT	척도	1:1
		각법	3각법

07 TABLE(테이블) 명령 ★★★☆☆

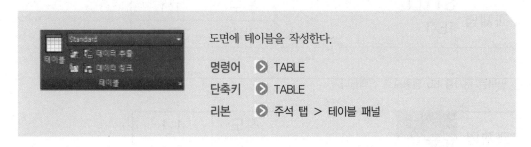

도면에 테이블을 작성한다.

명령어	❯	TABLE
단축키	❯	TABLE
리본	❯	주석 탭 > 테이블 패널

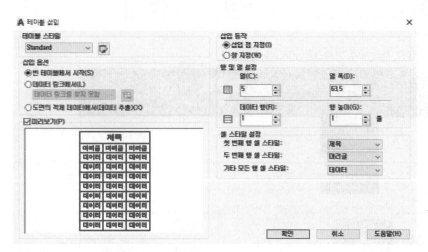

명령 : TABLE ↵
삽입 점 지정 :

🔧 **옵션**

① 테이블 스타일 : 현재 도면에서 테이블 스타일을 선택한다.

② 삽입 옵션 : 테이블 삽입 방법을 지정한다.

③ 빈 테이블부터 시작 : 수동으로 빈 테이블을 만든다.

④ 데이터 링크부터 시작 : 외부 데이터를 사용하여 테이블을 만든다.

⑤ 데이터 추출부터 시작 : 데이터 추출 마법사를 실행한다.

⑥ 미리보기 : 미리보기의 표시 여부를 조정한다.

⑦ 삽입 동작 : 테이블의 위치를 지정한다.

⑧ 삽입 점 지정 : 테이블의 왼쪽 상단 구석 위치를 지정한다.

⑨ 윈도우 지정 : 테이블의 크기와 위치를 지정한다.

⑩ 열 및 행 설정 : 열 및 행의 수와 크기를 설정한다.

⑪ 열 아이콘 : 열을 나타낸다.

⑫ 행 아이콘 : 행을 나타낸다.

⑬ 열 : 열의 수를 지정한다.

⑭ 열 폭 : 열의 폭을 지정한다.

⑮ 데이터 행 : 행의 수를 지정한다.

⑯ 행 높이 : 행의 높이를 줄 수로 지정한다.

⑰ 셀 스타일 설정 : 새 테이블의 행에 대한 셀 스타일을 지정한다.

⑱ 첫 번째 행의 셀 스타일 : 첫 번째 행에 대한 셀 스타일을 지정한다.

⑲ 두 번째 행의 셀 스타일 : 두 번째 행을 지정한다.

⑳ 기타 모든 행의 셀 스타일 : 다른 모든 행을 지정한다.

㉑ 테이블 옵션 : 기존 스타일을 사용할 때만 표시된다.

㉒ 레이블 셀 문자 : 새로 삽입한 제목 행에 있는 문자를 유지한다.

㉓ 데이터 셀 문자 : 새로 삽입한 데이터 행에 있는 문자를 유지한다.

㉔ 블록 : 새로 삽입된 테이블의 시작 테이블에서 블록을 유지한다.

㉕ 셀 스타일 재지정 유지 : 새로 삽입된 스타일 재지정을 유지한다.

㉖ 데이터 링크 : 새로 삽입된 테이블에서 데이터 링크를 유지한다.

㉗ 필드 : 새로 삽입된 시작 필드를 유지한다.

㉘ 수식 : 새로 삽입된 시작 공식을 유지한다.

 따라하기

TABLE 명령을 사용하여 아래와 같이 작성한다.

베벨기어 요목표	
치형	그리슨식
압력각	20°
잇수	3
각법	22
피치원지름	Ø66
피치원추각	63° 26'
축각	90°
다듬질방법	절삭
정밀도	KS B 1412,4급

① TABLE 명령 요목표를 만든다.

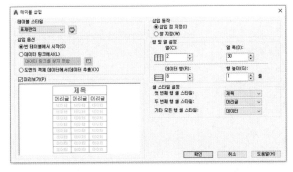

명령 : TABLE ↵

② 테이블 스타일을 만든다.

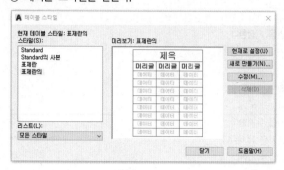

테이블 스타일에서 새로 만들기를 선택한다.

③ 테이블 스타일의 이름을 입력한다.

새 스타일의 이름(N)을 '표제란'을 입력한다.
계속을 입력한다.

④ 새 스타일의 데이터 탭을 선택한다.

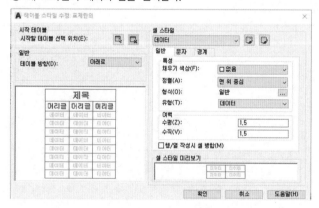

ⓐ 셀 스타일
  - 데이터

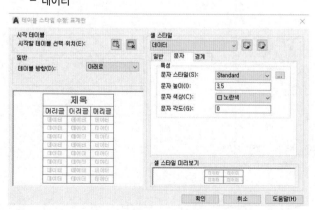

ⓑ 문자 특성

문자스타일 : Standard

문자 높이 : 3.5

문자 색상 : 노란색

문자 각도⟨0⟩ :

ⓒ 경계 특성

선가중치(L) :

선종류(N) :

색상(C) : 초록색

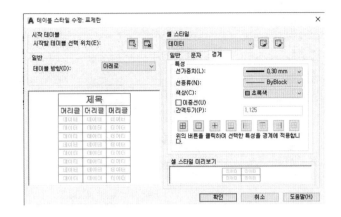

⑤ 새 스타일의 열 머리글 탭을 선택한다.

ⓐ 머리글

– 일반

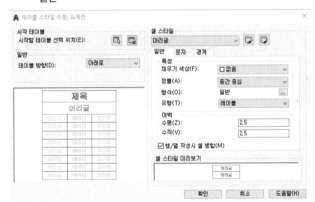

셀 특성에서 행/열 작성 시 셀 병합(M) 체크한다.

ⓑ 문자

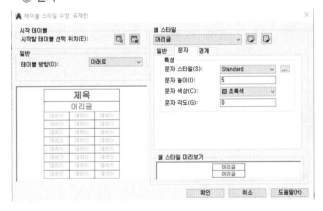

ⓒ 경계

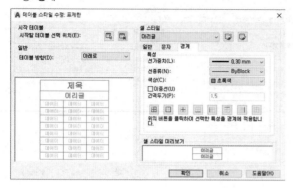

⑥ 새 스타일의 제목 탭을 선택한다.

ⓐ 일반

ⓑ 문자 특성

문자스타일 : Standard
문자 높이 : 5
문자 색상 : 초록색
문자 각도〈0〉:

⑦ 셀의 행 및 열을 설정 한다.

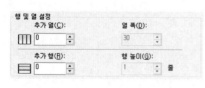

테이블 스타일 이름 : 표제란
행 및 열 설정
열(C) : 2
열 폭(D) : 30
데이터 행(R) : 8
행 높이(G) : 1
확인 한다.

⑧ 도면 영역에 테이블을 삽입 한다.

⑨ 테이블을 삽입할 점을 선택 한다.

⑩ 테이블에 문자를 입력 한다.

테이블을 편집 할 때는 EXPLODE(분해) 명령을 이용한다.
OFFSET, TRIM, MTEXT 등의 명령을 이용하여 편집한다.
Excel프로그램의 줄, 행 간격 합치기, 나누기와 비슷하다.

⑪ 테이블을 완성한다.

베벨기어 요목표	
치형	그리슨식
압력각	20°
잇수	3
각법	22
피치원지름	φ66
피치원추각	63° 26'
축각	90°
다듬질방법	절삭
정밀도	KS B 1412,4급

08 TABLESTYLE(테이블 편집) 명령 ★★★☆☆

테이블 스타일을 작성, 수정 또는 지정한다.

명령어 ❯ TABLESTYLE

단축키 ❯ TABLESTYLE

리본 ❯ 홈 탭 > 주석 패널

 따라하기

명령 : TABLEDIT ↵

테이블 셀 선택 :

	A	B
1	베벨기어	요목표
2		
3		20°
4		3
5		22
6		Φ66
7		63° 26'
8		90°
9		절삭
10		B 1412,4급

	A	B
1		
2	치형	그리슨식
3	압력각	20°
4	잇수	3
5	각법	22
6	피치원지름	Φ66
7	피치원추각	63° 26'
8	축각	90°
9	다듬질방법	절삭
10	정밀도	KS B 1412,4급

	A	B
1	베벨기어 요목표	
2		그리슨식
3	압력각	20°
4	잇수	3
5	각법	22
6	피치원지름	Φ66
7	피치원추각	63° 26'
8	축각	90°
9	다듬질방법	절삭
10	정밀도	KS B 1412,4급

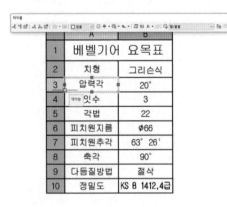

행 높이 변경

열 폭 변경

데이터 증분 가능

09 FIND(문자열 찾기) 명령 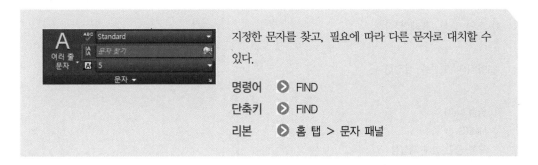 ★★☆☆☆

지정한 문자를 찾고, 필요에 따라 다른 문자로 대치할 수 있다.

명령어	▶	FIND
단축키	▶	FIND
리본	▶	홈 탭 > 문자 패널

명령 : FIND ↵

10 PUBLISH(게시) 명령 ★★☆☆☆

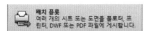

DWF 파일, 플롯 장치 등을 시트로 작성한다.

명령 : PUBLISH ↵

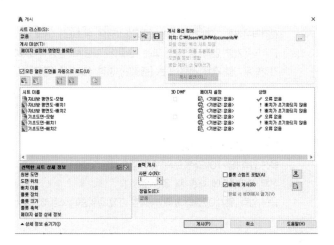

실무예제 따라하기

1) 도면 양식, 표제란 작성

A3양식의 도면을 설정한다.

① 명령 : LIM ↵
   LIMITS
   모형 공간 한계 재설정 :
   왼쪽 아래 구석 지정 또는 [켜기(ON)/끄기(OFF)] 〈0.0000,0.0000〉 : 0,0 ↵
   오른쪽 위 구석 지정 〈420.0000,297.0000〉 : 420,297 ↵

② 명령 : Z ↵
   ZOOM
   윈도우 구석 지정, 축척 비율(nX 또는 nXP) 입력 또는
   [전체(A)/중심(C)/동적(D)/범위(E)/이전(P)/축척(S)/윈도우(W)/객체(O)] 〈실시간〉: ALL
   모형 재생성 중.

③ 명령 : REC ↵
   RECTANG
   첫 번째 구석점 지정 또는 [모따기(C)/고도(E)/모깎기(F)/두께(T)/폭(W)] : 0,0 ↵
   다른 구석점 지정 또는 [영역(A)/치수(D)/회전(R)] : @420,297 ↵

④ 명령 : O ↵
   OFFSET
   현재 설정 : 원본 지우기=아니오   도면층=원본   OFFSETGAPTYPE=0
   간격띄우기 거리 지정 또는 [통과점(T)/지우기(E)/도면층(L)] 〈통과점〉: 10

   간격띄우기할 객체 선택 또는 [종료(E)/명령 취소(U)] 〈종료〉:
   간격띄우기할 면의 점 지정 또는 [종료(E)/다중(M)/명령 취소(U)] 〈종료〉:
   간격띄우기할 객체 선택 또는 [종료(E)/명령 취소(U)] 〈종료〉:

⑤ 명령 : PE ↵
   PEDIT
   폴리선 선택 또는 [다중(M)] :
   옵션 입력 [열기(O)/결합(J)/폭(W)/정점 편집(E)/맞춤(F)/스플라인(S)/비곡선화(D)/선종류생성(L)/반전(R)/명령 취소(U)] : W
   전체 세그먼트에 대한 새 폭 지정 : 1
   옵션 입력 [열기(O)/결합(J)/폭(W)/정점 편집(E)/맞춤(F)/스플라인(S)/비곡선화(D)/선종류생성(L)/반전(R)/명령 취소(U)] : ↵

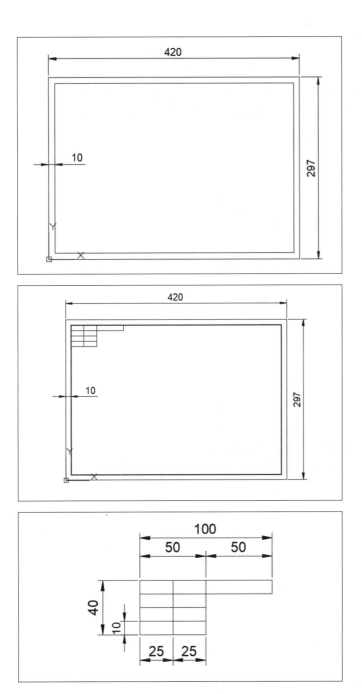

성명란을 작성한다.

⑥ 명령 : DTEXT ↵

현재 문자 스타일 : "Standard" 문자 높이 : 2.5000 주석 : 아니오 자리맞추기 : 중앙중간

문자의 중간점 지정 또는 [자리맞추기(J)/스타일(S)] : J

옵션 입력 [왼쪽(L)/중심(C)/오른쪽(R)/정렬(A)/중간(M)/맞춤(F)/맨위왼쪽(TL)/맨위중심(TC)/맨위오른쪽(TR)/중간

왼쪽(ML)/중간중심(MC)/중간오른쪽(MR)/맨아래왼쪽(BL)/맨아래중심(BC)/맨아래오른쪽(BR)] : MC

문자의 중간점 지정 :

높이 지정 〈2.5000〉 : 3.5

문자의 회전 각도 지정 〈0〉 :

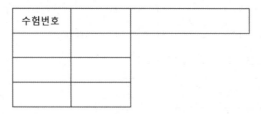

⑦ 명령 : CO ↵

COPY

객체 선택 : 1개를 찾음

객체 선택 : ↵

현재 설정 : 복사 모드 = 다중(M)

기본점 지정 또는 [변위(D)/모드(O)] 〈변위〉 :

두 번째 점 지정 또는 [배열(A)] 〈첫 번째 점을 변위로 사용〉 :

두 번째 점 지정 또는 [배열(A)/종료(E)/명령 취소(U)] 〈종료〉 : ↵

수험번호		
수험번호		
수험번호		
수험번호		

⑧ 명령 : ED ↵

TEXTEDIT

주석 객체 선택 :

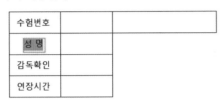

수험번호		
성 명		
감독확인		
연장시간		

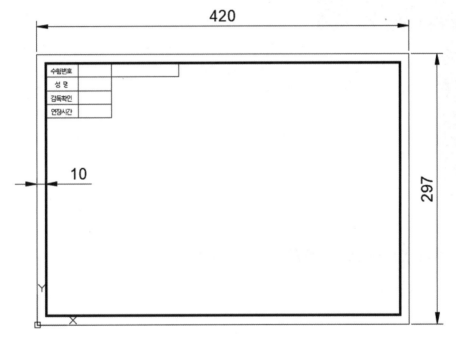

치수 기능 익히기 명령

01 DIMENSION STYLE(치수스타일) ★★★★★

다양한 객체 유형에 대해 여러 방향 및 정렬로 된 여러 유형의 치수를 작성할 수 있다.

기본 치수기입 유형은 선형, 반지름, 각도, 세로좌표 및 호 길이다.

DIM 명령을 사용하면 치수기입하려는 객체 유형에 따라 자동으로 치수를 작성할 수 있다.

특별한 경우에는 치수 스타일을 설정하거나 개별 치수를 편집하여 치수 모양을 조정할 수 있다.

치수 스타일을 사용하면 신속하게 규칙을 지정할 수 있으며 업계 또는 프로젝트 치수기입 표준을 유지할 수 있다.

02 치수선의 구성요소 명령 ★★★★★

치수 구성요소 설정하기

1) 치수 구성요소

치수는 4가지 요소로 구성되어 있다. 또한 각각 크기와 모양을 변경 할 수 있다.

① 치수선(Dimension Line) : 치수 문자 아래 화살표 사이에 있는 선이다.

② 치수보조선(Extension Line) : 객체 사이 세로로 서 있는 화살표 바깥쪽 선이다.

③ 화살표(Arrowhead) : 객체의 길이를 알려 주는 영역표시 이다.

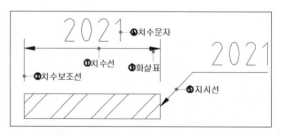

④ 치수문자(Dimension Text) : 작성되는 객체의 표시를 실제수치로 나타낸 준다.

⑤ 지시선(Leaderline) : 치수를 기입하기 곤란한 부분 표기와 가공 방법을 나타내 준다.

03 치수유형(DIMSTYLE) 명령  ★★★★★

명령어 ❯	DIMSTYLE
단축키 ❯	D
리본 ❯	홈 탭 > 주석 패널 >문자 스타일

명령 : DIMSTYLE ↵

치수 스타일 관리자 대화상자가 열린다.

① 현재 치수 스타일(Current dimension style) : 사용 중인 치수유형을 나타낸다.

② 스타일(Style) : 등록된 치수유형을 표시하여 나타낸다.

③ 현재로 설정(Set Current) : 현재 치수유형으로 설정한다.

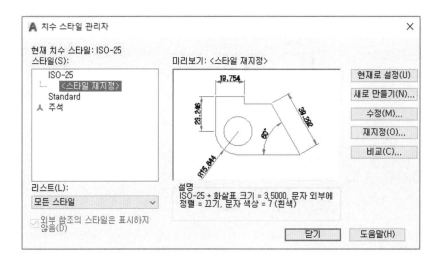

④ 새로 만들기(New) : 새로운 치수유형을 만든다.

⑤ 수정(Modify) : 기존에 작성되어진 치수유형을 수정한다.

ⓐ 치수선을 수정한다.

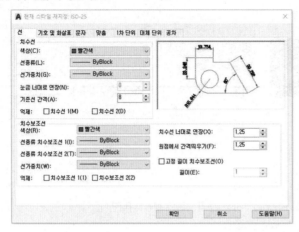

ⓑ 치수 기호 및 화살표를 수정한다.

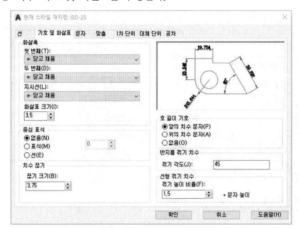

ⓒ 치수 문자를 수정한다.

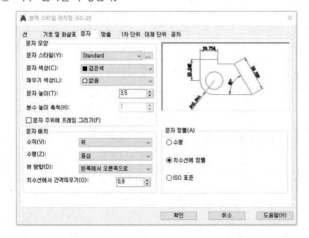

ⓓ 치수 위치를 수정한다.

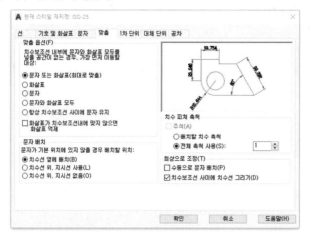

ⓔ 치수 자리점을 수정한다.

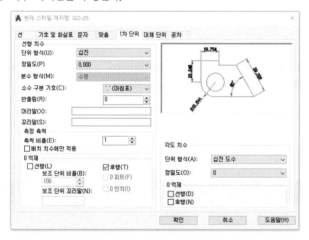

⑥ 재지정(Override) : 작성된 특정 치수유형을 재설정한다.

⑦ 비교(Compare) : 작성되어진 치수 값을 비교한다.

⑧ 미리보기(Preview of)

: 선택한 치수유형의 주요치수 변수를 그림으로 미리보기를 한다.

04 선형 치수(DIMLINEAR) 명령 ★★★★★

선형(수평, 수직) 치수를 작성한다.

명령어	❯	DIMLINEAR
단축키	❯	DLI
리본	❯	홈 탭 > 주석 패널 >선형 치수
리본	❯	주석 탭 > 치수 패널 >선형 치수

명령 : DIMLINEAR ↵
첫 번째 치수보조선 원점 지정 또는 〈객체 선택〉:
두 번째 치수보조선 원점 지정 :
치수선의 위치 지정 또는 [여러 줄 문자(M)/문자 (T)/각도(A)/수평(H)/수직(V)/회전(R)] :

옵션

① 첫 번째 치수보조선 원점 지정 : 도면영역에서 첫 번째 치수보조선 원점을 지정한다.
② 두 번째 치수보조선 원점 지정 : 도면영역에서 두 번째 치수보조선 원점을 지정한다.
③ 객체 선택 : 도면영역에서 치수를 기입할 객체를 선택한다.
④ 치수선의 위치 지정 : 도면영역에서 치수가 기입될 위치를 지정한다.

따라하기

치수 기입을 종류대로 따라하기

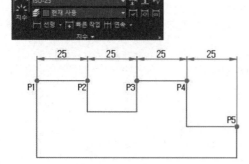

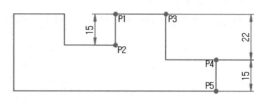

① 선형치수 기입 ⊢ 선형 ▾

　명령 : _dimlinear

　첫 번째 치수보조선 원점 지정 또는 〈객체 선택〉 :

　두 번째 치수보조선 원점 지정 :

　치수선의 위치 지정 또는

　[여러 줄 문자(M)/문자(T)/각도(A)/수평(H)/수직(V)/회전(R)] :

　치수 문자 = 25

② 연속 치수 기입 ⊢⊦ 연속 ▾

　명령 : _dimcontinue

　두 번째 치수보조선 원점 지정 또는 [선택(S)/명령 취소(U)] 〈선택〉 :

　치수 문자 = 25

　두 번째 치수보조선 원점 지정 또는 [선택(S)/명령 취소(U)] 〈선택〉 :

　치수 문자 = 25

　두 번째 치수보조선 원점 지정 또는 [선택(S)/명령 취소(U)] 〈선택〉 :

　치수 문자 = 25

　두 번째 치수보조선 원점 지정 또는 [선택(S)/명령 취소(U)] 〈선택〉 : ↵

③ 명령 : D ↵

　DIMSTYLE

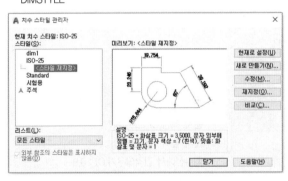

치수스타일 관리자에서 수정을 한다.

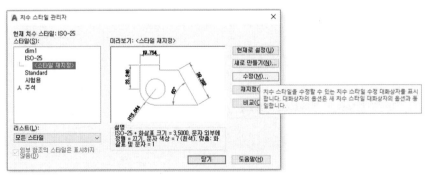

수정(M)창을 선택한다.

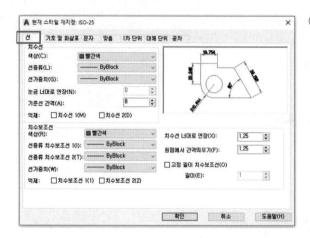

ⓐ 선 탭 선택

치수선 색상(C) : 빨간색

치수보조선 색상(R) : 빨간색

기준선 간격(A) : 8

치수선 너머로 연장(X) : 1.25

원점에서 간격띄우기(F) : 1.25

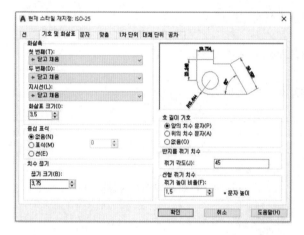

ⓑ 기호 및 화살표 탭 선택

화살표 크기(I) : 3.5

중심 표식 :

◉없음(N)

ⓒ 문자 탭 선택

문자 색상(C) : 노란색

문자 높이 (T) : 3.5

치수선에서 간격띄우기(O) : 0.8

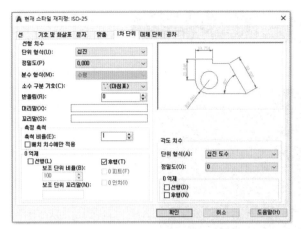

ⓓ 1차 단위 탭 선택

　소수 구분 기호(C) : 마침표

 따라하기

① 공차 치수 기입

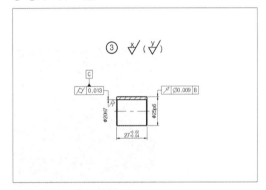

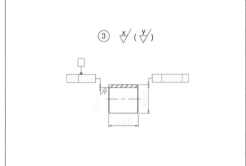

② 치수선 반쪽으로 정리하기

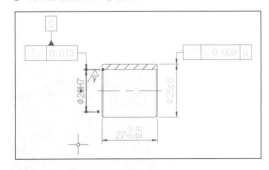

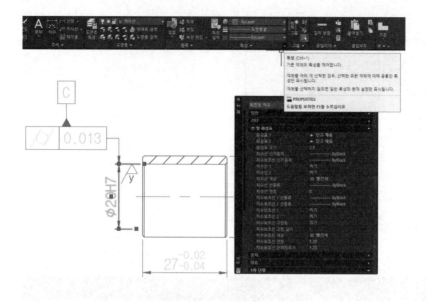

② 특성 명령을 입력 한다.

명령 : _properties
선 및 화살표 탭을 선택한다.

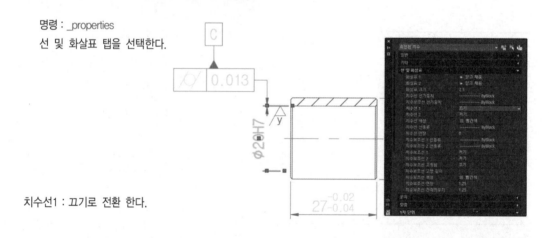

치수선1 : 끄기로 전환 한다.

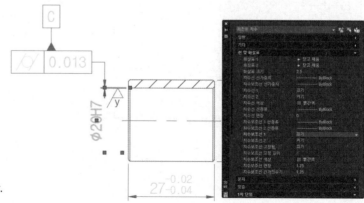

치수보조선1 : 끄기로 전환 한다.

완성된 치수를 확인 한다.

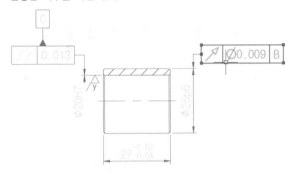

③ 공차 치수기입을 한다.

　지시선 수정을 먼저 한다.

명령 : LE ↵

QLEADER

① 첫 번째 지시선 점 지정 또는 [설정(S)] 〈설정〉 : S

② 주석탭 에서 공차 유형을 선택한다.

③ 지시선 및 화살표에서 옵션을 그대로 사용한다.
　확인한다.

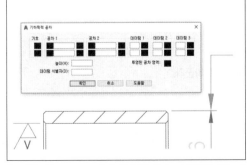

④ 선형치수 ∅25p6에서 치수선 위로 지시선을 긋는다.
　기하학적 공차 탭이 표시된다.

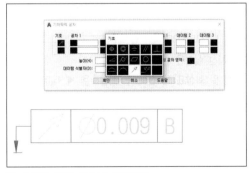

⑤ 흔들림 공차 기호를 선택한다.

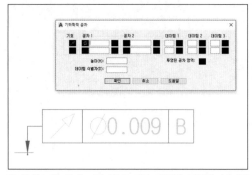

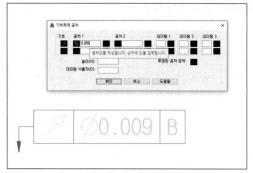

⑥ 공차1 탭 아래 까만 칸에 지름 기호를 선택한다.(까만 창을 누르면 나타난다.)

⑦ 공차1 흰색 칸에 끼워 맞춤 공차를 입력한다.

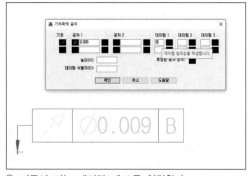

⑧ 기준이 되는 데이텀1에 B를 입력한다.

⑨ 데이텀 설정을 한다.

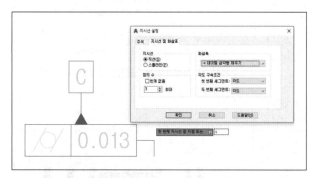

⑩ 지시선 설정을 한다.

지시선 및 화살표 탭 선택 후 화살촉을 ◀ 데이텀 삼각형 채우기로 바꾼다.

명령 : LE ↵

QLEADER

첫 번째 지시선 점 지정 또는 [설정(S)] 〈설정〉 : s

첫 번째 지시선 점 지정 또는 [설정(S)] 〈설정〉 : ↵

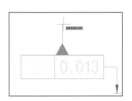

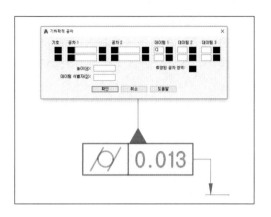

① 명령 : TOL ↵

TOLERANCE

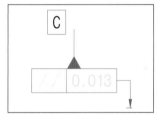

② 지시선에 위치 이동을 한다.

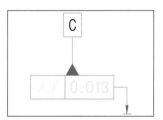

③ 완성된 데이텀 공차를 확인한다.

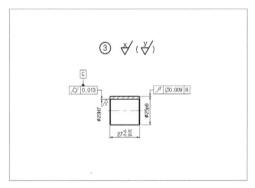

완성된 도면을 확인한다.

05 **정렬치수(DIMALIGNED) 명령** ★★★★★

명령어	❂	DIMALIGNED
단축키	❂	DIMALI
리본	❂	홈 탭 > 주석 패널 >선형 치수 〉 정렬 치수
리본	❂	주석 탭 > 치수 패널 >선형 치수 〉 정렬 치수

명령 : DIMALI ↵

DIMALIGNED

첫 번째 치수보조선 원점 지정 또는 〈객체 선택〉:

두 번째 치수보조선 원점 지정 :

치수선의 위치 지정 또는

[여러 줄 문자(M)/문자(T)/각도(A)] :

치수 문자 = 43

🔧 **옵션**

① 첫 번째 치수보조선 원점 지정 : 도면영역에서 첫 번째 치수보조선 원점을 지정한다.
② 두 번째 치수보조선 원점 지정 : 도면영역에서 두 번째 치수보조선 원점을 지정한다.
③ 객체 선택 : 도면영역에서 치수를 기입할 객체를 선택한다.
④ 치수선의 위치 지정 : 도면영역에서 치수가 기입될 위치를 지정한다.
⑤ 여러 줄 문자(M) : 사용하여 치수 문자를 편집할 수 있는 내부 문자 편집기를 표시한다.
⑥ 문자(T) : 명령 프롬프트에서 치수 문자를 사용자화 한다.
⑦ 각도(A) : 치수 문자의 각도를 변경 한다.

 따라하기

정렬치수

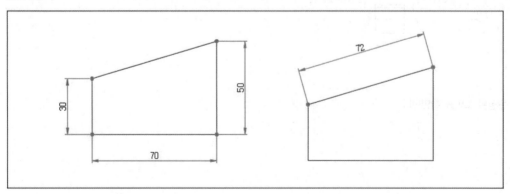

① 명령 : DIMLINEAR ↵
첫 번째 치수보조선 원점 지정 또는 〈객체 선택〉:
두 번째 치수보조선 원점 지정 :
치수선의 위치 지정 또는
[여러 줄 문자(M)/문자(T)/각도(A)/수평(H)/수직(V)/회전(R)] :
치수 문자 = 30

② 명령 : DIMLINEAR ↵
첫 번째 치수보조선 원점 지정 또는 〈객체 선택〉:
두 번째 치수보조선 원점 지정 :
치수선의 위치 지정 또는
[여러 줄 문자(M)/문자(T)/각도(A)/수평(H)/수직(V)/회전(R)] :
치수 문자 = 70

③ 명령 : DIMLINEAR ↵
첫 번째 치수보조선 원점 지정 또는 〈객체 선택〉:
두 번째 치수보조선 원점 지정 :
치수선의 위치 지정 또는
[여러 줄 문자(M)/문자(T)/각도(A)/수평(H)/수직(V)/회전(R)] :
치수 문자 = 50
(정렬치수)

④ 명령 : DIMALI ↵
DIMALIGNED
첫 번째 치수보조선 원점 지정 또는 〈객체 선택〉:
두 번째 치수보조선 원점 지정 :
치수선의 위치 지정 또는
[여러 줄 문자(M)/문자(T)/각도(A)] :
치수 문자 = 72

 06 반지름치수(DIMRADIUS) 명령 ★★★★★

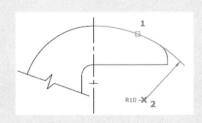

◀ AutoCAD 2021 도움말

원형 (반지름, 지름, 각도) 치수를 작성한다.

명령어	❯	DIMRADIUS
단축키	❯	DIMRAD
리 본	❯	홈 탭 > 주석 패널 >선형 치수 〉
리 본	❯	주석 탭 > 치수 패널 >선형 치수 〉반지름

명령 : DIMRADIUS ↵

DIMRADIUS

호 또는 원 선택 :

치수 문자 = 10

치수선의 위치 지정 또는 [여러 줄 문자(M)/문자(T)/각도(A)] :

치수선의 각도 및 치수 문자의 위치를 결정한다.

 따라하기

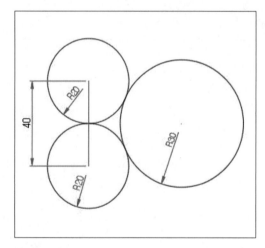

① 명령 : DIMLIN ↵

DIMLINEAR

첫 번째 치수보조선 원점 지정 또는 〈객체 선택〉 :

치수기입할 객체 선택 :
치수선의 위치 지정 또는
[여러 줄 문자(M)/문자(T)/각도(A)/수평(H)/수직(V)/회전(R)] :
치수 문자 = 40

② 명령 : C ↵

CIRCLE

원에 대한 중심점 지정 또는 [3점(3P)/2점(2P)/Ttr – 접선 접선 반지름(T)] : END(끝점)

원의 반지름 지정 또는 [지름(D)] : 20

③ 명령 : C ↵

CIRCLE

원에 대한 중심점 지정 또는 [3점(3P)/2점(2P)/Ttr – 접선 접선 반지름(T)] : END(끝점)

원의 반지름 지정 또는 [지름(D)] 〈20.0000〉 :

④ 명령 : C ↵

CIRCLE

원에 대한 중심점 지정 또는 [3점(3P)/2점(2P)/Ttr – 접선 접선 반지름(T)] : ttr

원의 첫 번째 접점에 대한 객체위의 점 지정 :

원의 두 번째 접점에 대한 객체위의 점 지정 :

원의 반지름 지정 〈20.0000〉 : 30

07 지름치수(DIMDIAMETER) 명령 ★★★★★

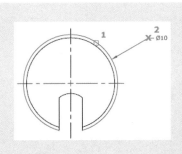

◀ AutoCAD 2021 도움말

명령어 ▷ DIMDIAMETER

단축키 ▷ DIMDIA

리 본 ▷ 주석 탭 > 치수 패널 > 선형 치수 〉 지름

명령 : DIMDIA ↵

DIMDIAMETER

호 또는 원 선택 :

치수 문자 = 20

치수선의 위치 지정 또는 [여러 줄 문자(M)/문자(T)/각도(A)] :

치수선의 각도 및 치수 문자의 위치를 결정하기 위한 점을 지정한다.

> **옵션**
>
> ① 여러 줄 문자(M) : 사용하여 치수 문자를 편집할 수 있는 내부 문자 편집기를 표시한다.
> ② 문자(T) : 명령 프롬프트에서 치수 문자를 사용자화 한다.
> ③ 각도(A) : 치수 문자의 각도를 변경 한다.

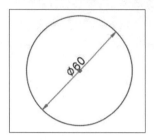

명령 : CIRCLE ↵
원에 대한 중심점 지정 또는 [3점(3P)/2점(2P)/Ttr – 접선 접선 반지름(T)] : 임의의 시작점
원의 반지름 지정 또는 [지름(D)] 〈30.0000〉 : D
원의 지름을 지정함 〈60.0000〉 : 60

명령 : DIMDIA ↵
호 또는 원 선택 :
치수 문자 = 60
치수선의 위치 지정 또는 [여러 줄 문자(M)/문자(T)/각도(A)] :

08 DIMBASELINE(기준선치수) 명령  ★★★★★

이전 치수 또는 선택한 치수의 기준선으로부터 선형 치수, 각도 치수 또는 세로좌표 치수를 작성한다.

명령어	▷	DIMBASELINE
단축키	▷	DIMBASE
리 본	▷	주석 탭 > 치수 패널 >연속 〉기준선

명령 : DIMBASE ↵
DIMBASELINE
기준 치수 선택 :
두 번째 치수보조선 원점 지정 또는 [선택(S)/명령 취소(U)] 〈선택〉 :
치수 문자 =

옵션

다음과 같은 프롬프트가 표시됩니다.

① 기준 치수 선택 : 선형, 세로좌표 또는 각도 치수를 지정한다.
② 두 번째 치수보조선 원점 : 기준 치수가 선형, 각도로 표시된다.
③ 피쳐 위치 : 기준 치수가 세로좌표 치수이면 표시된다.
④ 명령 취소 : 마지막으로 입력된 기준선 치수를 취소한다.
⑤ 선택 : 선형 치수, 세로좌표 치수, 각도 치수를 선택 표시한다.

 따라하기

기준선 치수

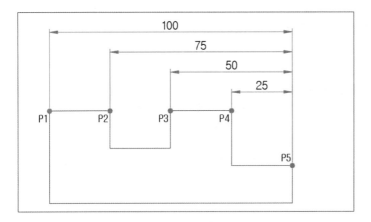

① 명령 : _dimlinear ⊢ 선형 ▼
첫 번째 치수보조선 원점 지정 또는 〈객체 선택〉: 〈객체 스냅 켜기〉 END〈–
두 번째 치수보조선 원점 지정 : END〈–
치수선의 위치 지정 또는
[여러 줄 문자(M)/문자(T)/각도(A)/수평(H)/수직(V)/회전(R)] :
치수 문자 = 25

② 명령 : _dimbaseline ⊢ 기준선
두 번째 치수보조선 원점 지정 또는 [선택(S)/명령 취소(U)] 〈선택〉:
치수 문자 = 50
두 번째 치수보조선 원점 지정 또는 [선택(S)/명령 취소(U)] 〈선택〉:
치수 문자 = 75
두 번째 치수보조선 원점 지정 또는 [선택(S)/명령 취소(U)] 〈선택〉:
치수 문자 = 100
두 번째 치수보조선 원점 지정 또는 [선택(S)/명령 취소(U)] 〈선택〉:

이전 치수 또는 선택한 치수의 치수보조선에서 시작하는 치수를 작성한다.

명령어 ▶ DIMCONTINUE

단축키 ▶ DIMCONT

리 본 ▶ 주석 탭 > 치수 패널 > 연속

명령 : DIMCONT ↵

DIMCONTINUE

연속된 치수 선택 :

두 번째 치수보조선 원점 지정 또는 [선택(S)/명령 취소(U)] 〈선택〉 :

옵션

① 연속 치수 선택 : 선형, 세로좌표 또는 각도 치수를 지정 한다.

② 두 번째 치수보조선 원점 : 기준 치수가 선형 또는 각도 치수이면 이 프롬프트가 표시 된다.

③ 피쳐 위치 : 기준 치수가 세로좌표 치수이면 이 프롬프트가 표시 된다.

④ 명령 취소 : 명령 세션에서 마지막으로 입력된 연속된 치수를 취소 한다.

⑤ 선택 : 연속된 치수로 사용할 선형 치수, 세로좌표 치수 또는 각도 치수를 선택 한다.

⑥ 명령을 종료하려면 Enter 키를 두 번 누르거나 Esc 키를 누른다.

따라하기

연속 치수(DIMCONTINUE) 기입하기

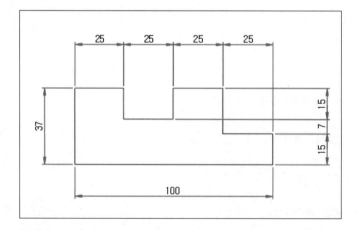

① 명령 : _dimlinear 선형

첫 번째 치수보조선 원점 지정 또는 〈객체 선택〉 :

두 번째 치수보조선 원점 지정 :

치수선의 위치 지정 또는

[여러 줄 문자(M)/문자(T)/각도(A)/수평(H)/수직(V)/회전(R)] :

치수 문자 = 100

② 명령 : DIMLINEAR ↵

첫 번째 치수보조선 원점 지정 또는 〈객체 선택〉 :

치수기입할 객체 선택 :

치수선의 위치 지정 또는

[여러 줄 문자(M)/문자(T)/각도(A)/수평(H)/수직(V)/회전(R)] :

치수 문자 = 37

③ 명령 : _dimcontinue 연속

두 번째 치수보조선 원점 지정 또는 [선택(S)/명령 취소(U)] 〈선택〉 :

치수 문자 = 25

두 번째 치수보조선 원점 지정 또는 [선택(S)/명령 취소(U)] 〈선택〉 :

치수 문자 = 25

두 번째 치수보조선 원점 지정 또는 [선택(S)/명령 취소(U)] 〈선택〉 :

치수 문자 = 25

두 번째 치수보조선 원점 지정 또는 [선택(S)/명령 취소(U)] 〈선택〉 :

④ 명령 : _dimlinear 선형

첫 번째 치수보조선 원점 지정 또는 〈객체 선택〉 : End point (왼쪽 위쪽 기준)

두 번째 치수보조선 원점 지정 : End point

치수선의 위치 지정 또는

[여러 줄 문자(M)/문자(T)/각도(A)/수평(H)/수직(V)/회전(R)] :

치수 문자 = 15

⑤ 명령 : _dimcontinue 연속

두 번째 치수보조선 원점 지정 또는 [선택(S)/명령 취소(U)] 〈선택〉 : End point

치수 문자 = 7

두 번째 치수보조선 원점 지정 또는 [선택(S)/명령 취소(U)] 〈선택〉 : End point

치수 문자 = 15

두 번째 치수보조선 원점 지정 또는 [선택(S)/명령 취소(U)] 〈선택〉 : End point

⌂⑩ DIMANGULAR(각도치수) 명령 ★★★★★

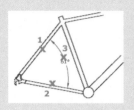

◀ AutoCAD 2021 도움말

각도 치수를 작성한다.

명령어 ❯ DIMANGULAR

단축키 ❯ DIMANG

리 본 ❯ 주석 탭 > 치수 패널 >선형 〉 각도

명령 : DIMANG ↵

DIMANGULAR

호, 원, 선을 선택하거나 〈정점 지정〉 :

두 번째 선 선택 :

치수 호 선의 위치 지정 또는 [여러 줄 문자(M)/문자(T)/각도(A)/사분점(Q)] :

치수 문자 = 98

① 호 선택 : 호의 중심이 각도 정점이다.

② 원 선택 : 선택점을 첫 번째 치수보조선의 원점으로 사용한다.

③ 선 선택 : 두 선이나 폴리선 세그먼트를 사용하여 각도를 정의한다.

🔧옵션

① 여러 줄 문자(M) : 치수 문자를 편집할 수 있는 내부 문자 편집기를 표시한다.

② 문자(T) : 명령 프롬프트에서 치수 문자를 사용자화 한다.

③ 각도(A) : 치수 문자의 각도를 변경 한다.

④ 사분점(Q) : 치수가 잠기는 사분점을 지정한다.

🖱 **따라하기**

1) 각도 치수

① 명령 : L ↵

　LINE

　첫 번째 점 지정 :

　다음 점 지정 또는 [명령 취소(U)] : @72〈15

　다음 점 지정 또는 [명령 취소(U)] : 〈직교 켜기〉50

　다음 점 지정 또는 [닫기(C)/명령취소(U)] : ↵

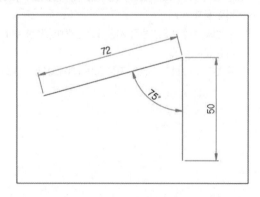

② 명령 : _dimlinear 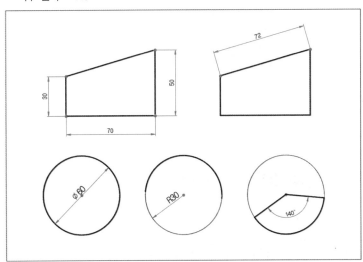선형 ▾

　첫 번째 치수보조선 원점 지정 또는 〈객체 선택〉 :

　두 번째 치수보조선 원점 지정 :

　치수선의 위치 지정 또는

　[여러 줄 문자(M)/문자(T)/각도(A)/수평(H)/수직(V)/회전(R)] :

　치수 문자 = 50

③ 명령 : _dimaligned 정렬

　첫 번째 치수보조선 원점 지정 또는 〈객체 선택〉 :

　두 번째 치수보조선 원점 지정 :

　치수선의 위치 지정 또는

　[여러 줄 문자(M)/문자(T)/각도(A)] :

　치수 문자 = 72

2) 각도치수

④ 명령 : _dimangular 각도

　호, 원, 선을 선택하거나 〈정점 지정〉 :

　두 번째 선 선택 :

　치수 호 선의 위치 지정 또는 [여러 줄 문자(M)/문자(T)/각도(A)/사분점(Q)] :

　치수 문자 - 140

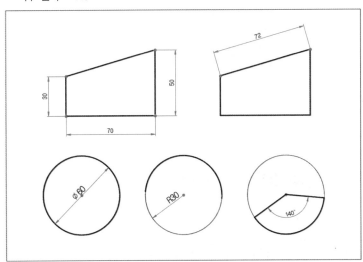

11 치수 위치(DIMORDINATE) 명령 ★★★☆☆

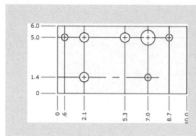

◀ AutoCAD 2021 도움말

세로좌표 치수를 작성합니다.

명령어 ❯ DIMORDINATE

단축키 ❯ DIMORD

리 본 ❯ 주석 탭 > 치수 패널 >선형 〉세로치수

명령 : DIMORD ↵

DIMORDINATE

피쳐 위치를 지정 :

지시선 끝점을 지정 또는 [X데이텀(X)/Y데이텀(Y)/여러 줄 문자(M)/문자(T)/각도(A)] :

치수 문자 = 1200.553

옵션

① 피쳐 위치 지정 : 객체의 끝점, 교차점 또는 중심점이 표시 된다.
② 지시선 끝점 : 객체 위치와 지시선 끝점을 사용하여 X, Y, 세로좌표 치수를 결정한다.
③ X 데이텀 : X 데이텀 으로 지시선 및 치수 문자의 방향을 결정한다.
④ Y 데이텀 : Y 데이텀 으로 지시선 및 치수 문자의 방향을 결정한다.
⑤ 여러 줄 문자 : 치수 문자를 편집할 수 있는 내부 문자 편집기를 표시한다.
⑥ 문자 : 명령에서 치수 문자를 사용자화 한다.
⑦ 각도 : 치수 문자의 각도를 변경한다.

---

12 DIMCENTER(치수중심점) 명령 ★★★☆☆

◀ AutoCAD 2021 도움말

원 및 호의 비 연관 중심 표식 또는 중심선을 작성한다.

명령어 ❯ DIMCENTER

단축키 ❯ DIMCEN

명령창에서 DIMCENTER를 입력한다.

명령 : DIMCEN ↵

DIMCENTER

DIMCEN에 대한 새 값 입력 〈0.0000〉 :

① 0 : 중심 표식 또는 선이 그려지지 않는다.

② 〈0 : 중심선이 그려진다.  중심선

③ 〉0 : 중심 표식이 그려진다.  중심 표식

> 🔆 **참고**
>
> • 절대값은 중심 표식 또는 중심선의 크기를 지정한다.
> • 중심선의 크기는 원 또는 호 밖까지 연장되는 중심선 세그먼트의 길이다.
> • 또한 중심 표식과 중심선의 시작 사이의 간격 크기다.
> • 중심 표식 크기는 원 또는 호의 중심에서 중심 표식 끝까지의 거리다.

🏠 13 LEADER(지시선) 명령 ★★★★★

주석과 도형을 연결하는 선을 작성한다.

명령어 ❯ LEADER

단축키 ❯ LEAD

명령 창에서 LEADER를 입력한다.

명령 : LEADER ↵
지시선 시작점 지정 :
다음 점 지정 :
다음 점 지정 또는 [주석(A)/형식(F)/명령 취소(U)] 〈주석(A)〉 :
다음 점 지정 또는 [주석(A)/형식(F)/명령 취소(U)] 〈주석(A)〉 :
주석 문자의 첫 번째 행 입력 또는 〈옵션〉 :
주석 옵션 입력 [공차(T)/복사(C)/블록(B)/없음(N)/여러 줄 문자(M)] 〈여러 줄 문자(M)〉 :

① 시작점 지정 : 지정된 점까지 지시선 점과 옵션을 지정하도록 표시한다.
② 다음 점 지정 : 크기와 각도에 맞추어 표시한다.
③ 주석(A) : 지시선의 끝에 주석을 삽입합니다.
④ 공차(T) : 기하학적 공차가 포함된 형상 공차를 작성한다.
⑤ 복사(C) : 문자, 여러 줄 문자, 형상 공차를 복사하고 지시선의 끝에 연결한다.
⑥ 블록(B) : 지시선의 끝에 블록을 삽입한다.
⑦ 없음(N) : 지시 선에 아무 주석도 추가되지 않고 명령이 끝난다.
⑧ 여러 줄 문자(M) : 내부 문자 편집기를 사용하여 문자를 작성한다.
⑨ 형식 : 지시선 그리는 방법 및 화살촉 여부를 설정한다.

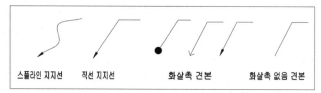

스플라인 지지선   직선 지지선   화살촉 견본   화살촉 없음 견본

⑩ 스플라인 : 지시 선을 스플라인으로 그린다.
⑪ 직선 : 지시 선을 일련의 직선 세그먼트로 그린다.
⑫ 화살표 : 지시선의 시작점에 화살촉을 그린다.
⑬ 없음 : 시작점에 화살촉이 없는 지시선을 그린다.
⑭ 명령 취소 : 지시선의 마지막 정점을 취소한다.

지시선 객체를 작성하려면 MLEADER 명령을 통해 사용할 수 있는 워크플로우를 사용하는 것이 좋다.

14 신속지시선(QLEADER) ★★★★★

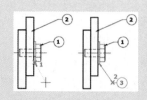

◀ AutoCAD 2021 도움말

지시선 및 지시선 주석을 작성합니다.

명령어 ▶ QLEADER
단축키 ▶ LE
(단축키 LEA를 입력하면 LEADER 명령이 실행된다.)

명령창에서 QLEADER를 입력한다.

명령 : LE ↵
QLEADER
첫 번째 지시선 점 지정 또는 [설정(S)] 〈설정〉 : S

① 치수 지시선을 정의한다.

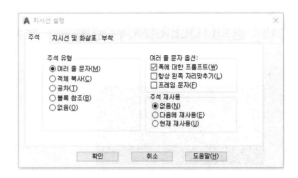

② 치수 지시선의 모양을 정의한다.

③ 치수 지시선 사이 문자의 모양을 정의한다.

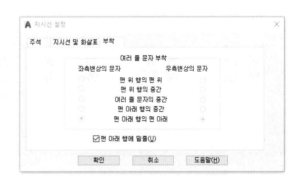

명령 : LE ↵

QLEADER

첫 번째 지시선 점 지정 또는 [설정(S)] 〈설정〉 : S

옵션

① 첫 번째 지시선 점 : 첫 번째 세그먼트에 대한 시작점을 지정한다.

② 폭 : 문자열의 폭을 지정한다.

③ 공차 : 기하학적 공차 대화상자를 표시한다.

④ 블록 이름 : 지시선의 끝에 삽입할 블록의 이름을 지정한다.

　ⓐ ? : 도면에 정의된 블록을 나열한다.

　ⓑ 삽입점 : 블록을 삽입할 위치를 지정한다.

⑤ 설정 : 지시선 설정 대화상자를 표시한다.

15 공차(TOLERANCE) 명령 ⊕.1 ★★★★★

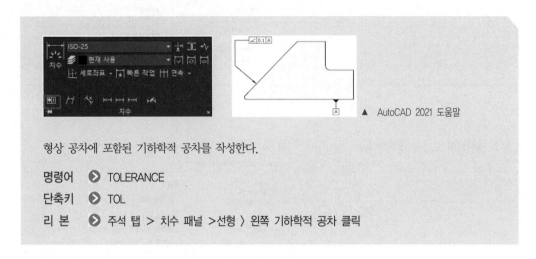

▲ AutoCAD 2021 도움말

형상 공차에 포함된 기하학적 공차를 작성한다.

명령어 ❯ TOLERANCE
단축키 ❯ TOL
리 본 ❯ 주석 탭 > 치수 패널 >선형 〉 왼쪽 기하학적 공차 클릭

명령어 : TOL ↵

TOLERANCE

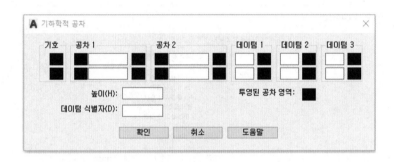

① 기호 : 검은색 상자를 선택하면 대화상자에서 기하학적 기호를 선택한다.

특성종류	기호	특성종류	기호	특성종류	기호
진직도 공차		직각도 공차		동축도 공차	
평면도 공차		면의 윤곽도 공차		대칭도 공차	
진원도 공차		선의 윤곽도 공차		원주 흔들림 공차	
원통도 공차		경사도 공차		온 흔들림 공차	
평행도 공차		위치도 공차			

② 공차 1 : 특정 조정 프레임에서 허용 공차 값을 입력한다.

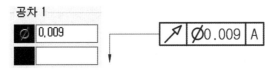

③ 재료상태 : 상태를 지정하는 대화상자가 나타난다.

기호	재료 상태	설명
Ⓜ	최소 실체상태	최소 재질 상태를 표시한다.
Ⓛ	최대 실체상태	최대 재질 상태를 표시한다.
Ⓢ	형상치수 무관계	특정 크기와 상관없을 때 표시한다.

④ 공차 2 : 특정 조정 프레임에서 두 번째 허용공차 값을 입력한다.

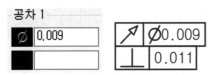

⑤ 데이텀 1 : 특정 조정 프레임에서 1차 기준 참조를 작성한다.

기호	용어	설명
▼	데이텀	기준 참조 값을 작성한다.
Ⓐ	MC	재질 상태를 지정한다.

⑥ 데이텀 2 : 특정 조정 프레임에서 2차 기준 참조를 작성한다.

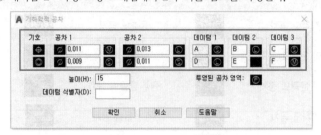

⑦ 데이텀 3 : 특정 조정 프레임에서 3차 기준 참조를 작성한다.

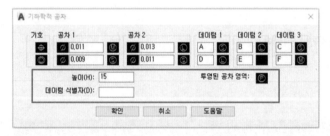

용어	설명
높이(H)	특정 조정 프레임 영역에서 값을 작성한다.
투영된 공차 영역	투영공차 영역 기호를 투영 공차 영역값 뒤에 삽입 한다.
데이텀 식별자(D)	대쉬(/)가 앞뒤에 나오는 참조 문자를 구성하는 식별기호를 작성한다.

따라하기

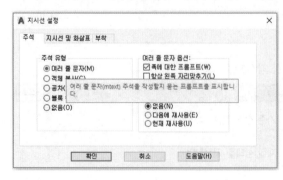

명령 : QLEADER ↵
첫 번째 지시선 점 지정 또는 [설정(S)] 〈설정〉 : S
첫 번째 지시선 점 지정 또는 [설정(S)] 〈설정〉

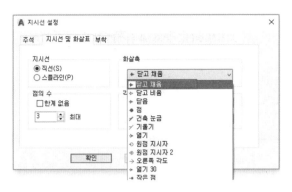

지시선 및 화살표 탭에서 화살촉은 닫고 채움을 선택한다.

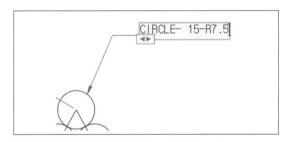

문자 아래로 밑줄을 그어 주는 역할을 한다.

문자 높이 : 3.5
단락
문자 자리 맞추기 : 중간중심 / 중간

명령 : LE ↵
QLEADER
첫 번째 지시선 점 지정 또는 [설정(S)] 〈설정〉 :
다음 점 지정 :
다음 점 지정 :
문자 폭 지정 〈0〉 :

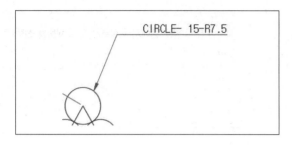

CIRCLE- 15-R7.5

지시선 여러줄 문자(M) 완성된 것을 확인한다.

16 치수편집(DIMEDIT) 명령  ★★★☆☆

치수 문자 및 치수보조선을 편집합니다.

명령어	❱ DIMEDIT
단축키	❱ DED
리 본	❱ 주석 탭 > 치수 패널 >기울기 클릭

명령 : DIMEDIT ↵
치수 편집의 유형 입력 [홈(H)/새로 만들기(N)/회전(R)/기울기(O)] 〈홈(H)〉 :
객체 선택 : 1개를 찾음
객체 선택 :

옵션

① 객체 선택 : 도면에 기입된 치수선을 선택한다.
② 홈(H) : 치수문자의 위치가 변경 되었을 때 본래의 위치로 이동한다.
③ 새로 만들기(N) : 내부 문자 편집기를 사용하여 치수 문자를 변경한다.
④ 회전(R) : 치수문자를 새로운 회전 각도로 입력한다.
⑤ 기울기(O) : 치수선을 각도만큼 경사지게 한다.

17 치수문자편집(DIMTEDIT) 명령 ★★★☆☆

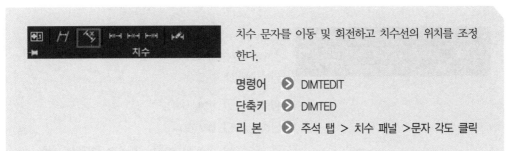

치수 문자를 이동 및 회전하고 치수선의 위치를 조정한다.

명령어 ▶	DIMTEDIT
단축키 ▶	DIMTED
리 본 ▶	주석 탭 > 치수 패널 >문자 각도 클릭

명령 : DIMTED ↵

DIMTEDIT

치수 선택 :

치수 문자에 대한 새 위치 또는 다음을 지정 [왼쪽(L)/오른쪽(R)/중심(C)/홈(H)/각도(A)] :

옵션

① 치수 선택 : 치수 객체를 지정한다.

② 치수 문자의 위치 : 치수 문자의 새 위치를 지정한다.

③ 왼쪽(L) : 치수 문자를 치수선을 따라 왼쪽에 위치를 지정한다.
　　　　　　(선형, 반지름 및 지름 치수에만 사용)

④ 오른쪽(R) : 치수 문자를 치수선을 따라 오른쪽에 위치를 지정한다.
　　　　　　　(선형, 반지름 및 지름 치수에만 사용)

⑤ 중심(C) : 치수 문자를 치수선의 중심에 위치를 지정한다.
　　　　　　(선형, 반지름 및 지름 치수에만 사용)

⑥ 홈(H) : 치수 문자를 다시 기본 위치로 복귀한다.

⑦ 각도(A) : 치수 문자의 각도를 변경한다.

18 치수갱신(UPDATE) 명령 ★★★★★

명령 프롬프트에서 치수 스타일을 작성하고 수정한다. 치수기입 시스템 변수를 선택한 치수 스타일로 저장하거나 복원할 수 있다.

명령어 ▶ −DIMSTYLE

단축키 ▶ DIMTED

리 본 ▶ 주석 탭 > 치수 패널 > 업데이트 클릭

명령 : −DIMSTYLE ↵

현재 치수 스타일 : ISO−25   **주석 :** 아니오

치수 스타일 옵션 입력

[주석(AN)/저장(S)/복원(R)/상태(ST)/변수(V)/적용(A)/?] 〈복원(R)〉 :

치수 스타일 이름을 입력, [?] 또는 〈치수 선택〉 :

치수 선택 : ↵

옵션

① 주석 : 주석 치수 스타일을 작성한다.
② 주석 치수 스타일 작성? : 작성하는 치수 스타일이 주석인지 여부를 지정한다.
③ 새 치수 스타일에 대한 이름 : 기존 스타일 이름 리스트를 표시한다.
④ 저장(S) : 현재 설정을 치수 스타일로 저장한다.
⑤ 복원(R) : 선택된 치수 스타일의 설정으로 복원한다.
⑥ 상태(ST) : 도면에 있는 모든 치수 변수의 현재 값을 표시한다.
⑦ 변수(V) : 현재 설정을 수정하지 않은 선택된 치수를 나열한다.
⑧ 적용(A) : 선택된 치수 객체에 적용된 기존 치수 스타일을 모두 영구 재지정한다.
⑨ ? : 현재 도면의 명명된 치수 스타일을 나열한다.

19 신속치수(QDIM) 명령 ★★★★★

선택한 객체로 일련의 치수를 신속하게 작성한다.

명령어	❯ QDIM
단축키	❯ QD
리 본	❯ 주석 탭 > 치수 패널 >빠른 작업

명령 : QD ↵

QDIM

연관 치수 우선순위 = 끝점(E)

치수 기입할 형상 선택 :

치수선의 위치 지정 또는 [연속(C)/다중(S)/기준선(B)/세로좌표(O)/반지름(R)/지름(D)/데이텀 점(P)/편집(E)/설정(T)] 〈연속(C)〉 :

🔧 옵션

① 치수 기입 할 형상 선택 : 치수 기입 할 객체 또는 편집할 치수를 선택한다.

② 치수선 위치 지정 : 치수선 위치를 지정한다.

③ 연속(C) : 선형 치수 선 모두 동일한 선의 끝에서 는 연속 치수를 작성한다.

④ 다중(S) : 치수선이 일정한 간격으로 간격 띄우기 되어있는 다중치수를 작성한다.

⑤ 기준선(B) : 선형 치수가 공통 치수보조선을 공유하는 기준선 치수를 작성한다.

⑥ 세로좌표(O) : 선택한 치수에 주석을 단 세로좌표 치수를 작성한다.

⑦ 반지름(R) : 선택한 호 및 원의 반지름 값이 표시된 일련의 반지름 치수를 작성한다.

⑧ 지름(D) : 선택한 호 및 원의 지름 값이 표시된 일련의 지름 치수를 작성한다.

⑨ 데이텀 점(P) : 기준선 치수와 세로좌표 치수의 새 데이텀 점을 설정한다.

⑩ 편집(E) : 치수를 생성하기 전에 선택한 점 위치를 제거한다.

⑪ 설정(T) : 치수보조선 객체 스냅 우선순위를 설정한다.

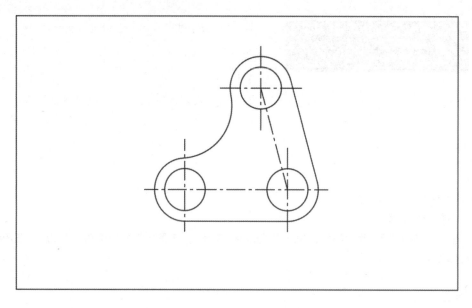

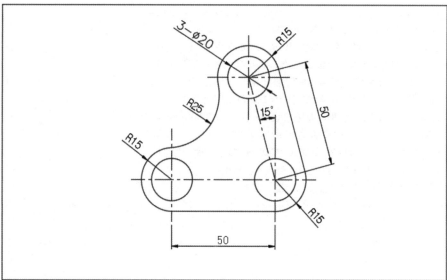

예제를 순서대로 아래와 같이 따라한다.

① 명령 : L ↵
   LINE
   첫 번째 점 지정 : 임의의 점 지정
   다음 점 지정 또는 [명령 취소(U)] : 50 〈직교켜기〉
   다음 점 지정 또는 [명령 취소(U)] : @50〈105
   다음 점 지정 또는 [닫기(C)/명령취소(U)] : ↵

② 명령 : C ↵
   CIRCLE
   원에 대한 중심점 지정 또는 [3점(3P)/2점(2P)/Ttr – 접선 접선 반지름(T)] :
   원의 반지름 지정 또는 [지름(D)] : 15

③ 명령 : CIRCLE ↵
   원에 대한 중심점 지정 또는 [3점(3P)/2점(2P)/Ttr – 접선 접선 반지름(T)] :
   원의 반지름 지정 또는 [지름(D)] 〈15.0000〉 : d
   원의 지름을 지정함 〈30.0000〉 : 20

④ 명령 : CO ↵
   COPY
   객체 선택 : 2개를 찾음
   객체 선택 :
   현재 설정 : 복사 모드 = 다중(M)
   기본점 지정 또는 [변위(D)/모드(O)] 〈변위〉 : 교차점 〈객체스냅〉
   두 번째 점 지정 또는 [배열(A)] 〈첫 번째 점을 변위로 사용〉 : 오른쪽 끝점 지정
   두 번째 점 지정 또는 [배열(A)/종료(E)/명령 취소(U)] 〈종료〉 : 오른쪽 위 끝점 지정
   두 번째 점 지정 또는 [배열(A)/종료(E)/명령 취소(U)] 〈종료〉 :

⑤ 명령 : CIRCLE ↵
   원에 대한 중심점 지정 또는 [3점(3P)/2점(2P)/Ttr – 접선 접선 반지름(T)] : T
   원의 첫 번째 접점에 대한 객체위의 점 지정 :
   원의 두 번째 접점에 대한 객체위의 점 지정 :
   원의 반지름 지정 〈10.0000〉 : 25

⑥ 명령 : TRIM ↵
   현재 설정 : 투영=UCS, 모서리=없음, 모드=표준
   절단 모서리 선택...
   객체 선택 또는 [모드(O)] 〈모두 선택〉 : 반대 구석 지정 : 3개를 찾음
   객체 선택 : ↵

자를 객체를 선택하거나 Shift 키를 누른 채로 선택하여 확장 또는 [절단 모서리(T)/울타리(F)/걸치기(C)/모드(O)/프로젝트(P)/모서리(E)/지우기(R)] :
자를 객체를 선택하거나 Shift 키를 누른 채로 선택하여 확장 또는
[절단 모서리(T)/울타리(F)/걸치기(C)/모드(O)/프로젝트(P)/모서리(E)/지우기(R)/명령취소(U)] : ↵

⑦ 명령 : _dimlinear ↵ **⊢ 선형 ▾**
첫 번째 치수보조선 원점 지정 또는 〈객체 선택〉 :
두 번째 치수보조선 원점 지정 :
치수선의 위치 지정 또는
[여러 줄 문자(M)/문자(T)/각도(A)/수평(H)/수직(V)/회전(R)] :
치수 문자 = 50

⑧ 명령 : _dimaligned **정렬**
첫 번째 치수보조선 원점 지정 또는 〈객체 선택〉 : 중심점 지정
두 번째 치수보조선 원점 지정 : 중심점 지정
치수선의 위치 지정 또는
[여러 줄 문자(M)/문자(T)/각도(A)] :
치수 문자 = 50

⑩ 명령 : _dimradius **반지름**
호 또는 원 선택 :
치수 문자 = 15
치수선의 위치 지정 또는 [여러 줄 문자(M)/문자(T)/각도(A)] :

⑪ 명령 : _dimdiameter **지름**
호 또는 원 선택 :
치수 문자 = 20
치수선의 위치 지정 또는 [여러 줄 문자(M)/문자(T)/각도(A)] :

⑫ 명령 : _dimangular **각도**
호, 원, 선을 선택하거나 〈정점 지정〉 :
두 번째 선 선택 :
치수 호 선의 위치 지정 또는 [여러 줄 문자(M)/문자(T)/각도(A)/사분점(Q)] :
치수 문자 = 15

블록 지정 명령

01 BLOCK 명령 ★★★★☆

 선택한 객체로 블록을 작성한다.

명령어 ▶ BLOCK

단축키 ▶ BLOCK

명령창에서 −BLOCK을 입력한다.

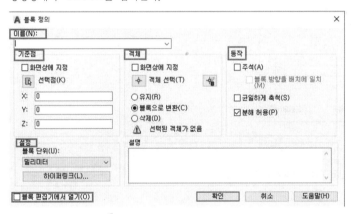

명령 : −BLOCK ↵

옵션

① 블록 이름 또는 [?] 입력 : 이름을 입력하거나 ?를 입력한다.

② 블록 이름 : 블록의 이름을 지정한다.

③ 삽입 기준점 지정 : 지정된 점을 연속 삽입의 기준점으로 사용한다.

④ 주석 : 주석 블록을 작성하려면 a를 입력한다.

⑤ 도면 공간 뷰포트에서 방향을 배치에 일치 : "Y"를 입력하면 배치의 방향과 일치한다.

⑥ 객체 선택 : 삽입 기준점을 지정하면 객체를 선택하라는 표시가 뜬다.

⑦ ?─이전에 정의된 블록 나열 : 블록 이름을 문자 윈도우에 나열한다.

⑧ 리스트에 블록 입력 : 리스트에서 외부 참조(xrefs) 표시.

명령어	❯	BLOCK
단축키	❯	BLOCK
리 본	❯	삽입 탭 > 블록 정의 패널 > 블록 작성

선택한 객체를 저장, 도면 파일로 변환한다.

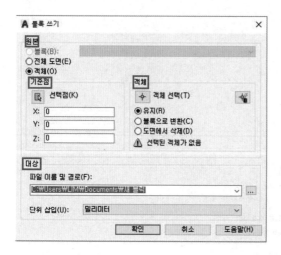

명령 : WBLOCK ↵
객체 선택 : 반대 구석 지정 : 13개를 찾음 (3개 중복됨), 총 13개

객체 선택 : ↵
삽입 기준점 지정 :

옵션

① 원본 : 블록과 객체를 지정하고 파일로 저장하며 삽입점을 지정한다.
② 블록 : 파일로 저장할 기존 블록을 지정한다. 리스트에서 이름을 선택한다.
③ 전체 도면 : 현재 도면을 다른 파일로 저장하도록 선택한다.
④ 객체 : 객체를 파일로 저장하도록 선택한다.
⑤ 기준점 : 블록의 기준점을 지정한다.
⑥ 점 선택 : 삽입 기준점을 현재 도면에 지정한다.(X,Y,Z)
⑦ 객체 : 블록 작성에 사용된 객체에 블록 작성 효과를 설정한다.
⑧ 유지 : 파일로 저장하고 도면에 그대로 유지한다.
⑨ 블록으로 변환 : 파일로 저장하고 블록으로 변환한다.

⑩ 도면으로부터 삭제 : 저장하고 삭제한다.

⑪ 객체 선택 버튼 : 저장할 객체를 선택할 수 있도록 대화창을 잠시 닫는다.

⑫ 신속 선택 버튼 : 선택 세트를 필터링할 수 있는 신속 선택 대화창 연다.

⑬ 선택된 객체 : 선택된 객체 수를 나타낸다.

⑭ 대상 : 측정 단위를 지정한다.

⑮ 파일 이름 및 경로 : 저장할 파일 이름 및 경로를 지정한다.

⑯ [...] : 표준 파일 선택 대화창을 표시한다.

⑰ 삽입 단위 : 자동 축척에 사용될 단위 값을 지정한다.

INSERT 명령 ★★★★☆

	명령어 ▶ INSERT
	단축키 ▶ INSERT
	리 본 ▶ 삽입 탭 > 블록 패널 > 삽입

명령 : INSERT ↵

삽입점 지정 또는 [기준점(B)/축척(S)/X/Y/Z/회전(R)] :

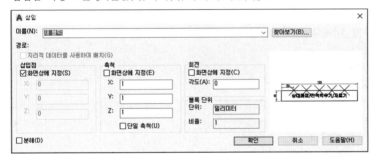

옵션

① 블록 이름(N) : 삽입 할 블록의 이름을 지정한다.

② 삽입점 : 블록 또는 도면의 위치를 지정한다.

③ 축척 비율 : 축척 비율을 지정한다.

④ 기준점 : 새 기준점 지정을 지정한다.

⑤ 축척 : X, Y, Z 축의 축척 비율을 설정한다.

⑥ 회전 : 블록의 삽입 각도를 설정한다.

⑦ 지리적 : 참조로 부착된 파일의 지리적 위치를 설정한다.

04 MINSERT(다중 삽입) 명령 ★★★☆☆

명령어	▶	MINSERT
단축키	▶	MINSERT

명령창에서 MINSERT를 입력한다.

명령 : MINSERT ↵
블록 이름 또는 [?] 입력 〈새 블록〉:

단위 : 밀리미터   변환 : 1.0000
삽입점 지정 또는 [기준점(B)/축척(S)/X/Y/Z/회전(R)] :
X축척 비율 입력, 반대구석 지정, 또는 [구석(C)/XYZ(XYZ)] 〈1〉 :
Y 축척 비율 입력 〈X 축척 비율 사용〉:
회전각도 지정 〈0〉 :
행 수 입력(———) 〈1〉 :
열 수 입력 (|||) 〈1〉 :

옵션

① 블록 이름 : 삽입 할 블록의 이름을 지정한다.
② 삽입점 : 블록 또는 도면의 위치를 지정한다.
③ 축척 비율 : 축척 비율을 지정한다.
④ 기준점(B) : 새 기준점 지정을 지정한다.
⑤ 축척(S) : X, Y, Z 축의 축척 비율을 설정한다.
⑥ 회전(R) : 블록의 삽입 각도를 설정한다.
⑦ X 축척 비율 사용 : X 축척 비율을 설정한다.
⑧ Y 축척 비율 사용 : Y 축척 비율을 설정한다.
⑨ 회전각도 지정〈0〉 : 회전각도를 지정한다.
⑩ 행 수 입력(———)〈1〉 : 행의 수를 지정한다.
⑪ 열 수 입력(|||)〈1〉 : 열 간격을 지정한다.

05 XPLODE(분해) 명령 → ★★★★★

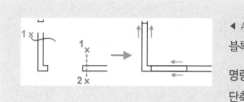

◀ AutoCAD 2021 도움말

블록을 기존 상태로 분해한다.

명령어 ❯ XPLODE

단축키 ❯ XPLODE

명령창에서 MINSERT를 입력한다.

명령 : XPLODE ↵
분해할 객체를 선택하십시오.
객체 선택 : 1개를 찾음
객체 선택 : ↵
1개의 객체를 찾았습니다.
옵션 입력
[전체(A)/색상(C)/도면층(LA)/선종류(LT)/선가중치(LW)/상위블록에서상속(I)/분해(E)] 〈분해(E)〉 :

객체 분해되었습니다.

🔧 옵션

① 전체 : 분해한 후 객체들의 색상, 선종류, 선가중치 및 도면층을 설정한다.
② 색상 : 분해한 후 객체의 색상을 설정한다.
③ 도면층 : 분해한 후 객체의 도면층을 설정한다.
④ 선종류 : 분해한 후 구성요소 객체들의 선종류를 설정한다.
⑤ 선가중치 : 분해한 후 객체의 선가중치를 설정한다.
⑥ 분해 : 해당 구성요소로 분해한다.(EXPLODE 명령과 동일)
⑦ 전체 : 선택한 모든 객체에 변경 사항을 적용한다.

06 GROUP 명령 ★★★☆☆

각각의 도면요소들을 하나로 그룹화 한다.

명령어	GROUP
단축키	GROUP
리 본	홈 탭 > 그룹 탭 > 그룹

명령 : GROUP ↵

객체 선택 또는 [이름(N)/설명(D)] : N

그룹 이름 또는 [?] 입력 : ?

나열할 그룹 이름(들) 입력 ⟨*⟩ :

정의된 그룹.   선택 가능

그룹 이름 또는 [?] 입력 :

객체 선택 또는 [이름(N)/설명(D)] : 1개를 찾음

객체 선택 또는 [이름(N)/설명(D)] :

이름 없는 그룹이 작성되었습니다.

C : \Users\LIM\appdata\local\temp\20210210_1_4741_4372.sv$(으)로 자동 저장 ...

 옵션

① 객체 선택 : 그룹화할 객체를 지정한다.

② 이름 : 선택한 항목 그룹에 이름을 지정한다.

③ 설명 : 그룹의 설명을 추가한다.

따라하기

1) 표면 거칠기 기호 만들기

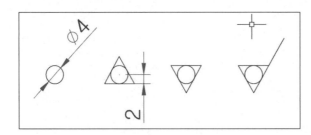

① 명령 : C ↵
 CIRCLE
 원에 대한 중심점 지정 또는 [3점(3P)/2점(2P)/Ttr – 접선 접선 반지름(T)] :
 원의 반지름 지정 또는 [지름(D)] : 2

② 명령 : POL ↵
 POLYGON
 면의 수 입력 〈4〉: 3
 폴리곤의 중심을 지정 또는 [모서리(E)] : CEN
 옵션을 입력 [원에 내접(I)/원에 외접(C)] 〈I〉: C
 원의 반지름 지정 : 2

③ 명령 : RO ↵
 ROTATE
 현재 UCS에서 양의 각도 : 측정 방향=시계 반대 방향 기준 방향=0
 객체 선택 : 1개를 찾음
 객체 선택 :
 기준점 지정 : 〈객체 스냅 켜기〉
 회전 각도 지정 또는 [복사(C)/참조(R)] 〈0〉: 180

④ 명령 : EXPLODE ↵
 객체 선택 : 1개를 찾음
 객체 선택 :

⑤ 명령 : CO ↵
 COPY
 객체 선택 : 1개를 찾음
 객체 선택 :
 현재 설정 : 복사 모드 = 다중(M)
 기본점 지정 또는 [변위(D)/모드(O)] 〈변위〉:
 두 번째 점 지정 또는 [배열(A)] 〈첫 번째 점을 변위로 사용〉:
 두 번째 점 지정 또는 [배열(A)/종료(E)/명령 취소(U)] 〈종료〉:

⑥ 명령 : BLOCK ↵
 삽입 기준점 지정 :
 윈도우(W) 올가미 스페이스바를 눌러 옵션 순환0개를 찾음
 객체 선택 : 반대 구석 지정 : 5개를 찾음
 객체 선택 :

2) 삽입하기

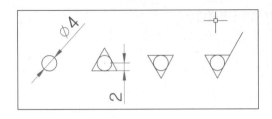 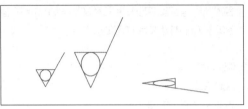

① 명령 : INSERT ↵

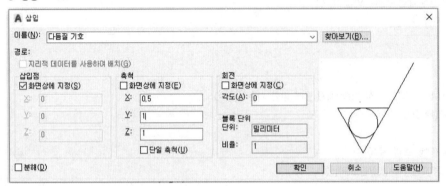

삽입점 지정 또는 [기준점(B)/축척(S)/X/Y/Z/회전(R)] :
X축척 비율 입력, 반대구석 지정, 또는 [구석(C)/XYZ(XYZ)] 〈1〉 :
객체 선택 : 1개를 찾음
객체 선택 : ↵
기준점 지정 또는 [변위(D)] 〈변위〉 :
두 번째 점 지정 또는 〈첫 번째 점을 변위로 사용〉 :

② 명령 : INSERT ↵
삽입점 지정 또는 [기준점(B)/축척(S)/X/Y/Z/회전(R)] :

명령 : INSERT ↵
삽입점 지정 또는 [기준점(B)/축척(S)/X/Y/Z/회전(R)] :
회전각도 지정 〈0〉 : -90

③ 명령 : INSERT ↵
삽입점 지정 또는 [기준점(B)/축척(S)/X/Y/Z/회전(R)] :

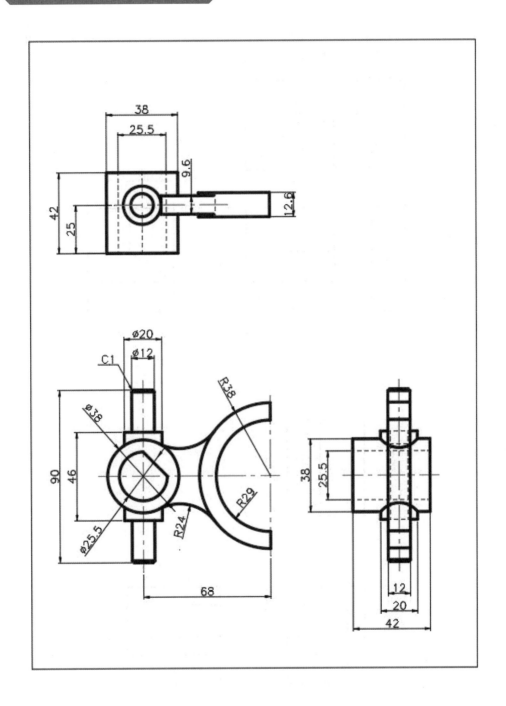

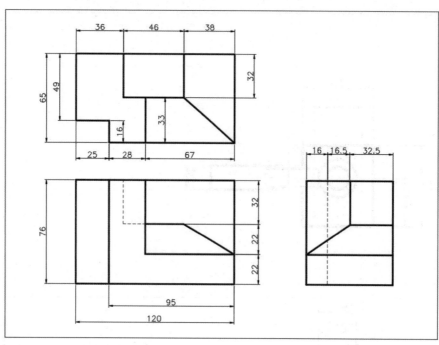

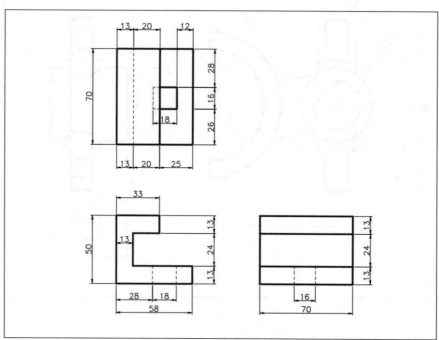

도면 출력 기능 익히기

작성한 도면을 종이(용지)에 출력한다.

01 출력(PLOT) 명령 🖨

도면을 플로터, 프린터 또는 파일로 플롯 한다.

명령어 ▶ PLOT

단축키 ▶ PLOT

명령창에서 PLOT을
입력한다.

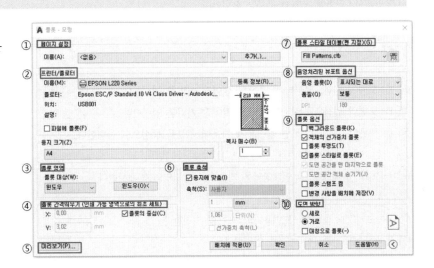

① 페이지 설정

– 목록

ⓐ 이름(A) : 저장한 목록을 선택한다.

ⓑ   **추가(.)...**   : 현재 설정된 값으로 저장한다.

ⓒ 새로운 플롯 이름(N) : 새로운 이름을 입력한다.

② 프린터 플로터

– 목록

ⓐ 이름(N) : 도면을 출력할 프린터를 선택한다.

ⓑ   **등록 정보(R)...**   : 윈도우 시스템의 프린터 등록정보를 사용할 프린터를 설정한다.

ⓒ 플로터 : 현재 설정한 출력장치를 표시한다.

ⓓ 위치 : 출력장치의 위치를 표시한다.

ⓔ 설명 : 출력장치에 대한 설명을 표시한다.

ⓕ ☑ 파일에 플롯(F) : 플로터, 프린터로 출력하지 않고, 파일로 저장한다.

③ 플롯 영역

– 목록

ⓐ 플롯 대상(W) : 플롯으로 출력할 도면영역을 설정한다.

ⓑ 윈도우 : 도면영역에서 마우스로 영역을 설정한다.

ⓒ 한계 : 도면의 한계영역(LIMITS)으로 설정한 부분만 출력한다.

ⓓ 화면표시 : 화면에 보이는 부분만 출력한다.

④ 플롯 간격띄우기

– 목록

ⓐ X : 도면의 원점으로부터 X 축으로 떨어진 거리를 입력한다.

ⓑ Y : 도면의 원점으로부터 Y 축으로 떨어진 거리를 입력한다.

ⓒ ☑ 플롯의 중심(C) : 도면 출력용지 가운데 부분을 중심으로 출력한다.

⑤ 미리보기 : 용지크기 및 인쇄영역을 기준으로 출력영역을 표시한다.

– 목록

ⓐ 용지크기(Z) : 출력 할 도면용지의 크기를 지정한다.

ⓑ 복사매수(B) : 복사할 매수를 입력한다.

⑥ 플롯 축척

 – 목록

ⓐ ☑ 용지에 맞춤(I) : 도면을 용지에 맞게 설정하여 출력한다.

ⓑ 축척(S) : 도면 용지에 출력할 비율을 지정한다.

ⓒ 단위(U) : 도면 용지 크기의 단위를 지정한다.

ⓓ ☑ 선가중치 축척 : 출력축척과 관계없이 선폭의 크기에 따라 출력 한다.

⑦ 플롯 스타일 테이블 지정(G)

 : 선택하여 출력 할 도면요소의 두께, 색상, 선 형태 등을 지정한다.

Ⓐ 편집

ⓐ 일반 : 플롯 스타일 테이블이름을 표시하고, 설명에 주서를 입력한다.

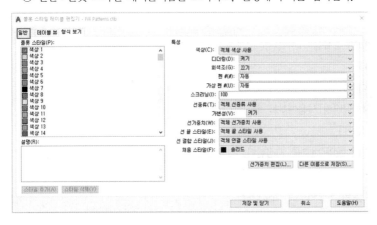

ⓑ ☑ 비 ISO 선종류에 전역 축척 비율(A)

 : ISO에서 설정한 선 종류에 축척 비율을 적용한다.

Ⓑ 테이블 뷰 : 색상의 종류에 따라 선 종류, 선가중치 등의 특성을 설정한다.

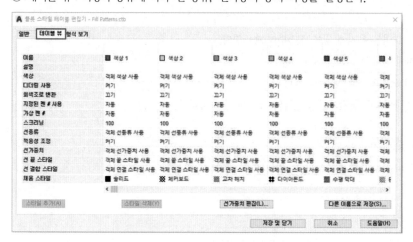

– 목록

ⓐ 이름 : 도면층에서 사용한 색상의 종류를 표시한다.

ⓑ 설명 : 색상에 설명을 입력한다.

ⓒ 색상 : 출력될 색상을 선택한다.

ⓓ 디더링(Dithering) 사용 설정 : 디더링 사용여부를 설정한다.

ⓔ 회색조로 변환 : 회색조로 설정한다.

ⓕ 지정된 펜 # 사용 : 펜 플로터의 펜의 번호를 지정한다.

ⓖ 가상 펜 # : 가상 펜의 사용여부를 설정한다.

ⓗ 스크리닝(Screenign) : 스크리닝의 사용여부를 설정한다.

ⓘ 선종류 : 선의 종류를 지정한다.

ⓙ 적응성 조정 : 적응성의 사용여부를 설정한다.

ⓚ 선가중치 : 선의 가중치를 지정한다.

ⓛ 선 끝 스타일 : 선의 끝 모양을 지정한다.

ⓜ 선 결합 스타일 : 선의 결합 모양을 지정한다.

ⓝ 채움 스타일 : 선의 채움 모양을 지정한다.

> 💡 **참고**
>
> • 디더링(Dithering) : 요구된 색상의 사용이 불가능할 때 다른 색상들을 섞어서 비슷한 색상을 내기 위해 컴퓨터에 의해 시도되는 것을 뜻한다.
> • 스크리닝(Screenign) : 생물 집단 가운데서 일정한 특성을 가진 유전자형이나 표현형을 갖는 개체만 고르는 일을 뜻한다.

ⓒ 형식 보기 : 선 종류, 선가중치 등의 특성을 도면 출력에 맞도록 설정한다.

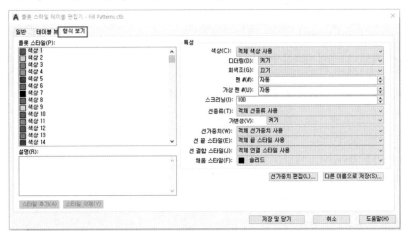

⑧ 음영 처리된 뷰포트 옵션

: 플롯 되는 방법을 지정하고 해상도 수준 및 dpi를 결정한다.

– 목록

ⓐ 음영 플롯(D) : 뷰가 플롯되는 방법을 지정한다.

ⓑ 표시되는 대로 : 화면에 표시되는 방식대로 객체를 출력한다.

ⓒ 기존 와이어프레임 : 기존 SHADEMODE 명령을 사용하는 와이어프레임의 객체이다.

ⓓ 기존 숨김 : 기존 SHADEMODE 명령을 사용하는 은선이 제거된 객체이다.

ⓔ 개념 : 방식에 관계없이 개념적 비주얼 스타일을 사용하여 객체를 출력한다.

ⓕ 숨김 : 방식에 관계없이 은선을 제거한 채 객체를 출력한다.

ⓖ 실제 : 방식에 관계없이 적용된 실제 비주얼 스타일을 사용하여 객체를 출력한다.

ⓗ 음영처리 : 방식에 관계없이 음영처리 비주얼 스타일을 사용하여 객체를 출력한다.

ⓘ 모서리로 음영처리됨 : 모서리 음영 처리 비주얼 스타일을 사용하여 객체를 출력한다.

ⓙ 회색 음영처리 : 회색 음영처리 비주얼 스타일을 사용하여 객체를 출력한다.

ⓚ 스케치 : 스케치 비주얼 스타일을 사용하여 객체를 출력한다.

ⓛ 와이어프레임 : 와이어프레임으로 객체를 출력한다.

ⓜ X레이 : X 레이 비주얼 스타일을 사용하여 객체를 출력한다.

ⓝ 렌더 : 렌더링 된 상태로 객체를 출력한다.

⑨ 플롯 옵션 : 선가중치, 투명도, 플롯 스타일, 음영처리 플롯 순서에 대한 옵션을 지정

– 목록

ⓐ ☑ 백그라운드 플롯(K) : 플롯이 배경에서 처리되도록 설정하여 출력한다.

ⓑ ☑ 객체의 선가중치 플롯 : 지정된 선가중치가 출력될지 여부를 설정 하여 출력한다.

ⓒ ☑ 플롯 투명도(T) : 객체 투명도를 출력하는지 여부를 설정하여 출력한다.

ⓓ ☑ 플롯 스타일로 플롯(E) : 출력 스타일의 출력 여부를 설정하여 출력한다.

ⓔ ☑ 도면 공간을 맨 마지막으로 플롯 : 모형 공간 형상을 먼저 설정하여 출력한다.

ⓕ ☑ 도면 공간 객체 숨기기(J) : 도면 공간에 적용될지 여부를 설정하여 출력한다.

ⓖ ☑ 플롯 스탬프를 켬 : 플롯 스탬프를 켠다.

ⓗ ☑ 변경 사항을 배치에 저장(V) : 출력 대화상자에서 변경한 사항을 저장한다.

⑩ 도면 방향 : 방향을 지원하는 플로터에 대해 용지의 도면 방향을 지정한다.

– 목록

ⓐ 세로 : 세로 방향으로 도면을 출력한다.

ⓑ 가로 : 가로 방향으로 도면을 출력한다.

ⓒ ☑ 대칭으로 플롯 : 도면을 위, 아래를 뒤집어 출력한다.

ⓓ 미리보기(P) : 도면의 출력 상태를 미리 확인한다.

ⓔ 배치에 적용(T) : 현재 출력 설정값을 현재 배치에 저장한다.

ⓕ 확인 : 도면을 출력하고 종료한다.

ⓖ 취소 : 도면을 출력하지 않고 종료한다.

ⓗ 도움말(H) : 도움말 대화상자를 연다.

02 용지설정(PAGESETUP) 명령

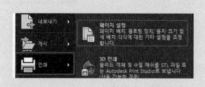

페이지 배치, 플로팅 장치, 용지 크기 및 각각의 새 배치에 대한 기타 설정을 조정한다.

명령어 ▶ PAGESETUP

단축키 ▶ PAG

명령창에서 PAGESETUP을 입력한다.

명령 : PAGESETUP ↵

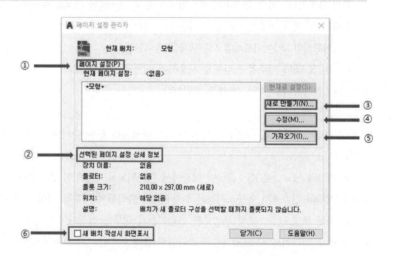

페이지 설정 관리자

옵션

① 페이지 설정(P) : 현재 페이지가 설정된 이름을 표시하고, 선택하여 수정한다.

② 선택된 페이지 설정 상세정보 : 페이지가 설정된 인쇄 장치의 정보를 표시한다.

③ 신규(N) : 페이지에 설정된 파일을 선택하고, 현재로 설정한다.

④ 현재로 설정(S) : 새로운 페이지를 설정한다.

⑤ 수정(M) : 페이지에 설정 대화상자에서 설정한다.

⑥ 가져오기(I) : 저장된 파일에서 페이지 설정을 가져온다.

⑦ ☑ 새 배치 작성 시 화면표시 : 새로운 페이지 설정을 표시한다.

명령 : PRE ↵

PREVIEW

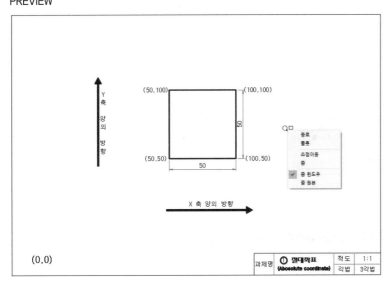

마우스 오른쪽 선택

① 나가기 : 화면 인쇄를 종료한다.

② 플롯 : 화면 인쇄 결과를 플로터(프린터)로 인쇄한다.

③ 초점 이동 : 미리 보기 영역의 이동 모드로 전환한다.

④ 줌 : 미리보기 영역을 확대/ 축소한다.

⑤ 줌 윈도우 : 미리보기 영역의 특정 영역만 선택하여 확대 축소한다.

⑥ 줌 원본 : 확대/축소 표시된 미리 보기 영역을 기본 크기로 표시한다.

 플로터 및 프린터 설치(PLOTTERMANAGER) 명령

플로터 구성을 추가하거나 편집할 수 있는 플로터 관리자를 표시한다.

명령 : PLOTTERMANAGER ↵

윈도우에 등록된 인쇄 장치를 사용하며, 인쇄환경을 제어하는 AutoCAD용 인쇄파일 (*.pc3)을 설치한다.

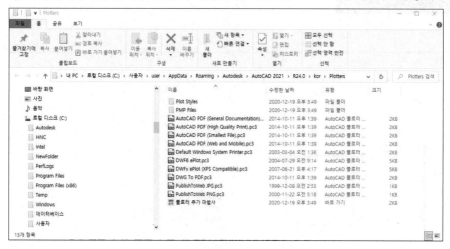

 인쇄유형관리(STYLESMANAGER) 명령

도면 인쇄에 사용할 인쇄 유형을 작성, 편집한다.

명령어 : STYLESMANAGER

플롯 스타일 폴더에서 플롯 스타일 테이블 추가 마법사를 시작하거나,

STB 또는 CTB 파일을 두 번 클릭하여 플롯 스타일 테이블 편집기를 열 수 있다.

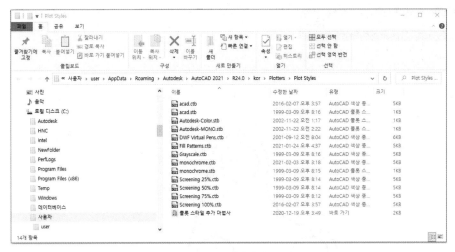

– 플롯 스타일 관리자 : 인쇄 유형의 설정값을 변경한다.

① 인쇄유형

Ⓐ 색상 종속 인쇄

Ⓑ 인쇄

Ⓒ 유형 확장자가 *.ctb 인 인쇄 유형 테이블 파일로 저장되며 도면요소의 인쇄 유형을 변경 한다.

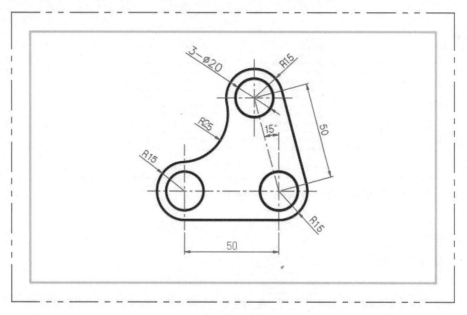

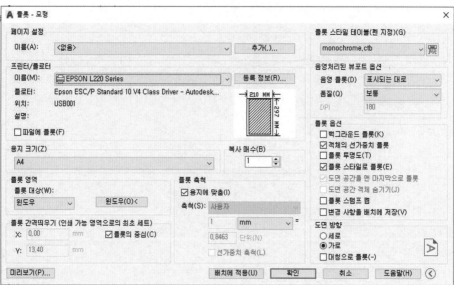

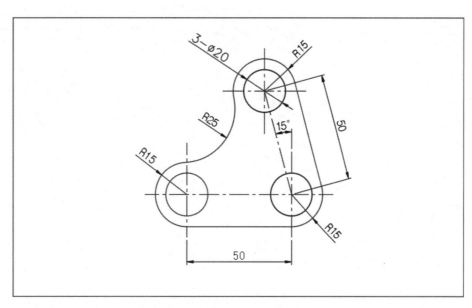

플롯 상자를 통하여 완성된 도형을 확인한다.

PART

02

AutoCAD
3차원 명령어

3차원 작업환경 이해와 구현

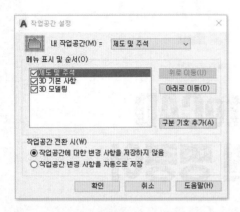

 **01** **3D 화면 변경과 좌표**

02 **3차원 작업 환경을 위한 환경 변경**

⌂03 VPOINT(관측점 설정) ★★★★★

명령어	❯	VPOINT
단축키	❯	VPO

명령 창에서 VPOINT를 입력한다.

명령 : VPOINT ↵

① 관측 각도 설정

  : 뷰 방향을 표준 좌표계(WCS) 또는 사용자 좌표계(UCS)를 기준으로 설정한다.

② WCS에 절대적 : 뷰 방향을 WCS에 상대적으로 설정한다.

③ UCS에 상대적 : 뷰 방향을 현재 UCS에 상대적으로 설정한다.

④ 시작점으로 스냅 : 관측 각도를 지정한다.

⑤ X축 : X 축으로부터의 각도를 지정한다.

⑥ XY 평면 : XY 평면으로부터의 각도를 지정한다.

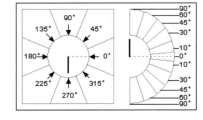

⑦ 평면 뷰로 설정

  : 선택된 좌표계를 기준으로 한 평면 뷰(XY 평면)를 표시하도록 관측 각도를 설정한다.

⌂04 VPOINT 기능

도면의 3D 시각화를 위한 뷰 방향을 설정합니다.

명령 : VPOINT ↵
현재 뷰 방향 : VIEWDIR=-278.3136,-333.1267,-460.6356
관측점 지정 또는 [회전(R)] ⟨나침반과 삼각대 표시⟩ :

① 관측점 : 도면을 볼 수 있는 방향을 정의하는 벡터를 작성한다.

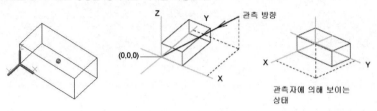

[그림 : AutoCAD 2021 도움말]

② 회전 : 두 개의 각도를 사용하여 새 뷰 방향을 지정한다.

　ⓐ X 축으로부터 XY 평면에 각도를 입력한다.

　ⓑ 첫 번째 각도는 XY 평면에서 X 축을 기준으로 지정된다.

　ⓒ XY 평면으로부터 각도를 입력한다.

　ⓓ 두 번째 각도는 XY 평면으로부터 위쪽으로 또는 아래쪽으로 지정된다.

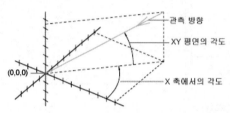

[그림 : AutoCAD 2021 도움말]

③ 나침반과 축 삼각대 : 뷰포트에서 뷰 방향을 정의하는 데 사용하는 나침반과 축 삼각대를 표시한다.

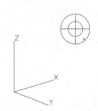

[그림 : AutoCAD 2021 도움말]

나침반은 구체를 2D로 표현한 것이다.
중심점(0,0,n)이고, 내부 원(n,n,0)이고, 전체 외부 원(0,0,-n)이다.

05 3D좌표 기능

- VPOINT 관찰시점

① 0,0,1 : 평면도 관찰(TOP VIEW)

② 0,0,-1 : 저면도 관찰(FRONT VIEW)

③ 1,0,0 : 우측면도 관찰(RIGHT VIEW)

④ -1,0,0 : 좌측면도 관찰(LEFT VIEW)

⑤ 0,1,0 : 저면도 관찰(BOTTOM VIEW)

⑥ 0,1,0 : 배면도 관찰(BACK VIEW)

⑦ 1,-1,1 : 입체도 관찰(SE VIEW)

⑧ 1,-2,1 : 정면도 위주의 입체 관찰

⑨ 2,-1,1 : 우측면도 위주의 관찰

① 관측점 좌표로 뷰 설정

Ⓐ 뷰 탭 > 3D 뷰 패널 > 관측점 클릭한다.(-VPOINT를 입력할 수 있다.)

Ⓑ 나침반 내부를 클릭하여 관측점을 지정한다.

선택한 관측점은 0,0,0의 방향에서 도면을 보는 데 사용된다.

② 두 회전 각도로 뷰 설정

Ⓐ 뷰 메뉴 3D 뷰 관측점을 클릭한다.(-VPOINT를 입력할 수 있다.)

Ⓑ r(회전)을 입력하여 두 각도를 사용하는 새 방향을 지정한다.

Ⓒ 양의 X축에서 측정된 XY 평면의 각도를 입력한다.

Ⓓ 0,0,0 방향의 모형을 XY 평면의 각도를 입력한다.

③ -VPOINT(AEC 규칙)로 표준 뷰 설정

Ⓐ 뷰 〉 메뉴 〉 3D 뷰 〉 관측점을 클릭한다.(-VPOINT를 입력할 수 있다.)

Ⓑ 원하는 관측점에 따라 XYZ 좌표 값을 입력한다.

(0,0,1 : 평면도 / 0,-1,0 : 정면도 / 1,0,0 : 우측면도 / 1,-1,1 : 등각투영 뷰)

④ -VPOINT(기계 설계 규칙)로 표준 뷰 설정

Ⓐ 뷰 메뉴 3D 뷰 관측점을 클릭한다.(-VPOINT를 입력할 수 있다.)

Ⓑ 원하는 관측점에 따라 XYZ 좌표 값을 입력한다.

(0,0,1 : 평면도 / 0,-1,0 : 정면도 / 1,0,0 : 우측면도 / 1,1,1 : 등각투영 뷰)

06 **VIEWCUBE 명령** ★★★★★

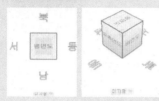 현재 뷰 방향을 나타낸다.

ViewCube를 끌거나 클릭하면 장면이 회전한다.

명령어 ❯ VIEWCUBE
단축키 ❯ VCU
리 본 ❯ 홈 탭 > 뷰 패널 > ViewCube

명령 : VCU ↵
NAVVCUBE
옵션 입력 [켜기(ON)/끄기(OFF)/설정(S)] 〈켜기〉 :

옵션

① 켜기 : ViewCube를 표시한다.
② 꺼짐 : ViewCube의 표시를 끈다.
③ 설정 : ViewCube의 모양 및 위치를 조정할 수 있는 대화상자를 표시한다.

---

 07 **3DOBRIT 명령** ★★★☆☆

명령어 ❯ 3DOBRIT
단축키 ❯ 3DO
탐색 패널 > 3DOBRIT

명령 : 3DO ↵
3DORBIT

기능

① 마우스를 통한 3D 대화식 보기 기능을 제공한다.

② 보기 옵션을 표시하려면 마우스 오른쪽 버튼을 클릭한다.

③ 3DORBIT를 실행하면 현재 뷰포트에서 3D 궤도 뷰와 3D 궤도 커서 아이콘이 표시된다.

④ 3DORBIT 명령이 활성화된 동안에는 객체를 편집할 수 없다.

⑤ 커서를 수평으로 끄면 카메라는 표준 좌표계(WCS)의 XY 평면과 평행으로 이동한다.

⑥ 커서를 수직으로 끄는 경우 카메라는 Z 축을 따라 이동한다.

⑦ 뷰 회전 기준과 관련된 표적 포인트를 나타내는 작고 어두운 구가 임시로 표시된다.

⑧ 명령 활성 상태일 때 마우스 오른쪽 버튼 클릭 시 바로 가기에 추가 옵션이 표시된다.

⑨ 기본적으로 객체를 하나 이상 선택한 후에 이 명령을 시작하면 해당 객체만 표시된다.

⑩ Shift 키, 마우스 휠 누르고 커서 이동 시 3D 궤도 모드를 임시로 지정할 수 있다.

> **중요사항**
>
> 큰 3D 솔리드 또는 표면 모형에서 뷰를 처음 회전할 때 성능을 크게 향상하려면,
> 2D 와이어프레임 비주얼 스타일이 아닌 3D 비주얼 스타일을 사용하여 도면을 저장한다.
> 2D 와이어프레임 비주얼 스타일은 주로 2D 도면을 위해 설계되었다.

명령 : 3DO ↵

3DORBIT

Esc 키 또는 ENTER 키를 눌러 종료하거나 오른쪽 클릭하여 바로 가기 메뉴를 표시하십시오.

모형 재생성 중.

UCS(사용자 좌표계)

UCS(사용자 좌표계) 명령 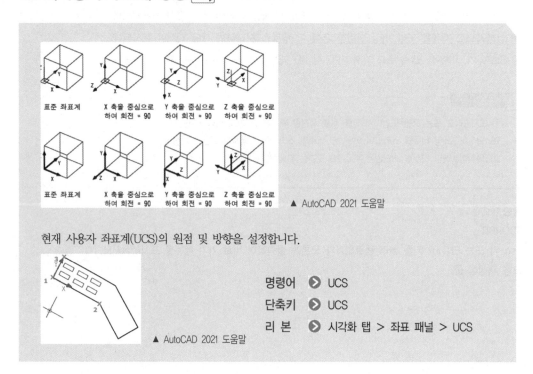 ★★★★★

표준 좌표계   X 축을 중심으로   Y 축을 중심으로   Z 축을 중심으로
하여 회전 = 90   하여 회전 = 90   하여 회전 = 90

표준 좌표계   X 축을 중심으로   Y 축을 중심으로   Z 축을 중심으로
하여 회전 = 90   하여 회전 = 90   하여 회전 = 90

▲ AutoCAD 2021 도움말

현재 사용자 좌표계(UCS)의 원점 및 방향을 설정합니다.

▲ AutoCAD 2021 도움말

명령어	●	UCS
단축키	●	UCS
리 본	●	시각화 탭 > 좌표 패널 > UCS

명령 : UCS ↵
현재 UCS 이름 : *이름 없음*
UCS의 원점 지정 또는 [면(F)/이름(NA)/객체(OB)/이전(P)/뷰(V)/표준(W)/X(X)/Y(Y)/Z(Z)/Z축(ZA)] 〈표준〉 :

옵션

① UCS의 원점 : 한 개, 두 개 또는 세 개의 점을 사용하여 새 UCS를 정의 한다.
   Ⓐ 하나의 점을 지정할 경우
     : X축, Y축 , Z축의 방향을 변경 않고 현재 UCS의 원점이 이동한다.
   Ⓑ 두 번째 점을 지정할 경우
     : 이 점을 관통하여 양의 X축이 통과하도록 UCS가 회전 한다.
   Ⓒ 세 번째 점을 지정할 경우
     : 양의 Y축을 정의하기 위해 새 X축 주위에서 UCS가 회전 한다.
     이들 세 점은 원점, 양의 X축 위의 점, 양의 XY 평면 위의 점을 지정한다.

> 좌표를 입력할 때 Z 좌표 값을 지정하지 않으면 현재 Z 값이 사용된다.

> 💡 **참고**
>
> UCS 아이콘 원점 그립을 선택하여 직접 새 위치로 끌거나 원점 그립 메뉴에서 원점만 이동을 선택할 수 있다.

② 면(F) : 3D 객체에서 동적으로 UCS를 면에 정렬한다.

              UCS가 어떻게 정렬될지 미리 보려면 면 위로 커서를 이동한다.

> 💡 **참고**
>
> 또한 UCS 아이콘을 선택하고 끌어(또는 원점 그립 메뉴에서 이동 및 정렬 선택) UCS와 면을 동적으로 정렬할 수 있다.

   Ⓐ 다음 : 인접 면 또는 선택한 모서리의 뒷면에 UCS를 배치한다.

   Ⓑ X반전 : UCS를 X축 둘레로 180도 회전한다.

   Ⓒ Y반전 : UCS를 Y축 둘레로 180도 회전한다.

   Ⓓ 수락 : 변경 사항을 수락하고 UCS를 배치한다.

   Ⓔ 명명됨 : 명명된 UCS 정의를 저장하거나 복원한다.

> 💡 **참고**
>
> UCS 아이콘을 마우스 오른쪽 버튼으로 클릭하고 명명된 UCS를 클릭하여 명명된 UCS 정의를 저장하거나 복원할 수 있다.
> 명명된 UCS 정의를 자주 사용하는 경우
> 복원, 저장, 삭제 및 ? 옵션을 직접 초기 UCS 프롬프트에 입력하면 명명됨 옵션을 사용할 필요가 없다.

③ 이름(NA) : 복원할 UCS 정의의 이름을 지정한다.

④ 객체(OB) : UCS를 선택한 2D 또는 3D 객체로 정렬한다.

⑤ 이전(P) : UCS를 복원합니다.

⑥ 뷰(V) : UCS의 XY 평면을 뷰 방향에 대해 직교인 평면에 맞춰 정렬한다.

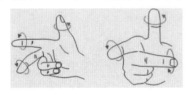

◀ 네이버 도움말

   Ⓐ 오른손 엄지로 양의 X축 방향을 가리키고 나머지 손가락을 구부린다.

   (축에 대한 양의 회전 방향)

   Ⓑ 오른손 엄지로 양의 Y축 방향을 가리키고 나머지 손가락을 구부린다.

   (축에 대한 양의 회전 방향)

ⓒ 오른손 엄지로 양의 Z축 방향을 가리키고 나머지 손가락을 구부린다.

(축에 대한 양의 회전 방향)

ⓓ 원점과 X, Y 또는 Z축 둘레로 하나 이상의 회전을 지정 모든 UCS를 정의할 수 있다.

⑦ 표준(W) : UCS를 표준 좌표계(WCS)와 정렬한다.

⑧ X, Y, Z : 지정한 축을 중심으로 현재 UCS를 회전한다.

X   Y   Z

▲ AutoCAD 2021 도움말

원점과 X, Y 또는 Z축 둘레로 하나 이상의 회전을 지정하여 모든 UCS를 정의할 수 있다.

⑨ Z축 : UCS를 지정된 양의 Z축으로 정렬한다.

UCS 원점은 첫 번째 점으로 이동하고 양의 Z축은 두 번째 점을 통과하게 된다.

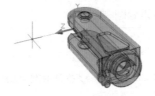

◀ AutoCAD 2021 도움말

⑩ 〈표준〉 : UCS를 표준 좌표계(WCS)와 정렬한다.

3D 기본 도형(PRIMITIVES)

★★★★★

이러한 명령 및 시스템 변수를 사용하여 기본체 3D 솔리드 객체를 작성한다.

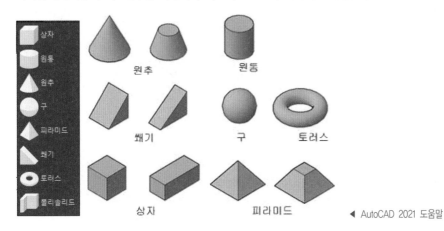

◀ AutoCAD 2021 도움말

01 BOX 명령 ★★★★★

◀ AutoCAD 2021 도움말

3D 솔리드 상자를 작성한다.

명령어 ▶ BOX
단축키 ▶ BO
리 본 ▶ 홈 탭 > 작성 패널 > 상자

명령 : BO ↵
BOX
첫 번째 구석 지정 또는 [중심(C)] :
반대 구석 지정 또는 [정육면체(C)/길이(L)] :
높이 지정 또는 [2점(2P)] 〈1.0000〉 :

① 첫 번째 구석 : 첫 번째 구석을 설정하여 상자를 시작한다.

② 반대 구석 : 상자 밑면의 반대 구석 및 높이를 설정한다.

③ 정육면체 : 변 길이가 모두 같은 상자를 작성한다.

④ 길이 : 지정된 길이, 폭 및 높이 값으로 상자를 작성한다.
　　　 (길이 X축, 폭 Y축, 높이 Z축)

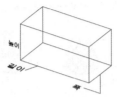

⑤ 중심 : 지정된 중심점을 사용하여 상자를 작성한다.

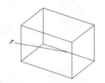

⑥ 2Point : 상자의 높이가 지정된 두 점 사이의 거리가 되도록 지정한다.

따라하기

상자(BOX)

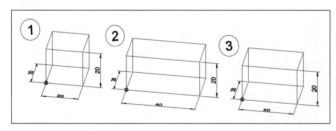

① 명령 : BOX ↵
　 첫 번째 구석 지정 또는 [중심(C)] : 임의의 시작점
　 반대 구석 지정 또는 [정육면체(C)/길이(L)] : @20,20,20

② 명령 : BOX ↵
　 첫 번째 구석 지정 또는 [중심(C)] : 임의의 시작점
　 반대 구석 지정 또는 [정육면체(C)/길이(L)] : @40,30,20

③ 명령 : BOX ↵
　 첫 번째 구석 지정 또는 [중심(C)] : 임의의 시작점
　 반대 구석 지정 또는 [정육면체(C)/길이(L)] : @30,20,20

02 CYLINDER 명령 ★★★★★

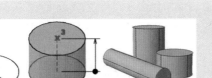

◀ AutoCAD 2021 도움말

3D 솔리드 원통을 작성한다.

명령어 ❯ CYLINDER
단축키 ❯ CYL
리 본 ❯ 홈 탭 > 작성 패널 > 원통

도면 세션 동안 밑면 반지름의 기본값은 항상 이전에 입력한 밑면 반지름 값이다.

명령 : CYL ↵
CYLINDER
기준 중심점 지정 또는 [3P(3P)/2P(2P)/Ttr-접선 접선 반지름(T)/타원형(E)] :
밑면 반지름 지정 또는 [지름(D)] 〈20.0000〉 :
높이 지정 또는 [2점(2P)/축 끝점(A)] 〈30.0000〉 :

옵션

① 3P(세 점) : 세 점을 지정하여 원통의 밑면 원주 및 밑면 평면을 정의한다.
② 2점 : 원통의 높이가 지정된 두 점 사이의 거리가 되도록 지정한다.
③ 축 끝점 : 원통 축에 대한 끝점 위치를 지정한다.
④ 2P(두 점) : 두 점을 지정하여 원통의 밑면 지름을 정의한다.
⑤ TTR(접선, 접선, 반지름)
　: 두 객체에 접하는 지정된 반지름을 갖는 원통의 밑면을 정의한다.
⑥ 원통에 대해 타원형 밑면을 지정한다.
⑦ 중심 : 지정한 중심점을 사용하여 원통의 밑면을 작성한다.
⑧ 지름 : 원통의 밑면에 대한 지름을 지정한다.

03 CONE 명령 ★★★★★

▲ AutoCAD 2021 도움말

3D 솔리드 원추를 작성한다.

명령어	CONE
단축키	CONE
리 본	홈 탭 > 작성 패널 > 원추

명령 : CONE ↵
CONE
기준 중심점 지정 또는 [3P(3P)/2P(2P)/Ttr-접선 접선 반지름(T)/타원형(E)] :
밑면 반지름 지정 또는 [지름(D)] :
높이 지정 또는 [2점(2P)/축 끝점(A)/상단 반지름(T)] 〈24.0000〉 : ↵

옵션

밑면의 중심점
① 2점 : 원추의 높이가 지정된 두 점 사이의 거리가 되도록 지정한다.
② 축 끝점 : 원추 축의 끝점 위치를 지정한다.
③ 상단 반지름 : 원추 절두체를 작성할 때 원추의 상단 반지름을 지정한다.
④ 지름 : 원추 밑면의 지름을 설정합니다.
⑤ 3P(세 점) : 세 점을 지정하여 원추의 밑면 원주 및 밑면 평면을 정의한다.
⑥ 2P(두 점) : 두 점을 지정하여 원추의 밑면 지름을 정의한다.
⑦ TTR(접선, 접선, 반지름) : 두 객체에 접하는 지정된 반지름 원추의 밑면을 정의한다.
⑧ 타원형 : 원추의 타원형 밑면을 지정한다.
⑨ 중심 : 지정한 중심점을 사용하여 원추의 밑면을 작성한다.

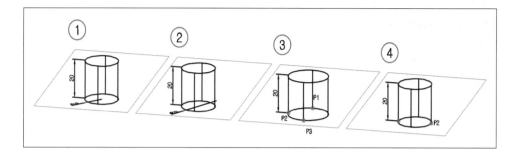

① 명령 : CYL ↵

CYLINDER

기준 중심점 지정 또는 [3P(3P)/2P(2P)/Ttr-접선 접선 반지름(T)/타원형(E)]:

밑면 반지름 지정 또는 [지름(D)] 〈1.0000〉: 10

높이 지정 또는 [2점(2P)/축 끝점(A)] 〈20.0000〉: 20

② 명령 : CYLINDER ↵

기준 중심점 지정 또는 [3P(3P)/2P(2P)/Ttr-접선 접선 반지름(T)/타원형(E)]:

밑면 반지름 지정 또는 [지름(D)] 〈10.0000〉: D

지름 지정 〈20.0000〉: 20

높이 지정 또는 [2점(2P)/축 끝점(A)] 〈20.0000〉: 20

③ 명령 : CYLINDER ↵

기준 중심점 지정 또는 [3P(3P)/2P(2P)/Ttr-접선 접선 반지름(T)/타원형(E)]: 3P

첫 번째 점 지정:

두 번째 점 지정:

세 번째 점 지정:

높이 지정 또는 [2점(2P)/축 끝점(A)] 〈20.0000〉:

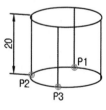

④ 명령 : CYLINDER ↵

기준 중심점 지정 또는 [3P(3P)/2P(2P)/Ttr-접선 접선 반지름(T)/타원형(E)]: 2P

지름의 첫 번째 끝점을 지정:

지름의 두 번째 끝점을 지정: 20

높이 지정 또는 [2점(2P)/축 끝점(A)] 〈20.0000〉: 20

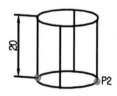

⑤ 명령 : CYL ↵

CYLINDER

기준 중심점 지정 또는 [3P(3P)/2P(2P)/Ttr–접선 접선 반지름(T)/타원형(E)] : T

첫 번째 접점으로 사용할 객체 위의 점 지정 : _tan 대상

두 번째 접점으로 사용할 객체 위의 점 지정 : _tan 대상

원의 반지름 지정 〈15.0000〉 : 15

높이 지정 또는 [2점(2P)/축 끝점(A)] 〈25.0000〉 : 25

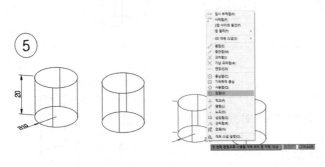

첫 번째 접점으로 사용할 객체 위의 점 지정 :
_tan 대상

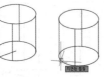

두 번째 접점으로 사용할 객체 위의 점 지정 : _tan 대상

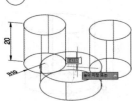

원의 반지름 지정 〈15.0000〉 : 15

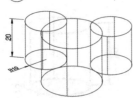

높이 지정 또는 [2점(2P)/축 끝점(A)] 〈25.0000〉 : 25

① 명령 : CYL ↵

CYLINDER

기준 중심점 지정 또는 [3P(3P)/2P(2P)/Ttr-접선 접선 반지름(T)/타원형(E)] : E

첫 번째 축의 끝점 지정 또는 [중심(C)] : 〈객체 스냅 켜기〉 QUA (P1)

첫 번째 축의 다른 끝점 지정 : QUA (P2)

두 번째 축의 끝점 지정 : 15 (P3)

높이 지정 또는 [2점(2P)/축 끝점(A)] 〈20.0000〉 : 25 (P4) ↵

② 명령 : CYL ↵

CYLINDER

기준 중심점 지정 또는 [3P(3P)/2P(2P)/Ttr-접선 접선 반지름(T)/타원형(E)] : E

첫 번째 축의 끝점 지정 또는 [중심(C)] : C

중심점 지정 : 〈객체 스냅 켜기〉 (P1)

첫 번째 축까지의 거리 지정 〈15.0000〉 : 20 (P2)

두 번째 축의 끝점 지정 : 15 (P3)

높이 지정 또는 [2점(2P)/축 끝점(A)] 〈25.0000〉 : 25 (P4)

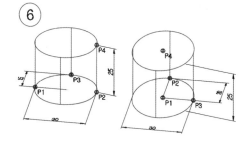

04 SPHERE(구) 명령 ★★★★★

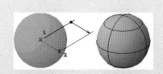 ◀ AutoCAD 2021 도움말

3D 솔리드 구를 작성한다.

중심점과 반지름 위의 점을 지정하여 구를 작성할 수 있다.

명령어 ❯ SPHERE

단축키 ❯ SPHERE

리 본 ❯ 홈 탭 > 작성 패널 > 구

명령 : SPHERE ↵

중심점 지정 또는 [3점(3P)/2점(2P)/Ttr-접선 접선 반지름(T)] :

반지름 지정 또는 [지름(D)] 〈15.0000〉 :

① 중심점 : 구의 중심점을 지정한다.

② 반지름 : 구의 반지름을 정의한다.

③ 지름 : 구의 지름을 정의한다.

④ 3P(세 점) : 3D 공간 임의의 위치에 3개 점을 지정하여 구의 원주를 정의한다.

⑤ 2P(두 점) : 3D 공간 임의의 위치에 2개 점을 지정하여 구의 원주를 정의한다.

⑥ TTR(접선, 접선, 반지름) : 두 객체에 접하며 지정된 반지름을 갖는 원을 그린다.

 따라하기

SPHERE

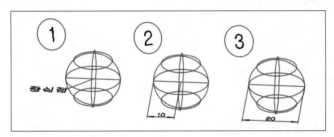

① 명령 : SP ↵

SPHERE

중심점 지정 또는 [3점(3P)/2점(2P)/Ttr−접선 접선 반지름(T)] :

반지름 지정 또는 [지름(D)] 〈15.0000〉 : ↵

② 명령 : SP ↵

SPHERE

중심점 지정 또는 [3점(3P)/2점(2P)/Ttr−접선 접선 반지름(T)] : 임의의 시작점

반지름 지정 또는 [지름(D)] 〈15.0000〉 : 10 ↵

③ 명령 : SP ↵

SPHERE

중심점 지정 또는 [3점(3P)/2점(2P)/Ttr−접선 접선 반지름(T)] : 임의의 시작점

반지름 지정 또는 [지름(D)] 〈10.0000〉 : D

지름 지정 〈20.0000〉 : 20 ↵

PYRAMID(피라미드) 명령 ★★★★★

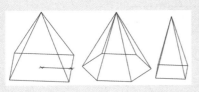

3D 솔리드 피라미드를 작성한다.

명령어 ▶ PYRAMID
단축키 ▶ PYR
리 본 ▶ 홈 탭 > 작성 패널 > 피라미드

기본적으로 피라미드는 기준점의 중심, 모서리의 중간점 및 높이를 결정하는 다른 점에 의해 정의된다.

명령 : PYR ↵

PYRAMID
기준 중심점 지정 또는 [모서리(E)/변(S)] :
밑면 반지름 지정 또는 [내접(I)] 〈10〉 :
높이 지정 또는 [2점(2P)/축 끝점(A)/상단 반지름(T)] 〈30.0000〉 : ↵

옵션

① 밑면의 중심점 : 피라미드 밑면의 중심점을 설정한다.
② 모서리 : 두 점을 지정하여 표시한 피라미드 밑면의 한쪽 모서리 길이를 설정한다.
③ 면 : 피라미드의 면수를 설정한다. (3 – 32 사이의 양수 값을 입력)
④ 내접 : 밑면을 밑면 반지름에 내접 또는 밑면 반지름 안에 그릴 지 지정한다.
⑤ 외접 : 밑면 반지름에 외접 또는 피라미드의 밑면 반지름 주위로 그릴지 지정한다.
⑥ 2점(높이) : 피라미드의 높이가 지정된 두 점 사이의 거리가 되도록 지정한다.
⑦ 축 끝점 : 피라미드 축의 끝점 위치를 지정한다.
⑧ 상단 반지름 : 피라미드의 상단 반지름을 지정하여 피라미드 절두체를 작성한다.
　Ⓐ 2점 : 피라미드의 높이가 지정된 두 점 사이의 거리가 되도록 지정한다.
　Ⓑ 축 끝점 : 피라미드 축의 끝점 위치를 지정한다.

PYRAMID

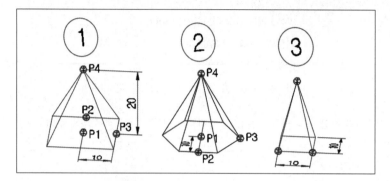

① 명령 : _pyramid

4 면   외접

기준 중심점 지정 또는 [모서리(E)/변(S)] :

밑면 반지름 지정 또는 [내접(I)] 〈7.0711〉: 〈직교 켜기〉 10

높이 지정 또는 [2점(2P)/축 끝점(A)/상단 반지름(T)] 〈20.0000〉: 20

② 명령 : _pyramid 피라미드

기준 중심점 지정 또는 [모서리(E)/변(S)] : S

면의 수 입력 〈4〉: 6

기준 중심점 지정 또는 [모서리(E)/변(S)] :

밑면 반지름 지정 또는 [내접(I)] 〈14.1421〉: 10

높이 지정 또는 [2점(2P)/축 끝점(A)/상단 반지름(T)] 〈20.0000〉: 20

③ 명령 : PYRAMID ↵

기준 중심점 지정 또는 [모서리(E)/변(S)] : S

면의 수 입력 〈6〉: 4

기준 중심점 지정 또는 [모서리(E)/변(S)] : E

모서리의 첫 번째 끝점 지정 :

모서리의 두 번째 끝점 지정 :

높이 지정 또는 [2점(2P)/축 끝점(A)/상단 반지름(T)] 〈20.0000〉: 20

06 WEDGE(쐐기) 명령 ★★★★★

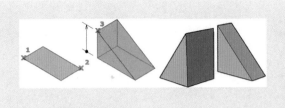

◀ AutoCAD 2021 도움말

3D 솔리드 쐐기를 작성한다.

명령어	❯	WEDGE
단축키	❯	WED
리 본	❯	홈 탭 > 작성 패널 > 쐐기

테이퍼의 방향은 항상 UCS의 X축 양의 방향이다

양의 값을 입력하면 현재 UCS의 Z축 양의 방향을 따라 높이가 그려진다.

음의 값을 입력하면 Z축 음의 방향을 따라 높이가 그려진다.

명령 : WED ↵

WEDGE

첫 번째 구석 지정 또는 [중심(C)] :

반대 구석 지정 또는 [정육면체(C)/길이(L)] :

높이 지정 또는 [2점(2P)] ⟨50.0000⟩ :

옵션

① 첫 번째 구석 : 쐐기 밑면의 첫 번째 구석을 설정한다.

② 반대 구석 : X,Y 평면 위에서 쐐기 밑면의 반대쪽 구석을 설정한다.

③ 중심 : 지정된 중심점을 사용하여 삼각기둥을 작성한다.

④ 정육면체 : 변의 길이가 동일한 삼각기둥을 작성한다.

⑤ 길이 : 지정한 길이, 폭 및 높이의 값으로 삼각기둥을 작성한다.

   (길이 X축, 폭 Y축, 높이 Z축)

⑥ 높이 : 쐐기의 높이를 설정한다.

⑦ 2점(높이) : 두 점 사이의 거리를 지정하여 쐐기의 높이를 정의한다.

WEDGE

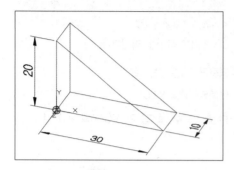

명령 : _wedge
첫 번째 구석 지정 또는 [중심(C)] :
반대 구석 지정 또는 [정육면체(C)/길이(L)] : @30,10,20

07 TORUS(토러스) 명령 ◎ ★★★★★

◀ AutoCAD 2021 도움말

도넛 모양의 3D 솔리드를 작성한다.

토러스의 중심점을 지정한 다음 반지름 또는 지름을 지정하고 토러스를 둘러싸는 튜브의 반지름 또는
지름을 지정하여 토러스를 작성할 수 있다.

명령어 ❯ TORUS
단축키 ❯ TOR
리 본 ❯ 홈 탭 > 작성 패널 > 토러스

명령 : TOR ↵
TORUS
중심점 지정 또는 [3점(3P)/2점(2P)/Ttr −접선 접선 반지름(T)] :
반지름 지정 또는 [지름(D)] 〈95.0000〉 :
튜브 반지름 지정 또는 [2점(2P)/지름(D)] :

① 중심점 : 토러스의 중심점을 지정한다.

② 3P(세 점) : 지정한 3점을 가진 토러스의 원주를 정의한다.

③ 2P(두 점) : 지정한 2점을 가진 토러스의 원주를 정의한다.

④ TTR(접선, 접선, 반지름) : 지정된 반지름이 두 객체에 접하는 토러스를 그린다.

⑤ 토러스의 반지름 정의 : 토러스의 중심에서 튜브의 중심까지의 거리 음의 반지름을 사용하면 축구공(미식) 모양의 솔리드가 작성된다.

⑥ 반지름 : 튜브의 반지름을 정의한다.

⑦ 지름 : 튜브의 지름을 정의한다.

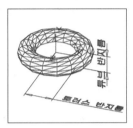

⑧ 지름 : 토러스의 지름을 정의한다.(반지름/지름)

 따라하기

TORUS

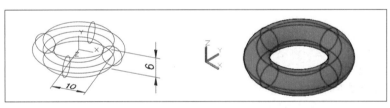

명령 : _torus ● 토러스

중심점 지정 또는 [3점(3P)/2점(2P)/Ttr-접선 접선 반지름(T)] :

반지름 지정 또는 [지름(D)] 〈10.0000〉 : 10

튜브 반지름 지정 또는 [2점(2P)/지름(D)] 〈1.0000〉 : 3

POLYSOLID(폴리솔리드) 명령  ★★★★☆

◀ AutoCAD 2021 도움말
벽 하나 또는 일련의 벽 쉐이프에서 3D 솔리드를 작성한

명령어	▶ POLYSOLID
단축키	▶ POLYS
리 본	▶ 홈 탭 > 작성 패널 > 폴리솔리드

일정한 높이와 폭을 가진 직선 및 곡선으로 3D 벽을 작성할 수 있다.
폴리선 처럼 POLYSOLID를 사용하여 3D 솔리드를 작성할 수 있다.

명령 : POLYS ↵
POLYSOLID
높이 = 80.0000, 폭 = 5.0000, 자리맞추기 = 중심
시작점 지정 또는 [객체(O)/높이(H)/폭(W)/자리맞추기(J)] 〈객체〉:
다음 점 지정 또는 [호(A)/명령 취소(U)] :
다음 점 지정 또는 [호(A)/닫기(C)/명령 취소(U)] : ↵

옵션

① 시작점 : 폴리솔리드의 시작점을 지정한다.
② 객체(O) : 3D 솔리드로 변환하기 위한 2D 객체 선택을 지정한다.
③ 높이(H) : 폴리솔리드의 높이를 지정한다.
④ 폭(W) : 폴리솔리드의 폭을 지정한다.
⑤ 자리 맞추기(J) : 폴리솔리드의 폭을 배치할 위치를 지정한다.
⑥ 다음 점 : 폴리솔리드 프로파일의 다음 점을 지정한다.
⑦ 호(A) : 폴리솔리드 프로파일에 호를 추가한다.
⑧ 닫기(C) : 마지막 정점에서 폴리솔리드 프로파일의 시작 지점까지 선형 또는 호를 작성하여 폴리솔리드를 닫는다.
⑨ 방향(D) : 시작 접선 방향 및 끝점을 설정하여 호를 지정한다.
⑩ 선 : 호를 종료하고 직선으로 돌아온다.
⑪ 두 번째 점 : 3점 호 세그먼트의 두 번째 점과 끝점을 지정한다.
⑫ 명령 취소 : 가장 최근에 폴리솔리드 프로파일에 추가한 호를 제거한다.
⑬ 닫기 : 지정된 마지막 점에서 폴리솔리드의 시작점까지 선 또는 호를 작성하여 폴리솔리드를 닫는다. (사용하려면 점을 세 개 이상 지정)
⑭ 명령 취소(U) : 가장 최근에 폴리솔리드에 추가한 것을 제거한다.

따라하기

POLYSOLID

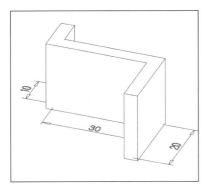

🔧 **옵션**

높이 = 20.0000
폭 = 4.0000
자리맞추기 = 중심

명령 : _Polysolid
높이 = 20.0000, 폭 = 4.0000, 자리맞추기 = 중심
시작점 지정 또는 [객체(O)/높이(H)/폭(W)/자리맞추기(J)] 〈객체〉: 임의 점
다음 점 지정 또는 [호(A)/명령 취소(U)] : 〈직교 켜기〉 10
다음 점 지정 또는 [호(A)/명령 취소(U)] : 〈직교 켜기〉 30
다음 점 지정 또는 [호(A)/닫기(C)/명령 취소(U)] : 〈직교 켜기〉 20
다음 점 지정 또는 [호(A)/닫기(C)/명령 취소(U)] :

09 FILLETEDGE(솔리드모깎기) 명령 ★★★★★

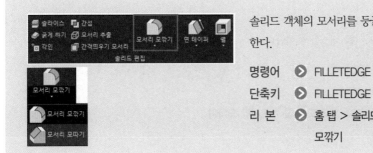

솔리드 객체의 모서리를 둥글게 처리하거나 모깎기
한다.

명령어 ▶ FILLETEDGE
단축키 ▶ FILLETEDGE
리 본 ▶ 홈 탭 > 솔리드> 솔리드 편집 〉 모서리
모깎기

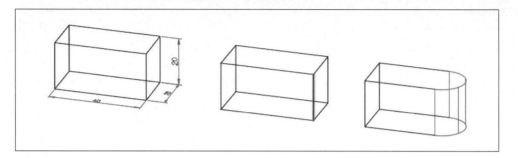

명령 : F ↵

FILLET

현재 설정 : 모드 = 자르기, 반지름 = 0.0000

첫 번째 객체 선택 또는 [명령 취소(U)/폴리선(P)/반지름(R)/자르기(T)/다중(M)] : R

모깎기 반지름 지정 〈0.0000〉 : 10

첫 번째 객체 선택 또는 [명령 취소(U)/폴리선(P)/반지름(R)/자르기(T)/다중(M)] :

모깎기 반지름 입력 또는 [표현식(E)] 〈10.0000〉 :

모서리 선택 또는 [체인(C)/루프(L)/반지름(R)] :

모서리 선택 또는 [체인(C)/루프(L)/반지름(R)] :

2개의 모서리(들)이(가) 모깎기를 위해 선택됨.

 옵션

① 모서리 선택 : 모깎기 할 동일한 솔리드 본체에서 하나 이상의 모서리를 지정한다.

② 체인 : 모서리가 서로 접하는 경우 둘 이상의 모서리를 지정한다.

③ 루프 : 솔리드 면에 모서리 루프를 지정한다.

④ 반지름 : 반지름 값을 지정한다.

---

10 CHAMFEREDGE(솔리드 모따기) 명령 ★★★★★

3D 솔리드 및 표면의 모서리를 비스듬히 깎습니다.

명령어 CHAMFEREDGE

단축키 ◐ CHAMFEREDGE

리 본 ◐ 홈 탭 > 솔리드> 솔리드 편집 〉 모서리 모따기

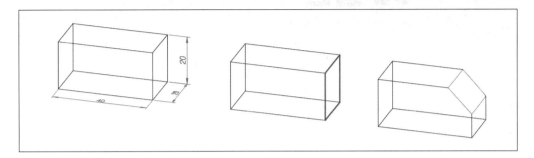

명령 : CHA ↵

CHAMFER

(자르기 모드) 현재 모따기 거리1 = 1.0000, 거리2 = 1.0000

첫 번째 선 선택 또는 [명령 취소(U)/폴리선(P)/거리(D)/각도(A)/자르기(T)/메서드(E)/다중(M)] :

기준 표면 선택...

표면 선택 옵션 입력 [다음(N)/확인(OK)] 〈확인(OK)〉 :

기준 표면 모 따기 거리 지정 또는 [표현식(E)] 〈1.0000〉 : 10

다른 표면 모 따기 거리 지정 또는 [표현식(E)] 〈1.0000〉 : 10

모서리 선택 또는 [루프(L)] :

모서리 선택 또는 [루프(L)] :

옵션

① 모서리 선택 : 모 따기 할 단일 솔리드 또는 표면 모서리를 선택한다.

② 거리 1 : 선택한 모서리에서 첫 번째 모 따기 모서리의 거리를 설정한다.

③ 거리 2 : 선택한 모서리에서 두 번째 모 따기 모서리의 거리를 설정한다.

④ 루프 : 단일 면에서 모든 모서리를 모 따기 한다.

3D 옵션

화면상에 표현 되는 3D 형상 표현의 정밀도를 조정한다.

05 3D 도형 만들기

기본체 3D 솔리드 객체를 작성할 수 있다.

01 EXTRUDE(돌출) 명령 ★★★★★

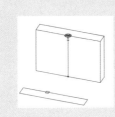

2D 또는 3D 곡선을 연장하여 3D 솔리드 또는 표면을 작성한다.

명령어	● EXTRUDE
단축키	● EXT
리 본	● 홈 탭 > 작성 패널 > 돌출

명령 : EXT ↵

EXTRUDE

현재 와이어프레임 밀도 : ISOLINES=4, 닫힌 윤곽 작성 모드 = 솔리드

돌출할 객체 선택 또는 [모드(MO)] :

돌출 높이 지정 또는 [방향(D)/경로(P)/테이퍼 각도(T)/표현식(E)] :

🔧 옵션

① 돌출할 객체 : 돌출시킬 객체를 지정한다.

② 모드 : 돌출되는 객체가 솔리드인지 표면인지를 조정한다.

③ 돌출 높이 : 양수 또는 음수의 Z축을 따라 선택한 객체를 돌출한다.

④ 방향 : 지정된 두 점을 가진 돌출의 길이 및 방향을 지정한다.
　　　　 (방향은 돌출로 생성된 스윕 곡선의 면과 평행할 수 없다.)

⑤ 경로 : 선택한 객체를 기준으로 돌출 경로를 지정한다. (경로 프로파일 중심)

⑥ 테이퍼 각도 : 돌출의 테이퍼 각도를 지정한다.

⑦ 표현식 : 공식이나 방정식을 입력하여 돌출 높이를 지정한다.

EXTRUDE

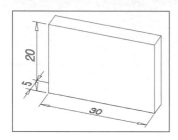

① 명령 : REC ↵

RECTANG

첫 번째 구석점 지정 또는 [모따기(C)/고도(E)/모깎기(F)/두께(T)/폭(W)] :

다른 구석점 지정 또는 [영역(A)/치수(D)/회전(R)] : @30,5

 돌출할 객체 선택 또는 [모드(MO)] : 1개를 찾음

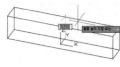 돌출 높이 지정 또는 [방향(D)/경로(P)/테이퍼 각도(T)/표현식(E)] 〈0.0000〉 :

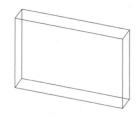 돌출 높이 지정 또는 [방향(D)/경로(P)/테이퍼 각도(T)/표현식(E)] 〈0.0000〉 : 20

② 명령 : EXT ↵

EXTRUDE

현재 와이어프레임 밀도 : ISOLINES=4, 닫힌 윤곽 작성 모드 = 솔리드

돌출할 객체 선택 또는 [모드(MO)] : 1개를 찾음

돌출할 객체 선택 또는 [모드(MO)] :

돌출 높이 지정 또는 [방향(D)/경로(P)/테이퍼 각도(T)/표현식(E)] 〈20.0000〉 : 20

02 PRESSPULL(눌러 당기기) 명령 ★★★★★

 돌출 및 간격띄우기를 사용하여 객체를 동적으로 수정한다.

명령어 ❯	PRESSPULL
단축키 ❯	PRES
리 본 ❯	홈 탭 > 모델링 패널 > 눌러 당기기

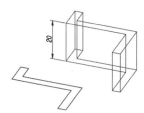

명령 : _presspull

PRESSPULL

객체 또는 경계 영역 선택 :

돌출 높이 지정 또는 [다중(M)] :

돌출 높이 지정 또는 [다중(M)] :

 옵션

① 3D 솔리드 객체에서 Ctrl 키를 누른 상태로 경계 영역을 클릭한 다음 커서를 움직여 간격띄우기 방향을 설정한다.

② 모서리 강조는 간격띄우기 할 영역을 나타낸다.

③ 값을 입력하거나 도면 영역을 클릭하여 간격띄우기 거리를 설정한다.

따라하기

① 명령 : _presspull

객체 또는 경계 영역 선택 :

돌출 높이 지정 또는 [다중(M)] :

돌출 높이 지정 또는 [다중(M)] : 25

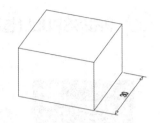

객체 또는 경계 영역 선택 :   돌출 높이 지정 또는 [다중(M)] :   돌출 높이 지정 또는 [다중(M)] : 25

03 REGION(영역) 명령  ★★★★★

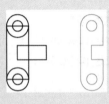

◀ AutoCAD 2021 도움말

영역을 둘러싸고 있는 객체를 2D 영역 객체로 변환한다.

명령어 ▶ REGION
단축키 ▶ REG
리 본 ▶ 홈 탭 > 그리기 패널 > 영역 클릭

영역은 객체의 닫힌 평면 루프에서 작성하는 2D 영역이다.

명령 : REG ↵
REGION
객체 선택 :

 따라하기

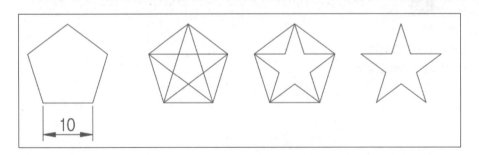

명령 : REG ↵
REGION
객체 선택 :

① 명령 : POL ↵
　POLYGON
　면의 수 입력 〈5〉 : 5
　폴리곤의 중심을 지정 또는 [모서리(E)] : E
　모서리의 첫 번째 끝점 지정 : 모서리의 두 번째 끝점 지정 : 〈직교 켜기〉 C

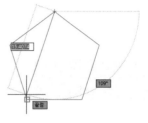

② 명령 : L ↵
　LINE
　첫 번째 점 지정 : END(끝점)
　다음 점 지정 또는 [명령 취소(U)] : 〈직교 끄기〉

　다음 점 지정 또는 [명령 취소(U)] :
　다음 점 지정 또는 [닫기(C)/명령취소(U)] :
　다음 점 지정 또는 [닫기(C)/명령취소(U)] :
　다음 점 지정 또는 [닫기(C)/명령취소(U)] :
　다음 점 지정 또는 [닫기(C)/명령취소(U)] :

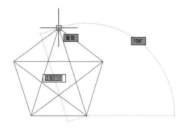

③ 명령 : TR ↵
　TRIM

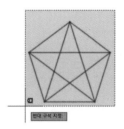

현재 설정 : 투영=UCS, 모서리=없음, 모드=표준
절단 모서리 선택...

객체 선택 또는 [모드(O)] 〈모두 선택〉 : 1개를 찾음
객체 선택 : 1개를 찾음, 총 2개
객체 선택 : 1개를 찾음, 총 3개
객체 선택 : 1개를 찾음, 총 4개
객체 선택 : 1개를 찾음, 총 5개
객체 선택 : ↵
자를 객체를 선택하거나 Shift 키를 누른 채로 선택하여 확장 또는 [절단 모서리(T)/울타리
(F)/걸치기(C)/모드(O)/프로젝트(P)/모서리(E)/지우기(R)] :
자를 객체를 선택하거나 Shift 키를 누른 채로 선택하여 확장 또는 [절단 모서리(T)/울타리
(F)/걸치기(C)/모드(O)/프로젝트(P)/모서리(E)/지우기(R)/명령취소(U)] : ↵

TRIM으로 완성된 모양을 확인한다.

명령 : REG ↵
REGION

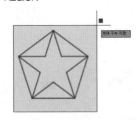

객체 선택 : 반대 구석 지정 : 11개를 찾음

객체 선택 :
2 루프들이(가) 추출됨.
2 영역들이(가) 작성됨.

명령 : M
MOVE
1개를 찾음
기준점 지정 또는 [변위(D)] 〈변위〉 :

두 번째 점 지정 또는 〈첫 번째 점을 변위로 사용〉 :

REGION 객체 선택으로 1개가 완성된 모양을 확인한다.

04 BOUNDARY(경계) 명령 ★★★★☆

닫힌 영역으로부터 영역 또는 폴리 선을 작성한다.

명령어 ▶ BOUNDARY

단축키 ▶ BO

리 본 ▶ 홈 탭 > 그리기 패널 > 경계 클릭

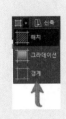

명령 : BO ↵

BOUNDARY

옵션

① 내부 점 : 닫힌 영역을 구성하는 기존 객체로부터 영역 또는 폴리선 을 작성한다.

② 고급 옵션 : 방법 경계 사용을 설정하여 경계를 작성한다.

③ 경계 세트 : 지정된 점으로부터 경계를 작성할 때 분석하는 객체 세트를 정의 한다.

④ 고립영역 탐지 : 외곽 경계 내의 모든 객체 추가 경계 객체 사용여부를 지정한다.

⑤ 객체 유형 : 경계가 작성하는 객체 유형을 지정합니다.(영역/폴리선)

BOUNDARY

① POLYGON 5각형을 EDGE(선분)을 이용하여 길이가 10인 다각형을 먼저 만든다.

② 명령 : BO ↵
BOUNDARY

내부 점 선택 : 모든 것 선택...
가시적인 모든 것 선택 중...
선택된 데이터 분석 중...
내부 고립영역 분석 중...
내부 점 선택 :
내부 고립영역 분석 중...

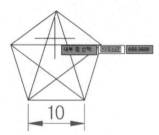

내부 점 선택 : 모든 것 선택...
가시적인 모든 것 선택 중...
선택된 데이터 분석 중...
내부 고립영역 분석 중...
내부 점 선택 :
내부 고립영역 분석 중...

내부 점 선택 :
내부 고립영역 분석 중...
내부 점 선택 :
내부 고립영역 분석 중...
내부 점 선택 :

내부 점 선택 :
내부 고립영역 분석 중...
내부 점 선택 :
내부 고립영역 분석 중...
내부 점 선택 :
내부 고립영역 분석 중...
내부 점 선택 :
내부 고립영역 분석 중...
내부 점 선택 :

③ 명령 : MOVE ↵

객체 선택 : 1개를 찾음

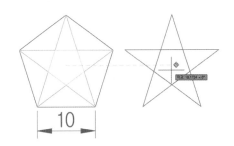

객체 선택 : 1개를 찾음, 총 2개
객체 선택 : 1개를 찾음, 총 3개
객체 선택 : 1개를 찾음, 총 4개
객체 선택 : 1개를 찾음, 총 5개
객체 선택 : 1개를 찾음, 총 6개
객체 선택 :
기준점 지정 또는 [변위(D)] 〈변위〉 :
두 번째 점 지정 또는 〈첫 번째 점을 변위로 사용〉 : ↵

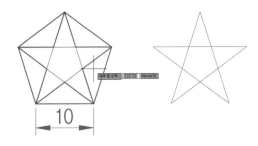

④ 명령 : BO ↵

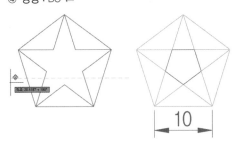

BOUNDARY
내부 점 선택 : 모든 것 선택...
가시적인 모든 것 선택 중...
선택된 데이터 분석 중...
내부 고립영역 분석 중...
내부 점 선택 :
내부 고립영역 분석 중...
내부 점 선택 :
내부 고립영역 분석 중...
내부 점 선택 :
내부 고립영역 분석 중...
내부 점 선택 :
내부 고립영역 분석 중...
내부 점 선택 :
경계 5 폴리선을(를) 작성함

⑤ 명령 : M ↵
MOVE
객체 선택 : 1개를 찾음
객체 선택 : 1개를 찾음, 총 2개
객체 선택 : 1개를 찾음, 총 3개
객체 선택 : 1개를 찾음, 총 4개
객체 선택 : 1개를 찾음, 총 5개
객체 선택 :
기준점 지정 또는 [변위(D)] 〈변위〉 :
두 번째 점 지정 또는 〈첫 번째 점을 변위로 사용〉 :

완성된 BOUNDARY를 확인한다.

REVOLVE(회전) 명령 ★★★★★

객체를 축 둘레로 스윕 하여 3D 솔리드 또는 표면을 작성한다.

명령어 ❯ REVOLVE
단축키 ❯ REV
리 본 ❯ 홈 탭 > 작성 패널 > 회전

명령 : REV ↵
REVOLVE
현재 와이어프레임 밀도 : ISOLINES=4, 닫힌 윤곽 작성 모드 = 솔리드
회전할 객체 선택 또는 [모드(MO)] :
축 시작점 지정 또는 다음에 의해 축 지정 [객체(O)/X/Y/Z] 〈객체(O)〉 :
축 끝점 지정 :
회전각도 지정 또는 [시작 각도(ST)/반전(R)/표현식(EX)] 〈360〉 :

> **옵션**
> ① 회전할 객체 : 축을 기준으로 회전할 객체를 지정한다.
> ② 모드 : 회전 동작이 솔리드를 작성할지 표면을 작성할지 조정한다.
> ③ 축 시작점 : 전축의 첫 번째 점을 지정한다.

④ 축 끝점 : 회전축의 끝점을 설정한다.

⑤ 시작 각도 : 회전될 객체의 평면에서 회전의 간격띄우기를 지정한다.

⑥ 회전각도 : 선택한 객체가 축을 기준으로 얼마나 멀리까지 회전하는지 지정한다.

⑦ 객체 : 축으로 사용할 기존 객체를 지정한다.

⑧ X(축) : 현재 UCS에서 양의 X축을 양의 축 방향으로 설정한다.

⑨ Y(축) : 현재 UCS에서 양의 Y축을 양의 축 방향으로 설정한다.

⑩ Z(축) : 현재 UCS에서 양의 Z축을 양의 축 방향으로 설정한다.

⑪ 반전 : 회전 방향을 변경한다.

⑫ 표현식 : 공식이나 방정식을 입력하여 회전 각도를 지정한다.

따라하기

REVOLVE

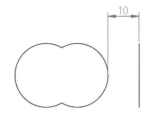  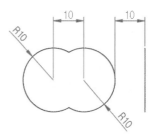

① 명령 : TRIM ↵

현재 설정 : 투영=UCS, 모서리=없음, 모드=표준

절단 모서리 선택...

객체 선택 또는 [모드(O)] 〈모두 선택〉: 반대 구석 지정 : 3개를 찾음

객체 선택 : 반대 구석 지정 : 3개를 찾음 (3개 중복됨), 총 3개

객체 선택 :

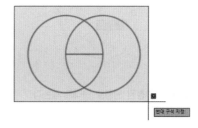

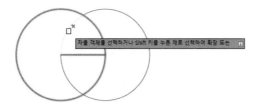

자를 객체를 선택하거나 Shift 키를 누른 채로 선택하여 확장 또는

　[절단 모서리(T)/울타리(F)/걸치기(C)/모드(O)/프로젝트(P)/모서리(E)/지우기(R)] :

자를 객체를 선택하거나 Shift 키를 누른 채로 선택하여 확장 또는

　[절단 모서리(T)/울타리(F)/걸치기(C)/모드(O)/프로젝트(P)/모서리(E)/지우기(R)/명령취소(U)] :

자를 객체를 선택하거나 Shift 키를 누른 채로 선택하여 확장 또는

　[절단 모서리(T)/울타리(F)/걸치기(C)/모드(O)/프로젝트(P)/모서리(E)/지우기(R)/명령취소(U)] :

자를 객체를 선택하거나 Shift 키를 누른 채로 선택하여 확장 또는

[절단 모서리(T)/울타리(F)/걸치기(C)/모드(O)/프로젝트(P)/모서리(E)/지우기(R)/명령취소(U)] :

자를 객체를 선택하거나 Shift 키를 누른 채로 선택하여 확장 또는

[절단 모서리(T)/울타리(F)/걸치기(C)/모드(O)/프로젝트(P)/모서리(E)/지우기(R)/명령취소(U)] :

반대 구석 지정 :

자를 객체를 선택하거나 Shift 키를 누른 채로 선택하여 확장 또는

[절단 모서리(T)/울타리(F)/걸치기(C)/모드(O)/프로젝트(P)/모서리(E)/지우기(R)/명령취소(U)] :

절단 모서리와 교차하지 않습니다.

자를 객체를 선택하거나 Shift 키를 누른 채로 선택하여 확장 또는

[절단 모서리(T)/울타리(F)/걸치기(C)/모드(O)/프로젝트(P)/모서리(E)/지우기(R)/명령취소(U)] :

② 명령 : ERASE ↵

객체 선택 : 1개를 찾음

객체 선택 :

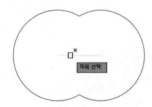

지우기가 완성된 원형을 하나로 묶는다.

③ 명령 : PE ↵

PEDIT

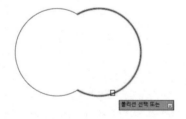 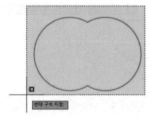

폴리선 선택 또는 [다중(M)] :

선택된 객체가 폴리선이 아님

전환하기를 원하십니까? 〈Y〉 Y

옵션 입력 [닫기(C)/결합(J)/폭(W)/정점 편집(E)/맞춤(F)/스플라인(S)/비곡선화(D)/선종류생성(L)/반전(R)/명령 취소(U)] : J

걸치기(C) 올가미   스페이스바를 눌러 옵션 순환2개를 찾음

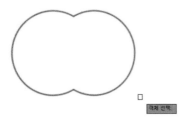

객체 선택 :
1개의 세그먼트가 폴리선에 추가됨
옵션 입력 [열기(O)/결합(J)/폭(W)/정점 편집(E)/맞춤(F)/스플라인(S)/비곡선화(D)/선종류생성(L)/반전(R)/명령 취소(U)] :

PEDIT로 완성된 모양을 확인한다.

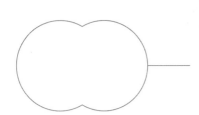

완성된 원형에 축이 될 선을 그린다.

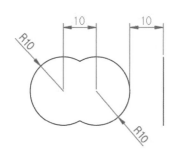

REVOLVE 명령을 쓰기 전 VPOINT 명령으로 남동 등각투영으로 화면을 전환한다.

④ 명령 : REV ↵
REVOLVE

현재 와이어프레임 밀도 : ISOLINES=4, 닫힌 윤곽 작성 모드 = 솔리드
회전할 객체 선택 또는 [모드(MO)] : 1개를 찾음

회전할 객체 선택 또는 [모드(MO)] :

축 시작점 지정 또는 다음에 의해 축 지정 [객체(O)/X/Y/Z] 〈객체(O)〉 : END

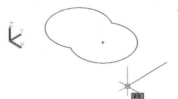

축 끝점 지정 : END(끝점)

회전 각도 지정 또는 [시작 각도(ST)/반전(R)/표현식(EX)] 〈360〉 :

⑤ 명령 : REV ↵

REVOLVE

현재 와이어프레임 밀도 : ISOLINES=4, 닫힌 윤곽 작성 모드 = 솔리드

회전할 객체 선택 또는 [모드(MO)] : 1개를 찾음

회전할 객체 선택 또는 [모드(MO)] :

축 시작점 지정 또는 다음에 의해 축 지정 [객체(O)/X/Y/Z] 〈객체(O)〉 :

축 끝점 지정 :

회전 각도 지정 또는 [시작 각도(ST)/반전(R)/표현식(EX)] 〈360〉 : 180

명령 : 반대 구석 지정 또는 [울타리(F)/윈도우폴리곤(WP)/걸침폴리곤(CP)] :

비주얼 스타일 지정

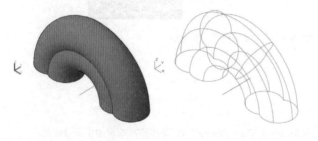

⑥ 명령 : _vscurrent

옵션 입력 [2D 와이어프레임(2)/와이어프레임(W)/숨김(H)/실제(R)/개념(C)/음영처리(S)/모서리로 음영처리됨(E)/회색 음영처리(G)/스케치(SK)/X 레이(X)/기타(O)] 〈2d 와이어프레임〉 : _C

⑦ 명령 : _vscurrent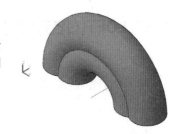

　옵션 입력 [2D 와이어프레임(2)/와이어프레임(W)/숨김(H)/실제(R)/개념(C)/음
　영처리(S)/모서리로 음영처리됨(E)/회색 음영처리(G)/스케치(SK)/X 레이(X)/기
　타(O)] 〈개념〉: _2 모형 재생성 중.

⑧ 명령 : _vscurrent

옵션 입력 [2D 와이어프레임(2)/와이어프레임(W)/숨김(H)/실제(R)/개념(C)/음영처
리(S)/모서리로 음영처리됨(E)/회색 음영처리(G)/스케치(SK)/X 레이(X)/기타(O)]
〈개념〉: _2 모형 재생성 중.

⑩ 명령 : REV ↵

　REVOLVE
　현재 와이어프레임 밀도 : ISOLINES=4, 닫힌 윤곽 작성 모드 = 솔리드
　회전할 객체 선택 또는 [모드(MO)] : 1개를 찾음
　회전할 객체 선택 또는 [모드(MO)] :
　축 시작점 지정 또는 다음에 의해 축 지정 [객체(O)/X/Y/Z] 〈객체(O)〉:
　축 끝점 지정 :
　회전 각도 지정 또는 [시작 각도(ST)/반전(R)/표현식(EX)] 〈360〉: 360

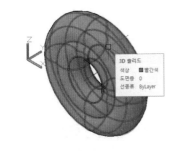

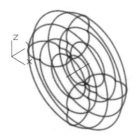

REVOLVE 명령으로 완성된 모양을 확인한다.

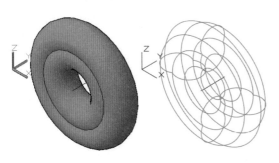

06 LOFT(선연결) 명령 ★★★★★

몇 가지 단면 사이의 공간에 3D 솔리드 또는 표면을 작성한다.

명령어 ▶ LOFT
단축키 ▶ LOF
리 본 ▶ 홈 탭 > 작성 패널 > 로프트

명령 : LOF ⏎
LOFT
현재 와이어프레임 밀도 : ISOLINES=4, 닫힌 윤곽 작성 모드 = 솔리드
올림 순서로 횡단 선택 또는 [점(PO)/다중 모서리 결합(J)/모드(MO)] :
옵션 입력 [안내(G)/경로(P)/횡단만(C)/설정(S)] 〈횡단만〉 :

옵션

① 올림 순서로 횡단 선택 : 표면이나 솔리드가 열리거나 닫힌 곡선을 통과하는 순서대로 해당 곡선을 지정한다.
② 점 : 로프트 작업의 첫 번째 점 또는 마지막 점을 지정한다. (닫힌 곡선 선택)
③ 다중 모서리 결합 : 여러 전체 모서리를 단일 횡단으로 처리한다.
④ 모드 : 로프트 되는 객체가 솔리드인지 표면인지를 조정한다.
⑤ 연속성 : 부드럽게 맞춤으로 설정되어 있는 경우에만 표시된다. (LOFTNORMALS : 1)
⑥ 돌출 크기 : 부드럽게 맞춤으로 설정되어 있는 경우에만 표시된다. (LOFTNORMALS : 1)
⑦ 안내서 : 로프트 솔리드 또는 표면의 쉐이프를 조정하는 안내 곡선을 지정한다.
⑧ 경로 : 로프트 솔리드 또는 표면에 대한 단일 경로를 지정한다.
⑨ 횡단만 : 안내 또는 경로를 사용하지 않고 로프트 된 객체를 작성한다.
⑩ 설정 : 로프트 설정 대화상자를 표시한다.

횡단으로 사용할 수 있는 객체	로프트 경로로 사용할 수 있는 객체	가이드로 사용할 수 있는 객체
2D 폴리선	스플라인	2D 스플라인
2D 솔리드		
2D 스플라인		
호		
원	원	2D폴리선
모서리 하위 객체	모서리 하위 객체	모서리 하위 객체
타원	타원	3D폴리선
타원형 호	타원형 호	타원형 호
나선	2D폴리선	
선	선	선
솔리드의 편평면(비편평면)		
평면 또는 비평면 표면		
점(처음과 마지막 횡단)	3D폴리선	
영역		
추적		

따라하기

LOFT

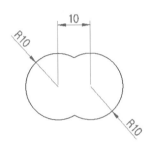

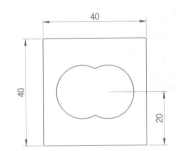

1) REVOLVE에서 만든 기본 원형에 POLYGON을 이용하여 정사각형의 다각형을 만든다.

① 명령 : POL ↵

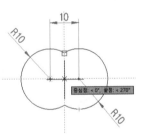

POLYGON

면의 수 입력 〈5〉 : 4

폴리곤의 중심을 지정 또는 [모서리(E)] :

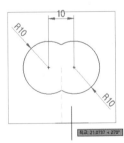

옵션을 입력 [원에 내접(I)/원에 외접(C)] 〈I〉 : C

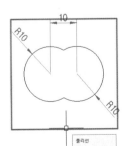

원의 반지름 지정 : 〈직교 켜기〉 20

완성된 모양을 확인한다.

REVOLVE 명령을 쓰기 전 VPOINT 명령으로 남동 등각투영으로 화면을 전환한다.

2) LOFT 연습을 위해서 원형의 모양을 위로 이동을 한다.

① 명령 : M ↵

　MOVE

　객체 선택 : 1개를 찾음

객체 선택 :

기준점 지정 또는 [변위(D)] ⟨변위⟩ : END(끝점)

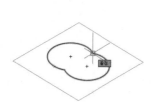 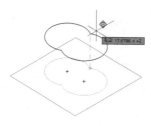 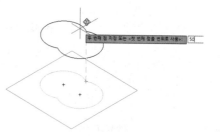

두 번째 점 지정 또는 ⟨첫 번째 점을 변위로 사용⟩ : 50

MOVE 명령을 완성된 모양을 확인한다.

LOFT 실행

② 명령 : LOFT ↵

현재 와이어프레임 밀도 : ISOLINES=4, 닫힌 윤곽 작성 모드 = 솔리드

올림 순서로 횡단 선택 또는 [점(PO)/다중 모서리 결합(J)/모드(MO)] : 1개를 찾음

올림 순서로 횡단 선택 또는 [점(PO)/다중 모서리 결합(J)/모드(MO)] : 1개를 찾음, 총 2개

올림 순서로 횡단 선택 또는 [점(PO)/다중 모서리 결합(J)/모드(MO)] : MO

닫힌 윤곽 작성 모드 [솔리드(SO)/표면(SU)] 〈솔리드〉 : SO

올림 순서로 횡단 선택 또는 [점(PO)/다중 모서리 결합(J)/모드(MO)] :

2개의 횡단이 선택됨

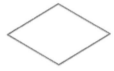

옵션 입력 [안내(G)/경로(P)/횡단만(C)/설정(S)] 〈횡단만〉 : C

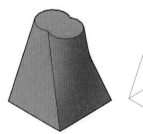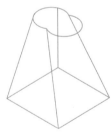

횡단 옵션으로 LOFT가 완성된 모양을 확인한다.

③ LOFT 연습을 위해서 정사각형을 위로 이동을 한다.

명령 : M ↵

MOVE

객체 선택 : 1개를 찾음

객체 선택 :

기준점 지정 또는 [변위(D)] 〈변위〉 : END

두 번째 점 지정 또는 〈첫 번째 점을 변위로 사용〉 : 50

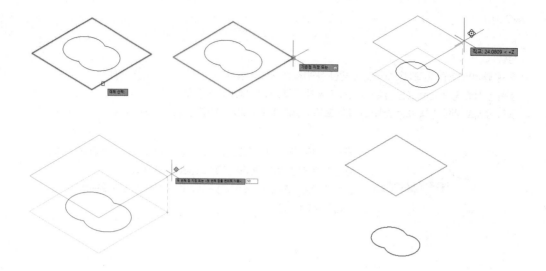

MOVE 명령으로 완성된 모양을 확인한다.

④ 이동된 도형에 경로가 될 선을 긋는다.

명령 : LINE ↵
첫 번째 점 지정 : QUA(사분점)
다음 점 지정 또는 [명령 취소(U)] : END(끝점)
다음 점 지정 또는 [명령 취소(U)] :

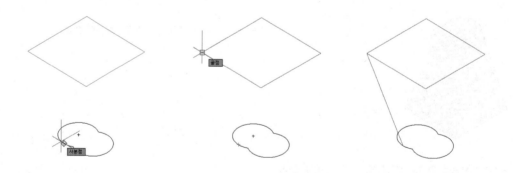

명령 : LINE ↵
첫 번째 점 지정 : QUA(사분점)
다음 점 지정 또는 [명령 취소(U)] : END(끝점)
다음 점 지정 또는 [명령 취소(U)] : END
다음 점 지정 또는 [명령 취소(U)] :

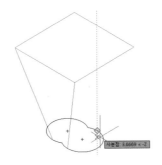

명령 : LINE ↵

첫 번째 점 지정 : QUA(사분점)

다음 점 지정 또는 [명령 취소(U)] : END(끝점)

다음 점 지정 또는 [명령 취소(U)] :

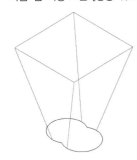

경로 선이 될 모양을 확인한다.

LOFT

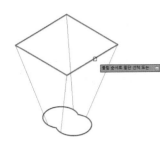

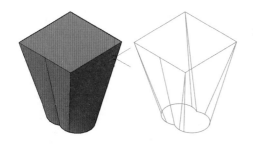

경로 선을 이용하여 완성된 LOFT 모양을 확인한다.

07 **SWEEP(선연결 단면) 명령** 🍱 ★★★★★

2D 또는 3D 객체나 하위 객체를 경로를 따라 스윕 하여 3D 솔리드 또는 표면을 작성한다.

명령어	▶	SWEEP
단축키	▶	SW
리 본	▶	홈 탭 > 작성 패널 > 스윕

명령 : SW ↵
SWEEP
현재 와이어프레임 밀도 : ISOLINES=4, 닫힌 윤곽 작성 모드 = 솔리드
스윕할 객체 선택 또는 [모드(MO)] :
스윕 경로 선택 또는 [정렬(A)/기준점(B)/축척(S)/비틀기(T)] :

🔧 **옵션**

① 스윕 할 객체 : 스윕 프로파일로 사용할 객체를 지정한다.
② 스윕 경로 : 선택한 객체를 기준으로 스윕 경로를 지정한다.
③ 모드 : 스윕 동작이 솔리드를 작성할지 표면을 작성할지 조정한다.
④ 정렬 : 프로파일이 스윕 경로의 접선 방향에 수직으로 정렬될지 여부를 지정한다.
⑤ 기준점 : 스윕 할 객체에 대한 기준점을 지정한다.
⑥ 축척 : 스윕 작업을 위한 축척 비율을 지정한다.
⑦ 비틀기 : 스윕 되는 객체에 대한 비틀기 각도를 설정한다.

👆 **따라하기**

SWEEP

SWEEP 명령을 연습하기 위해서 나선(HELIX)을 먼저 만든 다음 객체가 될 원을 작성한다.

① 명령 : _Helix 🗟
   회전 수 = 5.0000   비틀기=CCW
   기준 중심점 지정 :
   밑면 반지름 지정 또는 [지름(D)] ⟨5.0000⟩ : 5
   상단 반지름 지정 또는 [지름(D)] ⟨5.0000⟩ : 5
   나선 높이 지정 또는 [축 끝점(A)/회전(T)/회전 높이(H)/비틀기(W)] ⟨200.0000⟩ : T
   회전 수 입력 ⟨5.0000⟩ : 10
   나선 높이 지정 또는 [축 끝점(A)/회전(T)/회전 높이(H)/비틀기(W)] ⟨200.0000⟩ : 40

② 명령 : UCS ↵

현재 UCS 이름 : *표준*

UCS의 원점 지정 또는 [면(F)/이름(NA)/객체(OB)/이전(P)/뷰(V)/
표준(W)/X(X)/Y(Y)/Z(Z)/Z축(ZA)] ⟨표준⟩ : X

X축에 관한 회전 각도 지정 ⟨90⟩ : 90

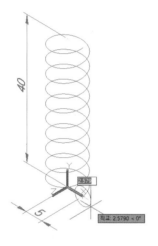

③ 명령 : UCS ↵

현재 UCS 이름 : *이름 없음*

UCS의 원점 지정 또는 [면(F)/이름(NA)/객체(OB)/이전(P)/뷰(V)/표준(W)/X(X)/
Y(Y)/Z(Z)/Z축(ZA)] ⟨표준⟩ : O

새 원점 지정 ⟨0,0,0⟩ : CEN(중심점)

중심이 세워진 기준에 객체 가 될 원을 그린다.

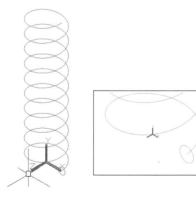

④ 명령 : C ↵

CIRCLE

원에 대한 중심점 지정 또는 [3점(3P)/2점(2P)/Ttr – 접선 접선
반지름(T)] :

원의 반지름 지정 또는 [지름(D)] ⟨3.0000⟩ : 1

⑤ 명령 : SWEEP ↵

    현재 와이어프레임 밀도 : ISOLINES=4, 닫힌 윤곽 작성 모드 = 솔리드

    스윕 할 객체 선택 또는 [모드(MO)] : 1개를 찾음

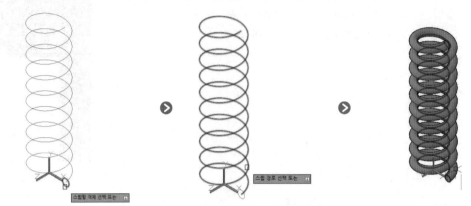

스윕할 객체 선택 또는 [모드(MO)] :   스윕 경로 선택 또는 [정렬(A)/기준점   선택 후 모양이다.
                                     (B)/축척(S)/비틀기(T)] :

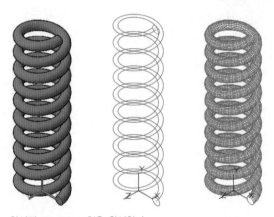

완성된 SWEEP 도형을 확인한다.

3D 도형 편집

UNION(합집합) 명령 ★★★★★

명령어 ▶	UNION
단축키 ▶	UNI
리 본 ▶	홈 탭 > 편집 패널 > 합집합

둘 이상의 3D 솔리드, 표면 또는 2D 영역을 복합 3D 솔리드, 표면 또는 영역 하나로 결합한다.

명령 : UNI ↵

UNION

객체 선택 :

 옵션

객체 선택 : 결합할 3D 솔리드, 표면 또는 영역을 선택한다.

명령 : CO ↵
COPY

객체 선택 : 1개를 찾음
객체 선택 : ↵
현재 설정 : 복사 모드 = 다중(M)

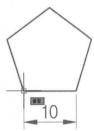

기본점 지정 또는 [변위(D)/모드(O)] 〈변위〉: END

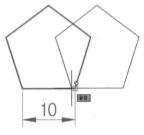

두 번째 점 지정 또는 [배열(A)] 〈첫 번째 점을 변위로 사용〉: END

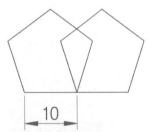

두 번째 점 지정 또는 [배열(A)/종료(E)/명령 취소(U)] 〈종료〉:

EXTRUDE 명령을 쓰기 전 VPOINT 명령으로 남동 등각투영으로 화면을 전환한다.

명령 : _extrude

현재 와이어프레임 밀도 : ISOLINES=4, 닫힌 윤곽 작성 모드 = 솔리드

돌출할 객체 선택 또는 [모드(MO)] : _MO 닫힌 윤곽 작성 모드 [솔리드(SO)/표면(SU)] 〈솔리드〉 : _SO

돌출할 객체 선택 또는 [모드(MO)] : 1개를 찾음

돌출할 객체 선택 또는 [모드(MO)] : 1개를 찾음, 총 2개

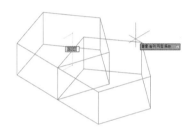

돌출할 객체 선택 또는 [모드(MO)] :

돌출 높이 지정 또는 [방향(D)/경로(P)/테이퍼 각도(T)/표현식(E)] 〈10.0000〉 : 10

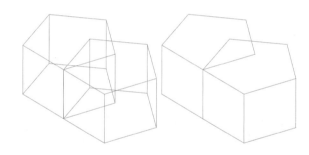

EXTRUDE 명령으로 완성된 도형을 확인한다.

명령 : _union

객체 선택 : 1개를 찾음

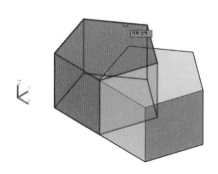

객체 선택 : 1개를 찾음, 총 2개

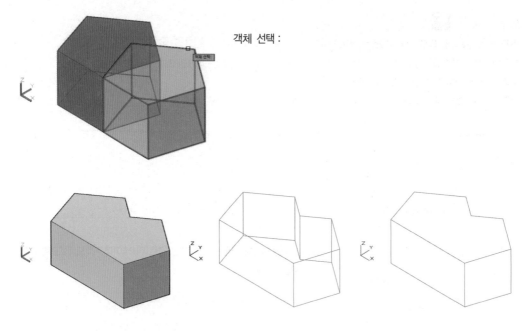

객체 선택 :

UNION(합집합)으로 완성된 도형을 확인한다.

02 SUBTRACTION(차집합) 명령 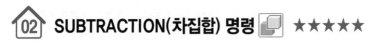 ★★★★★

◀ AutoCAD 2021 도움말

서로 겹치는 영역 또는 3D 솔리드에서 하나를 빼서 새 객체를 작성합니다.

명령어 ❯ SUBTRACTION

단축키 ❯ SU

리 본 ❯ 홈 탭 > 편집 패널 > 차집합

첫 번째 선택 세트의 객체에서 두 번째 선택 세트의 객체를 뺀다.

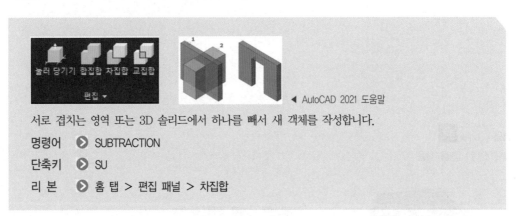

남길 솔리드 선택　　빼낼 솔리드 선택　　SUBTRACT 실행 후 솔리드

명령 : SU ↵

SUBTRACT

제거 대상인 솔리드, 표면 및 영역을 선택 ..

객체 선택 : 1개를 찾음

객체 선택 : 제거할 솔리드, 표면 및 영역을 선택 ..

객체 선택 : 1개를 찾음

객체 선택 :

 옵션

① 제거 대상 객체를 선택 : 빼기를 통해 수정할 3D 솔리드, 표면 또는 영역을 지정한다.

② 제거할 객체를 선택 : 제거할 3D 솔리드, 표면 또는 영역을 지정한다.

따라하기

SUBTRACTION

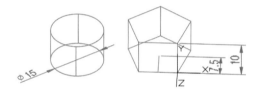

명령 : CYL ↵

CYLINDER

기준 중심점 지정 또는 [3P(3P)/2P(2P)/Ttr−접선 접선 반지름(T)/타원형(E)] : CEN

밑면 반지름 지정 또는 [지름(D)] ⟨7.5000⟩ :

높이 지정 또는 [2점(2P)/축 끝점(A)] ⟨15.0000⟩ : 10 ↵

명령 : POL ↵

POLYGON 면의 수 입력 ⟨4⟩ : 5

폴리곤의 중심을 지정 또는 [모서리(E)] :

옵션을 입력 [원에 내접(I)/원에 외접(C)] ⟨I⟩ : C

원의 반지름 지정 : 7.5 ↵

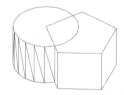 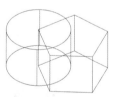

명령 : EXT ↵

EXTRUDE

현재 와이어프레임 밀도 : ISOLINES=4, 닫힌 윤곽 작성 모드 = 솔리드

돌출할 객체 선택 또는 [모드(MO)] : 1개를 찾음

돌출할 객체 선택 또는 [모드(MO)] :

돌출 높이 지정 또는 [방향(D)/경로(P)/테이퍼 각도(T)/표현식(E)] ⟨10.0000⟩ : 15

SUBTRACT

명령 : _subtract

제거 대상인 솔리드, 표면 및 영역을 선택 ..
객체 선택 : 1개를 찾음
객체 선택 : ↵

제거할 솔리드, 표면 및 영역을 선택 ..
객체 선택 : 1개를 찾음
객체 선택 : ↵

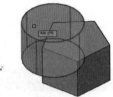

객체 선택 : 1개를 찾음
객체 선택 : ↵

제거할 솔리드, 표면 및 영역을 선택 ..
객체 선택 : 1개를 찾음
객체 선택 : ↵

제거할 솔리드, 표면 및 영역을 선택 ..
객체 선택 : 1개를 찾음
객체 선택 : ↵

SUBTRACT(차집합) 실행 후 완성된 모양을 확인한다.

 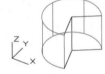

03 INTERSECT(교집합) 명령 ★★★★★

겹치는 솔리드, 표면 또는 영역으로부터 3D 솔리드, 표면 또는 2D 영역을 작성합니다.

명령어 ❯ INTERSECT
단축키 ❯ IN
리 본 ❯ 홈 탭 > 편집 패널 > 교집합

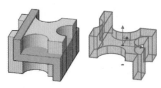

첫 번째 하위 세트에는 해당 선택 세트의 솔리드와 표면이 모두 포함된다.

명령 : IN ⏎

INTERSECT

객체 선택 :

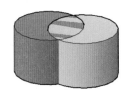

 따라하기

INTERSECT

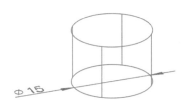

명령 : _cylinder ⬜ 원통

기준 중심점 지정 또는 [3P(3P)/2P(2P)/Ttr-접선 접선 반지름(T)/타원형(E)] :

밑면 반지름 지정 또는 [지름(D)] ⟨7.5000⟩ :

높이 지정 또는 [2점(2P)/축 끝점(A)] ⟨-15.0000⟩ : 10

명령 : CO ↵
COPY

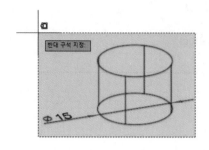

객체 선택 : 1개를 찾음

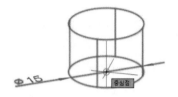

객체 선택 : ↵

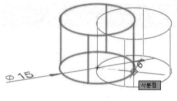

현재 설정 : 복사 모드 = 다중(M)
기본점 지정 또는 [변위(D)/모드(O)] 〈변위〉 : CEN(중심점)
두 번째 점 지정 또는 [배열(A)] 〈첫 번째 점을 변위로 사용〉 : QUA(사분점)
두 번째 점 지정 또는 [배열(A)/종료(E)/명령 취소(U)] 〈종료〉 :

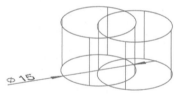
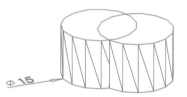

INTERSECT 할 모델을 확인한다.

명령 : _intersect
객체 선택 : 1개를 찾음

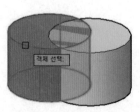
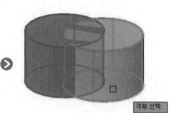

객체 선택 : 1개를 찾음, 총 2개   객체 선택 : ↵   완성된 INTERSECT 명령을 확인한다.

04 SLICE(자르기) 명령 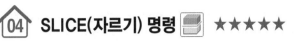 ★★★★★

기존 객체를 슬라이스하거나 분할하여 새 3D 솔리드와 표면을 작성한다.

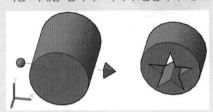

명령어 ▶ SLICE

단축키 ▶ SL

리 본 ▶ 홈 탭 > 솔리드 편집 패널 > 슬라이스

명령 : SL ↵

SLICE

슬라이스 할 객체 선택 :

슬라이싱 평면의 시작점 지정 또는 [평면형 객체(O)/표면(S)/Z축(Z)/뷰(V)/XY(XY)/YZ(YZ)/ZX(ZX)/3점(3)] 〈3점〉 :

옵션

① 슬라이싱 평면의 시작점 : 슬라이싱 평면의 방향을 정의하는 두 점 중 첫 번째 점을 설정한다.

② 평면 객체(O) : 선택한 원, 타원, 원형 또는 타원형 호, 2D 스플라인 또는 2D 폴리선 또는 평면형 3D 폴리선이 포함된 평면에 맞춰 절단 평면을 정렬한다.

③ 표면(S) : 절단 평면을 선택한 표면에 맞춰 정렬한다.

④ Z축(Z) : 평면 위의 점과 평면의 Z축(법선) 위에 또 한 점을 지정하여 절단 평면을 정의한다.

⑤ 뷰(V) : 절단 평면을 현재 뷰포트의 뷰 평면에 평행으로 정렬한다.

⑥ XY(XY) : 절단 평면을 현재 UCS의 XY 평면에 정렬한다.

⑦ YZ(YZ) : 절단 평면을 현재 UCS의 XY 평면에 정렬한다.

⑧ XZ(ZX) : 절단 평면을 현재 UCS의 XZ 평면에 정렬한다.

⑨ 3점(3) : 3개의 점을 사용하여 절단 평면을 정의한다.

SLICE

명령 : _box 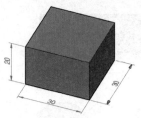 상자

첫 번째 구석 지정 또는 [중심(C)] : 임의의 시작점
반대 구석 지정 또는 [정육면체(C)/길이(L)] : @30,30,20

명령 : _vscurrent 음영

옵션 입력 [2D 와이어프레임(2)/와이어프레임(W)/숨김(H)/실제(R)/개념(C)/음영처리(S)/모서리로 음영처리됨(E)/회색 음영처리(G)/스케치(SK)/X 레이(X)/기타(O)] 〈개념〉 : _H

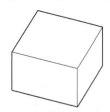

명령 : SLICE ↵
슬라이스 할 객체 선택 : 1개를 찾음

슬라이스 할 객체 선택 :
슬라이싱 평면의 시작점 지정 또는 [평면형 객체(O)/표면(S)/Z축(Z)/뷰(V)/XY(XY)/YZ(YZ)/ZX(ZX)/3점(3)] 〈3점〉 : 3P

평면 위의 첫 번째 점 지정 : END(끝점)

평면 위의 두 번째 점 지정 : 〈직교 끄기〉 END(끝점)

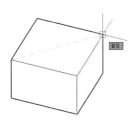

평면 위의 세 번째 점 지정 : END(끝점)

① 원하는 면 위의 점 지정 또는 [양쪽 면 유지(B)] 〈양쪽(B)〉 : B

양쪽 면 유지로 완성된 SLICE 모델이다.

② 원하는 면 위의 점 지정 또는 [양쪽 면유지(B)] 〈양쪽(B)〉 : 원하는 면 위의 점 지정

 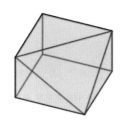 

원하는 면 위의 점 지정으로 완성된 SLICE 모양이다.

05 SOLIDEDIT(솔리드 편집) 명령 ★★★★☆

3D 솔리드 객체의 면과 모서리를 편집한다.

명령어 ▶ SOLIDEDIT

단축키 ▶ SOLIDEDIT

리 본 ▶ 홈 탭 > 솔리드 편집

명령 : SOLIDEDIT ↵

솔리드 편집 자동 점검 : SOLIDCHECK=1

솔리드 편집 옵션 [면(F)/모서리(E)/본체(B)/명령 취소(U)/종료(X)] 〈종료〉:

① 면 편집 옵션 입력

솔리드 편집 옵션 [면(F)/모서리(E)/본체(B)/명령 취소(U)/종료(X)] 〈종료〉 : F

[돌출(E)/이동(M)/회전(R)/간격띄우기(O)/테이퍼(T)/삭제(D)/복사(C)/색상(L)/재료(A)/명령 취소(U)/종료(X)]
〈종료〉 : ↵

② 모서리 편집 옵션

솔리드 편집 옵션 [면(F)/모서리(E)/본체(B)/명령 취소(U)/종료(X)] 〈종료〉 : E

모서리 편집 옵션 [복사(C)/색상(L)/명령 취소(U)/종료(X)] 〈종료〉 : ↵

③ 본체 편집 옵션

솔리드 편집 옵션 [면(F)/모서리(E)/본체(B)/명령 취소(U)/종료(X)] 〈종료〉 : B

본체 편집 옵션 입력

[각인(I)/솔리드 분리(P)/쉘(S)/비우기(L)/점검(C)/명령 취소(U)/종료(X)] 〈종료〉 : ↵

옵션

① 면(F) : 3D 솔리드 면을 편집

　ⓐ 돌출(E) : 솔리드 모델의 면을 돌출한다.

　ⓑ 이동(M) : 솔리드 모델의 면을 이동한다.

　ⓒ 회전(R) : 솔리드 모델의 면을 회전한다.

　ⓓ 간격띄우기(O) : 솔리드 모델의 지정된 거리만큼 새로운 면을 작성한다.

　ⓔ 테이퍼(T) : 솔리드 모델의 기울기를 지정한다.

　ⓕ 삭제(D) : 솔리드 모델의 특정 면을 삭제한다.

　ⓖ 복사(C) : 솔리드 모델의 특정면을 복사한다.

　ⓗ 색상(L) : 솔리드 모델의 특정면의 색상을 지정한다.

　ⓘ 재료(A) : 솔리드 모델의 선택한 면만 재료를 적용한다.

　ⓙ 명령취소(U) : 솔리드 모델의 마지막 실행한 명령을 취소한다.

　ⓚ 종료(X) : 솔리드 모델의 면 편집을 종료한다.

② 모서리(E) : 솔리드 모델의 편집 대상 모서리를 선택한다.

모서리 편집 옵션[복사(C) / 색상(L) / 명령취소(U) / 종료(X)]〈종료〉 :

　ⓐ 복사(C) : 솔리드 모델의 선을 복사한다.

　ⓑ 색상(L) : 솔리드 모델의 선에 색상을 지정한다.

　ⓒ 명령취소(U) : 솔리드 모델의 마지막 실행한 명령을 취소한다.

　ⓓ 종료(X) : 솔리드 모델의 모서리 편집을 종료한다.

본체 편집 옵션

③ 본체(B) : 솔리드 모델의 본체를 편집한다.

　솔리드 편집 옵션 [면(F)/모서리(E)/본체(B)/명령 취소(U)/종료(X)] 〈종료〉: B

　[각인(I)/솔리드 분리(P)/쉘(S)/비우기(L)/점검(C)/명령 취소(U)/종료(X)] 〈종료〉:

　ⓐ 각인(I) : 솔리드 모델 객체 표면에 직선이나 곡선을 붙인다.

　ⓑ 솔리드 분리(P) : 솔리드 모델 표면에 붙어있는 객체를 분리한다.

　ⓒ 쉘(S) : 솔리드 모델 객체의 면을 두께를 주고 홈을 판다.

　ⓓ 비우기(L) : 솔리드 모델 객체의 면을 비운다.

　ⓔ 점검(C) : 솔리드 모델 객체를 점검한다.

　ⓕ 명령취소(U) : 솔리드 모델의 마지막 실행한 명령을 취소한다.

　ⓖ 종료(X) : 솔리드 모델의 편집을 종료한다.

④ 명령 취소(U) : 솔리드 모델의 마지막 실행한 명령을 취소한다.

⑤ 종료(X) : 솔리드 모델 편집을 종료한다.

06 SHELL(쉘) 명령 ★★★★★

지정한 두께를 가진 속이 비고 얇은 벽을 작성한다.

명령어 ▶ SHELL

단축키 ▶ SHELL

리 본 ▶ 홈 탭 > 솔리드 편집 패널 > 솔리드 편
집 드롭다운 쉘

모든 면에 대해 일정한 벽 두께를 지정할 수 있다.

쉘 간격띄우기 거리 입력: 2

명령 : _solidedit 솔리드 편집 ▼

솔리드 편집 자동 점검 : SOLIDCHECK=1

솔리드 편집 옵션 [면(F)/모서리(E)/본체(B)/명령 취소(U)/종료(X)] 〈종료〉: _body

본체 편집 옵션 입력

[각인(I)/솔리드 분리(P)/쉘(S)/비우기(L)/점검(C)/명령 취소(U)/종료(X)] 〈종료〉: _shell

3D 솔리드 선택 :

면 제거 또는 [명령 취소(U)/추가(A)/전체(ALL)] :

쉘 간격띄우기 거리 입력 : 2

솔리드 확인이 시작됨.

솔리드 확인이 완료됨.

본체 편집 옵션 입력

[각인(I)/솔리드 분리(P)/쉘(S)/비우기(L)/점검(C)/명령 취소(U)/종료(X)] 〈종료〉:

솔리드 편집 자동 점검 : SOLIDCHECK=1

따라하기

솔리드 편집 명령 중에 쉘(SHELL)

명령 : _box 상자

첫 번째 구석 지정 또는 [중심(C)] : 임의의 시작점

반대 구석 지정 또는 [정육면체(C)/길이(L)] : @30,30,20

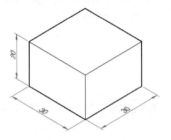

명령 : _solidedit 솔리드 편집 ▼

솔리드 편집 자동 점검 : SOLIDCHECK=1

솔리드 편집 옵션 [면(F)/모서리(E)/본체(B)/명령 취소(U)/종료(X)] 〈종료〉: _body

본체 편집 옵션 입력

[각인(I)/솔리드 분리(P)/쉘(S)/비우기(L)/점검(C)/명령 취소(U)/종료(X)] 〈종료〉: _shell

3D 솔리드 선택 :

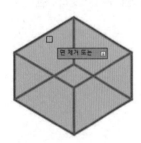

면 제거 또는 [명령 취소(U)/추가(A)/전체(ALL)] : A

면 선택 또는 [명령 취소(U)/제거(R)/전체(ALL)] : R

면 제거 또는 [명령 취소(U)/추가(A)/전체(ALL)] : 1개의 면을 찾음, 1개가 제거되었습니다.

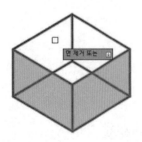

면 제거 또는 [명령 취소(U)/추가(A)/전체(ALL)] :

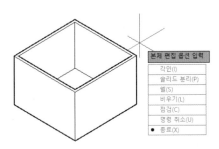

쉘 간격띄우기 거리 입력 : 1

솔리드 확인이 시작됨.

솔리드 확인이 완료됨.

본체 편집 옵션 입력

[각인(I)/솔리드 분리(P)/쉘(S)/비우기(L)/점검(C)/명령 취소(U)/종료(X)]

〈종료〉:

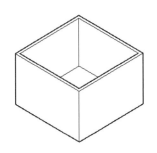

솔리드 편집 자동 점검 : SOLIDCHECK=1

솔리드 편집 옵션 [면(F)/모서리(E)/본체(B)/명령 취소(U)/종료(X)]

〈종료〉: ↵

명령 : _vscurrent

옵션 입력 [2D 와이어프레임(2)/와이어프레임(W)/숨김(H)/실제(R)/개념(C)/음영처리(S)/모서리로 음영처리됨(E)/회색 음영처리(G)/스케치(SK)/X 레이(X)/기타(O)] 〈숨김〉: _C

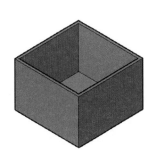

SHELL 명령으로 완성된 모델을 확인한다.

07 SECTION(단면) 명령 ★★★★★

명령어 ➡ SECTION

단축키 ➡ SEC

리 본 ➡ 홈 탭 > 단면 > 단면 평면 선택

명령 : SECTION ↵

객체 선택 :

다음을 사용하여 단면 평면위에 첫 번째 점 지정 [객체(O)/Z축(Z)/뷰(V)/XY(XY)/YZ(YZ)/ZX(ZX)/3점(3)] 〈3점〉:

평면 위의 첫 번째 점 지정 :

평면 위의 두 번째 점 지정 :

평면 위의 세 번째 점 지정 :

옵션

① 단면선을 배치할 면 또는 점 : 단면 객체의 평면이 될 면을 지정한다.

② 객체(O) : 2차원 객체로 평면으로 자르기 면을 생성한다.

③ Z축(Z) : Z축을 지정하여 형성된 XY 평면으로 자르기 면을 생성한다.

④ 뷰(V) : 지정한 면을 평면으로 지정하여 자르기 면을 생성한다.

⑤ XY(XY) : X와Y축으로 형성된 평면을 자르기 면으로 생성한다.

⑥ YZ(YZ) : Y와Z축으로 형성된 평면을 자르기 면으로 생성한다.

⑦ ZX(ZX) : Z와X축으로 형성된 평면을 자르기 면으로 생성한다.

⑧ 3점(3) : 3점으로 면을 형성하여 자르기 면을 생성한다.

08 SECTIONPLANE(단면) 명령 ★★★★★

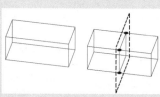

◀ AutoCAD 2021 도움말

명령어 ➡ SECTIONPLANE

단축키 ➡ SECTIONPLANE

리 본 ➡ 홈 탭 > 단면 > 단면 평면
선택

따라하기

SECTION

① 명령 : _box 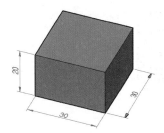 상자

첫 번째 구석 지정 또는 [중심(C)] : 임의의 시작점

반대 구석 지정 또는 [정육면체(C)/길이(L)] : @30,30,20

② 명령 : _vscurrent

옵션 입력 [2D 와이어프레임(2)/와이어프레임(W)/숨김(H)/실제(R)/개념(C)/음영처리(S)/모서리로 음영처리됨(E)/회색 음영처리(G)/스케치(SK)/X 레이(X)/기타(O)] 〈개념〉 : _H

③ 명령 : SECTION ↵

객체 선택 : 1개를 찾음

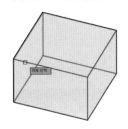

객체 선택 : ↵

다음을 사용하여 단면 평면위에 첫 번째 점 지정 [객체(O)/Z축(Z)/뷰(V)/XY(XY)/YZ(YZ)/ZX(ZX)/3점(3)] 〈3점〉 : 3P

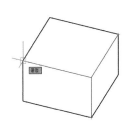

평면 위의 첫 번째 점 지정 :

평면 위의 두 번째 점 지정 :

평면 위의 세 번째 점 지정 :

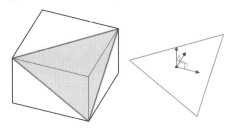

SECTION 3P로 완성된 단면을 확인한다.

09 3DROTATE(3D 회전) 명령 ★★★★★

3D 객체를 기준점에 따라 회전하는 데 유용한 3D 회전 장치를 표시한다.

명령어 ▶ ROTATE3D
단축키 ▶ ROTATE3D
3D 모델링
리 본 ▶ 홈 탭 > 수정 > 3D 대칭 〉 3D 회전

명령 : ROTATE3D ↵
현재 각도 설정 : 측정 방향=시계 반대 방향　기준 방향=0
객체 선택 :
축 위에 첫 번째 점을 지정하거나 다음을 사용하여 축을 정의
[객체(O)/최종(L)/뷰(V)/X축(X)/Y축(Y)/Z축(Z)/2점(2)] :

 따라하기

ROTATE3D

명령 : ROTATE3D ↵
현재 각도 설정 : 측정 방향=시계 반대 방향　기준 방향=0
객체 선택 : 1개를 찾음

객체 선택 : ↵
축 위에 첫 번째 점을 지정하거나 다음을 사용하여 축을 정의
[객체(O)/최종(L)/뷰(V)/X축(X)/Y축(Y)/Z축(Z)/2점(2)] : 2

축 위의 첫 번째 점 지정 :

축 위의 두 번째 점 지정 :

회전각도 지정 또는 [참조(R)] : 90

명령 : _vscurrent

옵션 입력 [2D 와이어프레임(2)/와이어프레임(W)/숨김(H)/실제(R)/개념(C)/음영처리(S)/모서리로 음영처리됨(E)/회색 음영처리(G)/스케치(SK)/X 레이(X)/기타(O)] 〈숨김〉 : _C

ROTATE3D 명령어로 완성된 모델을 확인한다.

⑩ MIRROR3D(3D 대칭) 명령 ★★★★★

대칭 평면에서 선택한 3D 객체의 대칭 사본을 작성한다.

명령어 ▶ MIRROR3D

3D 기본사항

리 본 : 홈 탭 > 수정 > 3D 대칭 〉

명령 : MIRROR3D ↵

객체 선택 : 1개를 찾음

객체 선택 : ↵

대칭 평면 (3점)의 첫 번째 점 지정 또는

[객체(O)/최종(L)/Z축(Z)/뷰(V)/XY/YZ/ZX/3점(3)] 〈3점〉 : 3

대칭 평면 위의 첫 번째 점 지정 : 대칭 평면 위의 두 번째 점 지정 : 대칭 평면 위의

세 번째 점 지정 :

원본 객체를 삭제합니까? [예(Y)/아니오(N)] 〈N〉 :

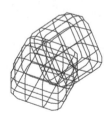

명령 : MIRROR3D ↵

객체 선택 : 1개를 찾음

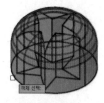

객체 선택 : ↵

대칭 평면 (3점)의 첫 번째 점 지정 또는

[객체(O)/최종(L)/Z축(Z)/뷰(V)/XY/YZ/ZX/3점(3)] 〈3점〉 : XY

다음 위의 점 지정 XY 평면 〈0,0,0〉 : CEN

원본 객체를 삭제합니까? [예(Y)/아니오(N)] 〈N〉 : N

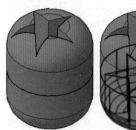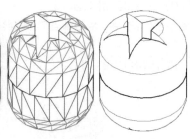

MIRROR3D명령어로 완성된 모델을 확인한다.

11 3DARRAY(3D 배열) 명령 ★★★☆☆

비 연관, 3D 직사각형 또는 원형 배열을 작성한다.

명령어 ▶ 3DARRAY

단축키 ▶ 3DARRAY

3D 기본사항

리 본 ▶ 홈 탭 > 수정 > 3D 대칭 〉 3D 배열

명령 : _3darray
객체 선택 :
배열의 유형 입력 [직사각형(R)/원형(P)] 〈R〉 : R
행 수 입력 (———) 〈1〉 :
열 수 입력 (|||) 〈1〉 : 3
레벨 수 입력 (...) 〈1〉 : 2
열 사이의 거리를 지정 (|||) : 두 번째 점을 지정 :
레벨 사이의 거리를 지정 (...) : 두 번째 점을 지정 :
INTERSECT에 대해 너무 많은 객체가 선택됨

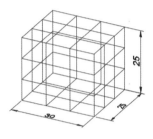

  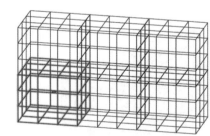

3DARRAY

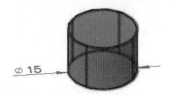

명령 : 3DARRAY ↵

객체 선택 : 1개를 찾음
객체 선택 : ↵
배열의 유형 입력 [직사각형(R)/원형(P)] 〈R〉 : R

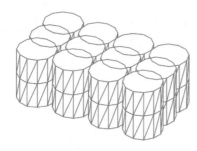

행 수 입력 (──) 〈1〉 : 3
열 수 입력 (|||) 〈1〉 : 4
레벨 수 입력 (...) 〈1〉 : 2
행 사이의 거리를 지정(──) : 10
열 사이의 거리를 지정 (|||) : 15
레벨 사이의 거리를 지정 (...) : 10

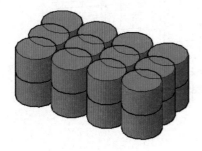

3DARRAY로 완성된 모델을 확인한다.

12 ALIGN(정렬) 명령 ★★★☆☆

객체를 2D 및 3D의 다른 객체와 정렬합니다.

명령어 ▶ ALIGN

단축키 ▶ ALIGN

3D 기본사항

리 본 : 홈 탭 > 수정 > 3D 대칭 〉 3D 정렬

  ▶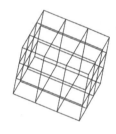

따라하기

ALIGN

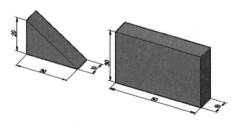

명령 : ALIGN ↵

객체 선택 : 1개를 찾음
객체 선택 : ↵

첫 번째 근원점 지정 : END(끝점)

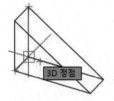

첫 번째 대상점 지정 : MID(중간점)

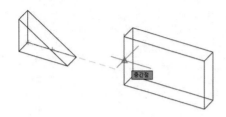

두 번째 근원점 지정 : END(끝점)

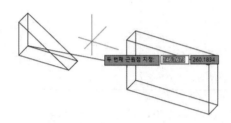

두 번째 대상점 지정 : MID(중간점)

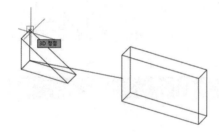

세 번째 근원점 지정 또는 〈계속〉: END(끝점)

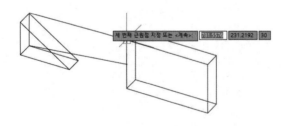

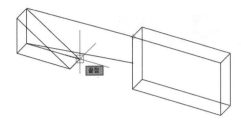

세 번째 근원점 지정 또는 〈계속〉 : END(끝점)

세 번째 대상점 지정 : MID(중간점)

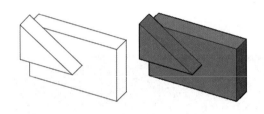

ALIGN 6점으로 완성된 모델을 확인한다.

MESH(메쉬도구)명령

명령어	❯	MESH
단축키	❯	MESH
리 본	❯	홈 탭 > 기본체 > 메쉬상자

3차원의 또 다른 그물망(mesh) 도형을 작성한다.

완성은 솔리드 모델과 방법은 동일하다.

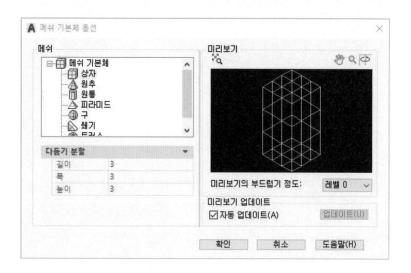

01 메쉬 기본체 작성 ★★★☆☆

명령 : MESH ↵

현재 설정된 부드럽기 정도 : 0

옵션 입력 [상자(B)/원추(C)/원통(CY)/피라미드(P)/구(S)/쐐기(W)/토러스(T)/설정(SE)] 〈상자〉 :

첫 번째 구석 지정 또는 [중심(C)] :

반대 구석 지정 또는 [정육면체(C)/길이(L)] :

높이 지정 또는 [2점(2P)] :

명령 : 반대 구석 지정 또는 [울타리(F)/윈도우폴리곤(WP)/걸침폴리곤(CP)] : ↵

02 MESHSMOOTHMORE(메쉬 부드럽게 하기) 명령 ★★★☆☆

◀ AutoCAD 2021 도움말

메쉬 객체의 부드럽기 정도를 한 레벨 높입니다.

명령 : MESHSMOOTHMORE ↵

부드럽기 정도를 높일 메쉬 객체 선택 : 1개를 찾음

부드럽기 정도를 높일 메쉬 객체 선택 :

임의의 MESH BOX를 생성하여 밀도를 따라서 연습한다.

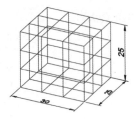

 03 **3D SURFACE 명령** ★★★☆☆

① REVSURF(회전)명령
축을 기준으로 프로파일을 회전시켜 메쉬를 작성한다.

임의의 커브와 축선을 작성하여 REVSURF 명령을 따라 연습한다.

명령 : REVSURF ↵
현재 와이어프레임 밀도 : SURFTAB1=6 SURFTAB2=6
회전할 객체 선택 :
회전축을 정의하는 객체 선택 :
시작 각도 지정 〈0〉 :
사이각 지정 (+=시계반대방향, −=시계방향) 〈360〉 :

② EDGESURF(모서리)명령 ★★★☆☆

이어지는 4개의 모서리 또는 곡선 사이에 메쉬를 작성한다.

 따라하기

임의의 커브(호) 네 개를 작성하여 EDGESURF(모서리) 명령을 따라 연습한다.

 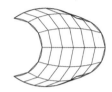

명령 : EDGESURF ↵

현재 와이어프레임 밀도 : SURFTAB1=6 SURFTAB2=6

표면 모서리에 대한 1 객체 선택 :

표면 모서리에 대한 2 객체 선택 :

표면 모서리에 대한 3 객체 선택 :

표면 모서리에 대한 4 객체 선택 :

③ RULESURF(직선복간)명령 ★★★☆☆

두 선 또는 곡선 사이의 표면을 나타내는 메쉬를 작성한다.

 따라하기

임의의 큰 원과 작은 원을 작성하여 RULESURF(직선복간)명령을 연습한다.

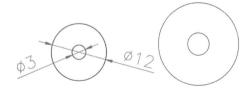

명령 : RULESURF ↵

현재 와이어프레임 밀도 : SURFTAB1=6

첫 번째 정의 곡선 선택 :

두 번째 정의 곡선 선택 :

④ TABSURF(방향벡터) 명령 ★★★☆☆

직선 경로를 따라 스윕 된 선 또는 곡선으로부터 메쉬를 작성한다.

🖱 **따라하기**

임의의 연결된 호(PEDIT=JOIN)와 경로 선을 작성하여 TABSURF(방향벡터) 명령을 연습한다.

명령 : TABSURF ↵
현재 와이어프레임 밀도 : SURFTAB1=6
경로 곡선에 대한 객체 선택 :
방향 벡터에 대한 객체 선택 :

⑤ 시스템 변수(SURFTAB) ★★★☆☆

메쉬(MESH) M,N 방향의 면의 개수를 지정한다.
최대 32766 까지 지정할 수 있다.

ⓐ SURFTAB1 〈6〉: 면 개수 지정

ⓑ SURFTAB2 〈6〉: 면 개수 지정

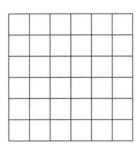

① 명령 : SURFTAB1 ↵

SURFTAB1에 대한 새 값 입력 〈6〉: 10

② 명령 : SURFTAB2 ↵

SURFTAB2에 대한 새 값 입력 〈6〉: 8

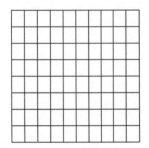

3D MODEL 환경에서 도면 만들기

1) VPORTS(뷰포트) 구성 명령 ★★★★★

명령어 ▶ VPORTS

단축키 ▶ −VPORTS

(1) 새 뷰포트

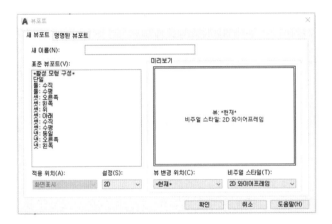

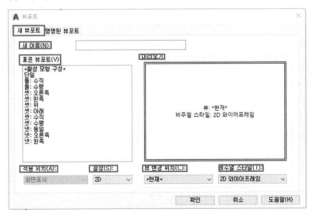

명령 : VPORTS ↵

① 새 뷰포트 탭(모형 공간뷰포트 대화상자)

② 새 이름 : 새 모형 공간 뷰포트 구성의 이름을 지정한다.

③ 표준 뷰포트 : 현재 구성인 CURRENT를 포함하여 표준 뷰포트 구성을 나열하고 설정한다.

④ 미리보기 : 선택한 뷰포트 구성의 미리보기와 구성에 포함된 개별 뷰포트 각각에 지정된 기본 뷰 를 표시한다.

⑤ 적용 대상 : 모형 공간 뷰포트 구성을 전체 화면표시 또는 현재 뷰포트에 적용한다.

⑥ 설정 : 2D 또는 3D 설정을 지정한다.

⑦ 뷰 변경 : 선택한 뷰포트의 뷰를 리스트에서 선택한 뷰로 대치한다.

⑧ 비주얼 스타일 : 뷰포트에 비주얼 스타일을 적용한다.

(2) 명명된 뷰포트

: 도면에 저장되어 있는 모형 뷰포트 구성을 모두 나열한다.

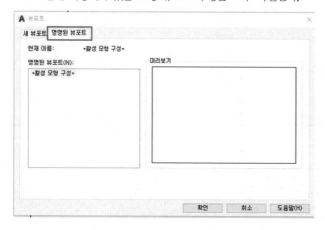

명령 : VPORTS ↵

① 현재 이름 : 현재 뷰포트 구성의 이름을 표시한다.

② 표준 뷰포트 : 표준 뷰포트 구성 리스트를 표시하고 배치 뷰포트를 구성한다.

③ 미리보기 : 선택한 뷰포트 구성의 미리보기와 구성에 포함된 개별 뷰포트 각각에 지정된 기본 뷰를 표시한다.

④ 뷰포트 간격두기 : 구성 중인 배치 뷰포트들 사이에 적용할 간격을 지정한다.

⑤ 설정 : 2D 또는 3D 설정을 지정한다.

⑥ 뷰 변경 : 선택한 뷰포트의 뷰를 리스트에서 선택한 뷰로 대치한다.

08

비주얼 스타일(VISUALSTYLES) 명령

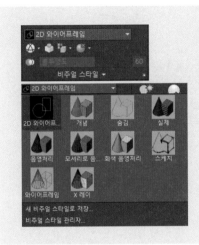

비주얼 스타일을 작성하고 수정한 다음 비주얼 스타일을 뷰포트에 적용한다.

명령어 ▶ –VISUALSTYLES

단축키 ▶ –VISUALSTYLES

리 본 ▶ 시각화 탭 > 비부얼 스타일 > 2D와이어프레임 클릭

01 미리 정의된 비주얼 스타일

명령 : VSCURRENT ↵

옵션 입력 [2D 와이어프레임(2)/와이어프레임(W)/숨김(H)/실제(R)/개념(C)/음영처리(S)/모서리로 음영처리됨(T)/회색 음영처리(G)/스케치(SK)/X 레이(X)/기타(O)] 〈2d 와이어프레임〉:

🔧 **옵션**

① 2D 와이어프레임 선과 곡선을 사용하여 나타낸다.

② 개념 부드러운 음영처리를 나타낸다.

③ 숨김 와이어프레임 표현을 사용하여 표시하고 뒷면을 표현하는 선을 숨긴다.

④ 사실적 부드러운 음영처리 및 재료를 사용하여 나타낸다.

⑤ 부드러운 음영처리를 사용하여 나타낸다.

⑥ 모서리 음영처리, 부드러운 음영처리 , 표시되는 모서리를 사용하여 나타낸다.

⑦ 회색 음영처리 부드러운 음영처리 및 회색 단색 음영을 사용하여 나타낸다.

⑧ 스케치 사용하여 손으로 스케치한 효과를 적용해 2D, 3D를 나타낸다.

⑨ 와이어프레임 선 및 곡선만 사용하여 나타낸다.

⑩ X 레이 3D 객체를 부분적으로 투명하게 나타낸다.

3D MODEL 환경에서 도면 만들기

01 LAYOUT(윤곽) 명령 ★★★★★

도면 배치를 작성 및 수정합니다.

명령어 ▶ LAYOUT

단축키 ▶ LAYOUT

화면 왼쪽 하단 배치1을 마우스로 선택한다.

명령 : LAYOUT ↵

배치 옵션 입력 [복사(C)/삭제(D)/새로 만들기(N)/템플릿(T)/이름바꾸기(R)/저장(SA)/설정(S)/?] 〈설정〉 :

현재로 할 배치 입력 〈배치1〉 :

배치 재생성 중.

🔧 **옵션**

① 복사 : 배치를 복사한다.

　　　　이름을 제공하지 않으면 새 배치는 괄호 안에 증분 숫자가 있는 복사된 배치 이름을 사용한다.

　　　　새 탭은 복사된 배치 탭 앞에 삽입된다.

② 삭제 : 배치를 삭제한다. (가장 최근의 배치가 기본 값)

〈참고〉

모형 탭은 삭제할 수 없다.

모형 탭에서 모든 형상을 제거하려면 모든 형상을 선택하고 ERASE 명령을 사용해야 한다.

③ 새로 만들기 : 새 배치 탭을 작성한다. 배치 이름은 고유해야 한다.

④ 템플릿 : 템플릿(DWT), 도면(DWG) 또는 도면 교환(DXF) 파일의 기존 배치를 기준으로 새 배치 탭을 작성한다.

⑤ 이름바꾸기 : 배치의 이름을 바꾼다.

⑥ 다른 이름으로 저장 : 사용되지 않는 블록 및 도면층과 같은 사용되지 않는 명명된 객체를 저장하지 않고 배치를 도면 템플릿(DWT) 파일로 저장한다.

⑦ 설정 : 배치를 현재 배치로 만듭니다.

⑧ ?—배치 나열 : 도면에 정의된 모든 배치를 나열합니다.

이들 옵션 중 다수는 배치 탭 이름을 마우스 오른쪽 버튼으로 클릭하여 사용할 수 있다.

02 MVIEW(다중 뷰) 명령 ★★★★★

배치 뷰포트를 작성하고 조정합니다.

명령어 ▶ MVIEW

단축키 ▶ MV

명령 : 배치 상황별 탭이 활성화 되어 있을 때만 찾을 수 있다.

명령 : MV ↵

MVIEW

뷰포트 구석 지정 또는 [켜기(ON)/끄기(OFF)/맞춤(F)/음영 플롯(S)/잠금(L)/새로 만들기(NE)/이름(NA)/객체(O)/폴리곤(P)/복원(R)/도면층(LA)/2/3/4] 〈맞춤〉:

모형 재생성 중.

옵션

① 뷰포트 구석, 반대 구석 : 직사각형 배치 뷰포트의 첫 번째 구석을 지정한 후 대각선 구석을 지정한다.

② 켜기 : 선택한 배치 뷰포트를 활성화한다.

　활성 배치 뷰포트는 모형 공간의 객체를 표시한다.

　배치 뷰포트는 한 번에 64개까지만 활성화할 수 있다.

　(원하는 수만큼 작성할 수 있다)

③ 끄기 : 선택한 배치 뷰포트를 비 활성화 한다.

　(모형 공간의 객체는 비활성 배치 뷰포트에는 표시되지 않는다.)

④ 맞춤 : 배치를 인쇄 가능 영역의 모서리까지 채우는 단일 배치 뷰포트를 작성한다.

　(용지 배경과 인쇄 가능 영역이 꺼지면 화면표시가 배치 뷰포트로 채워진다.)

⑤ 음영 플롯 : 선택한 배치 뷰포트를 플롯할 때 사용할 비주얼 스타일을 지정한다.

⑥ 잠금 : 모형 공간에서 작업할 때 현재 배치 뷰포트에서 줌 축척 비율을 변경할 수 없도록 지정한다.

⑦ 새로 만들기(NE) : 배치에서 새 뷰와 배치 뷰포트를 작성하여 배치한다.

　Ⓐ 도면 영역이 일시적으로 모형 공간의 최대화된 뷰로 전환된다.

　Ⓑ 두 점을 클릭하여 뷰의 직사각형 영역을 정의할 수 있다.

　Ⓒ 적절한 크기의 배치 뷰포트 내에 미지정 뷰가 작성된다.

　Ⓓ 마우스 오른쪽 버튼을 클릭하여 다른 축척을 지정하거나,

　Ⓔ 클릭하여 현재 배치에 배치 뷰포트를 배치한다.

　Ⓕ 배치 뷰포트는 기본 축척으로 설정되거나 현재 주석 축척으로 설정되어 잠긴다.

ⓖ 삼각형 축척을 사용하여 배치 뷰포트를 잠금 해제 하면 축척을 변경할 수 있다.

⑧ 명명됨(NA) : 이전에 모형 공간에 저장했던 명명된 뷰를 새 배치 뷰포트와 함께 현재 배치에 삽입한다.

⑨ 객체 : 배치 뷰포트로 변환할 닫힌 폴리선, 타원, 스플라인, 영역 또는 원을 지정한다.

      (폴리선이 닫혀 있고 세 개 이상의 정점을 포함 선,호 세그먼트를 포함)

⑩ 폴리곤 : 지정한 점을 사용하여 불규칙한 쉐이프의 배치 뷰포트를 작성한다.

⑪ 복원 : VPORTS 명령을 사용하여 저장된 뷰포트 구성을 복원합니다.

⑫ 첫 번째, 반대 구석 : 동일한 정렬을 지정한, 이전에 저장한 모형 공간 뷰포트로 사용하여 새 배치 뷰포트의 위치를 지정하고 크기를 조정한다.

⑬ 맞춤 : 새 배치 뷰포트의 크기를 조정하여 배치를 채운다.

⑭ 도면층 : 선택한 배치 뷰포트에 대한 도면층 특성 재지정을 전역 도면층 특성으로 재설정한다.

⑮ 2/3/4

    ⓐ 2 : 지정한 영역을 동일한 크기의 배치 뷰포트 두 개로 수평 또는 수직 분할한다.

        – 뷰포트 정렬을 입력 : 첫 번째, 반대 구석 지정한 직사각형 영역 내에서 새 배치 뷰포트의 위치를 지정하고 크기를 조정한다.
        – 맞춤 : 새 배치 뷰포트의 크기를 조정하여 배치를 채운다.

2개/수직

    ⓑ 3 : 지정한 영역을 세 개의 배치 뷰포트로 분할한다.

        – 수평과 수직 옵션은 3단으로 분할한다.
        – 나머지 옵션은 영역을 세 개의 뷰포트, 즉 큰 뷰포트 하나와 작은 뷰포트 두 개로 분할한다.
        – 위, 아래, 왼쪽 및 오른쪽 옵션은 더 큰 뷰포트가 배치되는 위치를 지정한다.

3개/오른쪽

    ⓒ 4 : 지정한 영역을 동일한 크기의 네 개의 배치 뷰포트로 수평 및 수직 분할한다.

4

03 MVSETUP(정렬 맞추기) ★★★★★

명령어	❯ MVSETUP
단축키	❯ MVS

도면 공간의 명명된 배치에서 MVSETUP 입력
배치 뷰포트 세트를 작성할 수 있다.

명령 : MVSETUP ↵
초기화 중...
도면 공간을 사용가능하게 합니까? [아니오(N)/예(Y)] 〈Y〉 :
(TILEMODE 시스템 변수가 꺼져 있는 경우 또는 도면 공간을 사용 가능 여부를 물어온다.)

명령 : PS ↵

(명령 : _+options ↵ 탭 색인 〈0〉 : 1)

명령 : MVSETUP ↵

옵션 입력 [정렬(A)/뷰포트 작성(C)/뷰포트 축척(S)/옵션(O)/제목 블록(T)/명령 취소(U)] :

⚙ **옵션**

옵션 입력 [정렬(A)/뷰포트 작성(C)/뷰포트 축척(S)/옵션(O)/제목 블록(T)/명령 취소(U)] :

옵션 입력 [각도(A)/수평(H)/수직 정렬(V)/뷰 회전(R)/명령 취소(U)] :

① 정렬(A) : 초점 이동하여 다른 뷰포트의 기준점에 정렬되도록 한다.

    Ⓐ 각도 : 지정한 방향으로 초점 이동 한다.

    Ⓑ 수평 : 한 뷰포트의 뷰를 초점 이동하여 다른 뷰포트의 기준점에 수평으로 정렬 되도록 한다.(수평인 경우에만 사용)

    Ⓒ 수직 정렬 : 한 뷰포트의 뷰를 초점이동하여 다른 뷰포트의 기준점에 수직으로 정렬 되도록 한다. (두 뷰포트의 방향이 수직인 경우에만 사용)

    Ⓓ 뷰 회전 : 뷰포트의 뷰를 기준점 둘레로 회전한다.

    Ⓔ 명령 취소 : 현재 MVSETUP 세션에서 수행한 작업을 되돌린다.

② 뷰포트 작성 : 뷰포트를 작성한다.

    옵션 입력 [정렬(A)/뷰포트 작성(C)/뷰포트 축척(S)/옵션(O)/제목 블록(T)/명령 취소(U)] :

    옵션 입력 [객체 삭제(D)/뷰포트 작성(C)/명령 취소(U)] 〈뷰포트 작성〉 :

    Ⓐ 객체 삭제 : 기존 배치 뷰포트를 삭제한다.

    Ⓑ 뷰포트 작성 : 배치 뷰포트를 작성하기 위한 옵션을 표시한다.

〈참고〉

로드할 배치 수 : 배치 뷰포트 작성을 조정한다.

    0 : 없음 (0 또는 Enter 키를 누르면 배치 뷰포트가 작성되지 않는다)

    1 : 단일 : 프롬프트에 의해 크기가 결정되는 단일 배치 뷰포트가 작성된다.

    2 : 표준 엔지니어링 : 지정한 영역을 4등분하여 네 개의 배치 뷰포트가 작성된다.

    3 : 뷰포트의 배열 : X 축과 Y 축을 따라 배치 뷰포트의 행렬이 정의된다.

③ 다시 : 뷰포트 배치 옵션 리스트를 다시 표시한다.

④ 명령 취소 : 현재 MVSETUP 세션에서 수행한 작업을 되돌린다.

⑤ 뷰포트 축척 : 배치 뷰포트에 표시되는 객체의 줌 축척 비율을 조정한다.

Mview 설정 (도면출력설정)

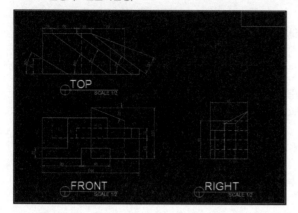

A. 도면공간 설정

1) 도면 작성을 완료한다.

2) 배치 탭으로 전환하고 화면분할 및 정렬과 척도를 맞춰 준다.

3) 배치 탭에서 Limits 값을 시험에서 주어진 크기로 맞춰 한다. (297,210으로 한다.)

4) 도면크기에 맞게 사각형을 그려준 후 안쪽으로 10mm 간격띄우기를 한다.

　① 명령 : LIMITS ↵

　　도면 공간 한계 재설정 :

　　왼쪽 아래 구석 지정 또는 [켜기(ON)/끄기(OFF)] 〈0.0000,0.0000〉 :

　　오른쪽 위 구석 지정 〈12.0000,9.0000〉 : 297,210 ↵

　② 명령 : ZOOM ↵

　　윈도우 구석 지정, 축척 비율(nX 또는 nXP) 입력 또는

　　[전체(A)/중심(C)/동적(D)/범위(E)/이전(P)/축척(S)/윈도우(W)/객체(O)] 〈실시간〉 : a

　　배치 재생성 중.

　③ 명령 : RECTANG ↵

　　첫 번째 구석점 지정 또는 [모따기(C)/고도(E)/모깎기(F)/두께(T)/폭(W)] : 0,0

　　다른 구석점 지정 또는 [영역(A)/치수(D)/회전(R)] : @297,210 ↵

　④ 명령 : OFFSET ↵

　　현재 설정 : 원본 지우기=아니오　도면층=원본　OFFSETGAPTYPE=0

　　간격띄우기 거리 지정 또는 [통과점(T)/지우기(E)/도면층(L)] 〈통과점〉 : 10

　　간격띄우기 할 객체 선택 또는 [종료(E)/명령 취소(U)] 〈종료〉 :

　　간격띄우기 할 면의 점 지정 또는 [종료(E)/다중(M)/명령 취소(U)] 〈종료〉 :

　　간격띄우기 할 객체 선택 또는 [종료(E)/명령 취소(U)] 〈종료〉 :

5) 아래 그림처럼 화면에 맞는 직사각형이 만들어 진다.

6) 바깥쪽 사각형은 안쪽의 사각형을 그리기 위한 임의의 선이므로 지워 준다.

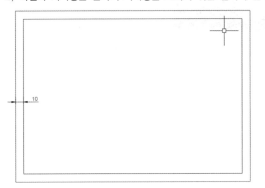 

완성된 모양을 확인한다.

B. 화면 분할 및 척도 맞춰 준다.(예시 도면 참조)

작업 순서

1) 현재 레이어를 뷰포트 레이어로 설정한다.

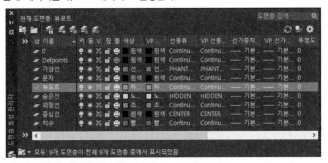

2) Mview (화면분할)

3) 3 (3개의 화면으로 분할하겠다.)

4) R (가장 큰 화면을 Right에 두겠다.)

5) 사각형의 왼쪽 하단 클릭

6) 사각형의 오른쪽 하단 클릭

---

① 명령 : MV ↵

뷰포트 구석 지정 또는 [켜기(ON)/끄기(OFF)/맞춤(F)/음영 플롯(S)/잠금(L)/새로 만들기(NE)/이름(NA)/객체(O)/폴리곤(P)/복원(R)/도면층(LA)/2/3/4] 〈맞춤〉 : 3

② 뷰포트 정렬 입력

[수평(H)/수직(V)/위(A)/아래(B)/왼쪽(L)/오른쪽(R)] 〈오른쪽(R)〉 : R

첫 번째 구석점 지정 또는 [맞춤(F)] 〈맞춤〉 :

반대 구석 지정 : 모형 재생성 중.

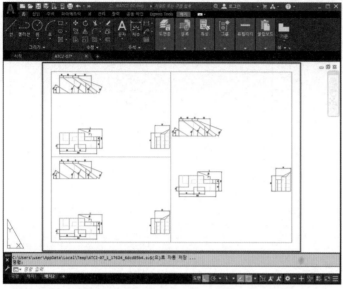

– 완성된 도면을 확인한다.

1) 위 도면이 나타나면 모델 공간(Model Space)으로 전환한다.
   (더블클릭으로 화면 내부를 클릭하고 종료를 한다.)
2) 평면도, 정면도, 우측면도에 맞게 화면 중앙으로 맞춰 준다.
   (정확한 자리맞춤은 Mvsetup(정렬)을 한다.)

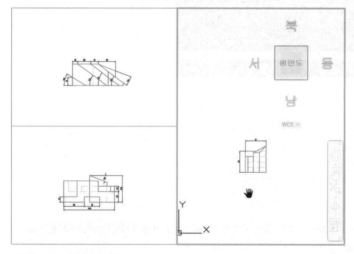

나타난 도면 그림을 확인한다.

C. 도면의 척도와 중앙정렬 맞춰 준다.

작업순서
– Z ↵ (Zoom)
  1/2XP↵ (완성된 도면 하단에 SCALE이 1/2로 주어져 있다.)

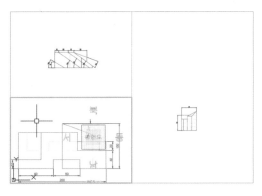
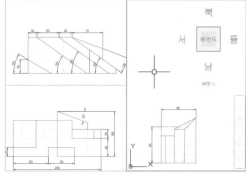

① 명령 : ZOOM ↵
  윈도우 구석 지정, 축척 비율(nX 또는 nXP) 입력 또는
  [전체(A)/중심(C)/동적(D)/범위(E)/이전(P)/축척(S)/윈도우(W)/객체(O)] 〈실시간〉: 1/2XP ↵
  (정면, 평면, 우측면 세 곳을 동일하게 반복한다.)

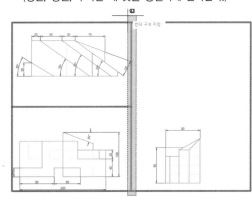
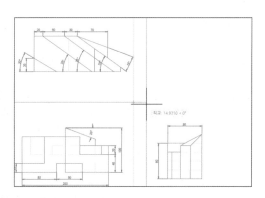

정렬을 진행하기 위하여 뷰포트 테두리를 도면이 다 보이게 각각 크기 변경을 해 준다.

② 명령 : STRETCH ↵
  걸침 윈도우 또는 걸침 폴리곤만큼 신축할 객체 선택...
  객체 선택 : 반대 구석 지정 : 4개를 찾음
  객체 선택 :
  기준점 지정 또는 [변위(D)] 〈변위〉:
  두 번째 점 지정 또는 〈첫 번째 점을 변위로 사용〉:
  명령 : 반대 구석 지정 또는 [울타리(F)/윈도우폴리곤(WP)/걸침폴리곤(CP)] :

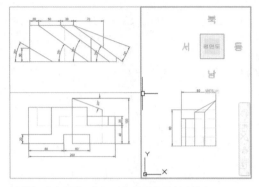 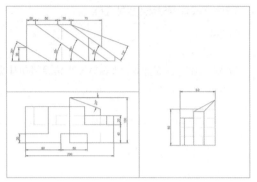

정렬을 하기 위한 기본 그림 위치가 완성되었다.

③ Mvsetup(정렬)을 한다.

작업순서
1) 명령 : MVS(Mvsetup ↵)
2) 현재 창을 정면도에 맞춰준다.(정면도창을 한번 클릭한다.)
3) V (수직 정렬(V)) 선택 한다.
4) 정면도의 가장 왼쪽 중간 부위 클릭한다.(OSNAP Midp(중간점)을 선택한다.)
5) 평면도 창을 한번 클릭해서 전환 한다.
6) 평면도의 가장 왼쪽 중간부위 클릭한다.(OSNAP Midp(중간점)을 선택한다.)

명령 : MVS
_.PSPACE
명령 :
옵션 입력 [정렬(A)/뷰포트 작성(C)/뷰포트 축척(S)/옵션(O)/제목 블록(T)/명령 취소(U)] : A

옵션 입력 [각도(A)/수평(H)/수직 정렬(V)/뷰 회전(R)/명령 취소(U)] : V
_.UNDO 현재 설정 : 자동 = 켜기, 조정 = 전체, 결합 = 예, 도면층 = 예
취소할 작업의 수 또는 [자동(A)/조정(C)/시작(BE)/끝(E)/표식(M)/뒤(B)] 입력 〈1〉 : _GROUP
명령 : _.MSPACE
명령 : _.UCS
현재 UCS 이름 : *표준*
UCS의 원점 지정 또는 [면(F)/이름(NA)/객체(OB)/이전(P)/뷰(V)/표준(W)/X(X)/Y(Y)/Z(Z)/Z축(ZA)] 〈표준〉 : _W
명령 :
기준점 지정 : _mid 〈–
초점이동할 뷰포트에서 점을 지정 : _mid 〈– _.UCS
현재 UCS 이름 : *표준*
UCS의 원점 지정 또는 [면(F)/이름(NA)/객체(OB)/이전(P)/뷰(V)/표준(W)/X(X)/Y(Y)/Z(Z)/Z축(ZA)] 〈표준〉 : _V
명령 : _.PAN 기준점 또는 변위 지정 : 두 번째 점을 지정 :
명령 : _.UCS
현재 UCS 이름 : *표준*
UCS의 원점 지정 또는 [면(F)/이름(NA)/객체(OB)/이전(P)/뷰(V)/표준(W)/X(X)/Y(Y)/Z(Z)/Z축(ZA)] 〈표준〉 : _P
명령 : _.UNDO 현재 설정 : 자동 = 켜기, 조정 = 전체, 결합 = 예, 도면층 = 예
취소할 작업의 수 또는 [자동(A)/조정(C)/시작(BE)/끝(E)/표식(M)/뒤(B)] 입력 〈1〉 : _EN

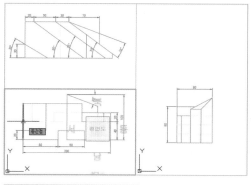
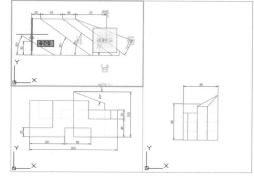
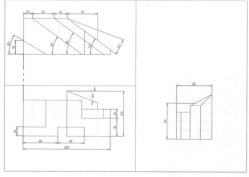

수직 정렬로 완성된 화면을 확인 한다.

④ Mvsetup(정렬)을 한다.

작업순서
1) 명령 : MVS(Mvsetup ↵)
2) 현재 창을 정면도에 맞춰준다.(정면도창을 한번 클릭한다.)
3) H (수평 정렬(H)) 선택 한다.
4) 정면도의 가장 왼쪽 중간 부위 클릭한다.(OSNAP Midp(중간점)을 선택한다)
5) 우측면도 창을 한번 클릭해서 전환 한다.
6) 우측면도의 가장 왼쪽 중간부위 클릭한다.(OSNAP Midp(중간점)을 선택한다)
7) ESC키를 눌러서 종료합니다.
8) 사각창의 바깥을 더블클릭해서 전환 한다.(종이 공간(Paper Space)으로 전환)

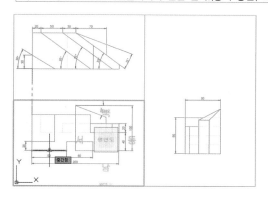
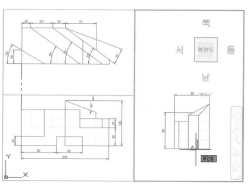

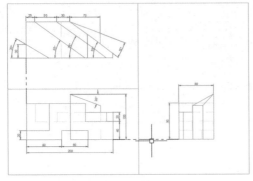

수평 정렬로 완성된 화면을 확인 한다.

D. 3개의 뷰포트 도면층을 OFF 시킨다.

1) 현재 도면층을 (Mview)도면층을 제외한 다른 도면층으로 지정한다.

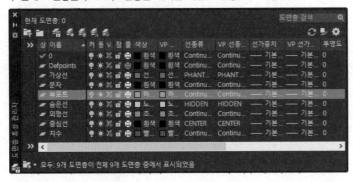

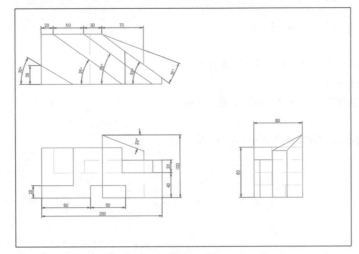

2) 뷰포트 도면층의 끄기가 완성된 도면을 확인한다.

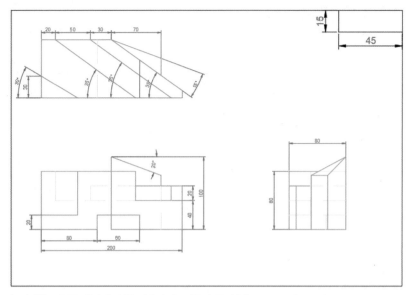

3) 사각형 오른쪽 상단에 수험 번호란 을 만들어 준다.(가로 : 45 , 세로 : 15)

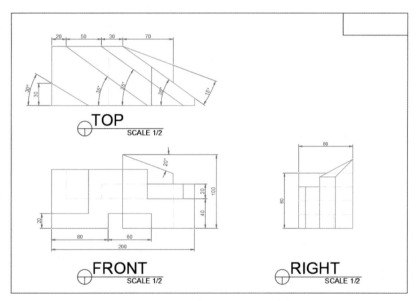

최종 완성된 도면을 확인한다.

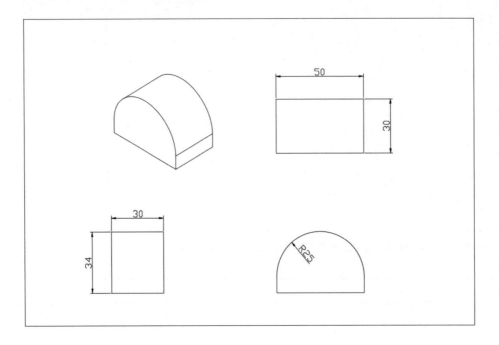

① 명령 : _box ↵

　　첫 번째 구석 지정 또는 [중심(C)] :

　　반대 구석 지정 또는 [정육면체(C)/길이(L)] :

　　〉〉ORTHOMODE에 대한 새 값 입력 〈0〉 :

　　BOX 명령 재개 중.

　　반대 구석 지정 또는 [정육면체(C)/길이(L)] : @30,50,34

② 명령 : FILLET ↵

　　현재 설정 : 모드 = 자르기, 반지름 = 0.0000

　　첫 번째 객체 선택 또는 [명령 취소(U)/폴리선(P)/반지름(R)/자르기(T)/다중(M)] : R

　　모깎기 반지름 지정 〈0.0000〉 : 25

　　첫 번째 객체 선택 또는 [명령 취소(U)/폴리선(P)/반지름(R)/자르기(T)/다중(M)] :

　　모깎기 반지름 입력 또는 [표현식(E)] 〈25.0000〉 :

　　모서리 선택 또는 [체인(C)/루프(L)/반지름(R)] :

　　모서리 선택 또는 [체인(C)/루프(L)/반지름(R)] :

　　2개의 모서리(들)이(가) 모깎기를 위해 선택됨.

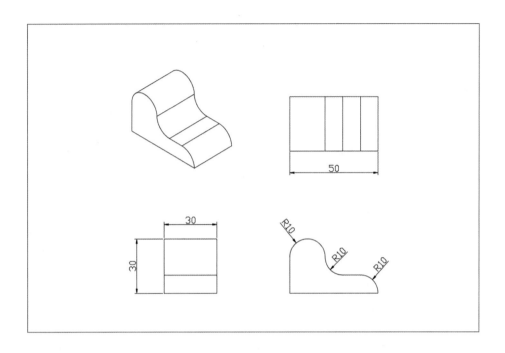

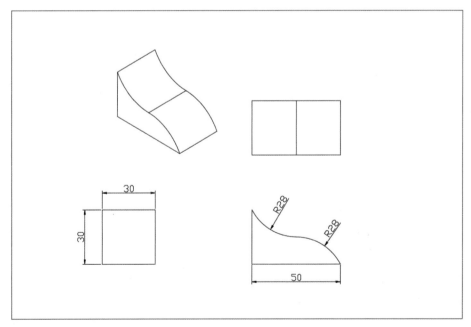

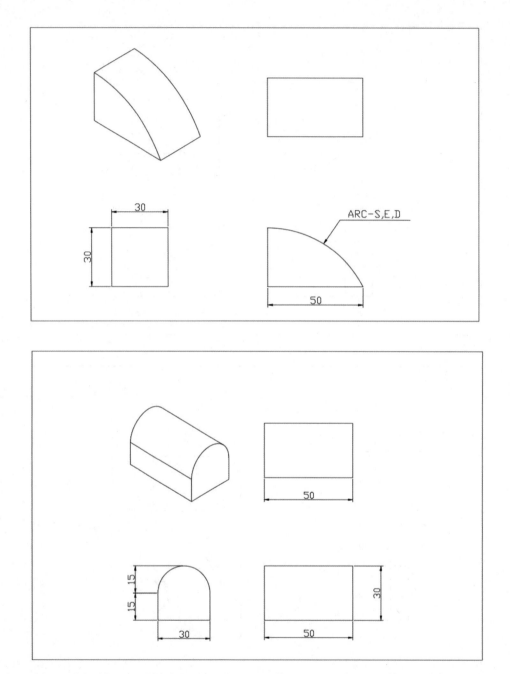

ARC-S,E,D

30

30

50

50

15

15

15

30

30

50

30

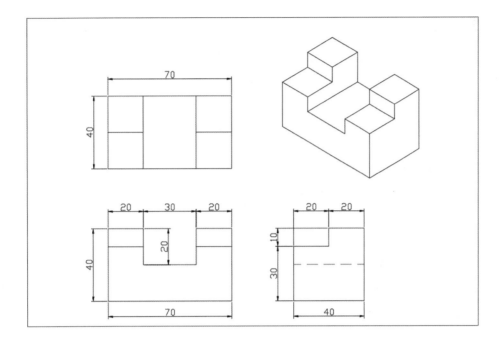

① 명령 : BOX ↵

    첫 번째 구석 지정 또는 [중심(C)] :

    반대 구석 지정 또는 [정육면체(C)/길이(L)] : @70,40,40

② 명령 : BOX ↵

    첫 번째 구석 지정 또는 [중심(C)] :

    반대 구석 지정 또는 [정육면체(C)/길이(L)] : @20,20,–10

③ 명령 : BOX ↵

    첫 번째 구석 지정 또는 [중심(C)] :

    반대 구석 지정 또는 [정육면체(C)/길이(L)] : @20,40,20

④ 명령 : CO ↵

    COPY

    객체 선택 : 1개를 찾음

    객체 선택 : ↵

    현재 설정 : 복사 모드 = 다중(M)

    기본점 지정 또는 [변위(D)/모드(O)] 〈변위〉:

    두 번째 점 지정 또는 [배열(A)] 〈첫 번째 점을 변위로 사용〉:

    두 번째 점 지정 또는 [배열(A)/종료(E)/명령 취소(U)] 〈종료〉: ↵

⑤ 명령 : BOX ↵
첫 번째 구석 지정 또는 [중심(C)] :
반대 구석 지정 또는 [정육면체(C)/길이(L)] : @30,40,20

⑥ 명령 : M ↵
MOVE
객체 선택 : 1개를 찾음
객체 선택 :
기준점 지정 또는 [변위(D)] 〈변위〉:
두 번째 점 지정 또는 〈첫 번째 점을 변위로 사용〉: ↵

⑦ 명령 : SU ↵
SUBTRACT 제거 대상인 솔리드, 표면 및 영역을 선택 ..
객체 선택 : 1개를 찾음
객체 선택 : 제거할 솔리드, 표면 및 영역을 선택 ..
객체 선택 : 1개를 찾음
객체 선택 : 1개를 찾음, 총 2개
객체 선택 : 1개를 찾음, 총 3개
객체 선택 : ↵

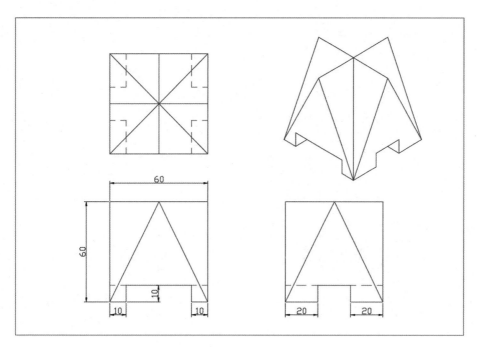

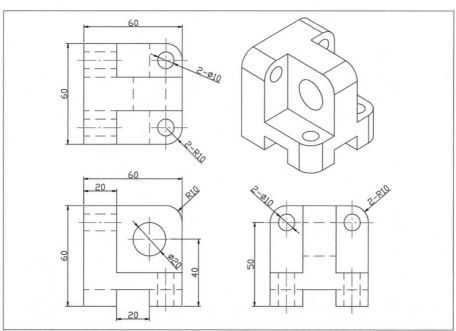

AutoCAD 단축키

AutoCAD 단축키 및 핫키 안내서

기능키	기능
Ctrl + G	그리드 전환
Ctrl + E	등각투영 평면 순환
Ctrl + F	활성 객체 스냅 전환
Ctrl + H	스타일 선택 전환
Ctrl + Shift + H	팔레트 숨기기 전환
Ctrl + I	좌표 전환
Ctrl + Shift + I	추정 구속조건 전환
Ctrl + 0 (숫자)	화면 정리
Ctrl + 1	특성 팔레트
Ctrl + 2	Design Center 팔레트
Ctrl + 3	도구 팔레트
Ctrl + 4	시트 세트 팔레트
Ctrl + 6	데이터베이스 연결 관리자
Ctrl + 7	표식 세트 관리자 팔레트
Ctrl + 8	빠른 계산기
Ctrl + 9	명령행
Ctrl + N	새 도면
Ctrl + S	도면 저장
Ctrl + O	도면 열기
Ctrl + P	플롯 대화상자
Ctrl + Tab	다음으로 전환
Ctrl + Shift + Tab	이전 도면으로 전환
Ctrl + Page Up	현재 도면에서 이전 탭으로 전환
Ctrl + Page Down	현재 도면에서 다음 탭으로 전환
Ctrl + Q	끝내기
Ctrl + Shift + S	다른 이름으로 도면 저장
Ctrl + A	모든 객체 선택
Ctrl + C	객체 복사
Ctrl + K	하이퍼링크 삽입
Ctrl + X	객체 잘라내기

Ctrl + V	객체 붙여넣기
Ctrl + Shift + C	기준점을 사용하여 클립보드에 복사
Ctrl + Shift + V	데이터를 블록으로 붙여넣기
Ctrl + Z	마지막 작업 취소
Ctrl + Y	마지막 작업 복구
Ctrl + [	현재 명령어 취소(또는 Ctrl+₩)

기능키	기능
F1	도움말 표시
F2	문자 화면 전환
F3	객체 스냅 모드 전환
F4	3DOsnap 전환
F5	등각투영 전환
F6	동적 UCS 전환
F7	그리드 모드 전환
F8	직교 모드 전환
F9	스냅 모드 전환
F10	극좌표 모드 전환
F11	객체 스냅 추적 전환
F12	동적 입력 모드 전환
ESC	현재 명령어 취소

약어	용어	설명
A	ARC	호 작성
ADC	ADCENTER	블록, 외부 참조 및 해치 패턴 등 컨텐츠 관리 및 삽입
AA	AREA	객체 또는 정의된 영역의 면적 및 둘레 계산
AL	ALIGN	객체를 2D 및 3D의 다른 객체와 정렬
AP	APPLOAD	응용프로그램 로드
AR	ARRAY	일정 패턴으로 객체의 다중 사본 작성
ARR	ACTRECORD	동작 레코더 시작
ARM	ACTUSERMESSAGE	동작 매크로에 사용자 메시지 삽입
ARU	ACTUSERINPUT	사용자 입력을 위해 동작 매크로 일시 중지
ARS	ACTSTOP	동작 레코더를 정지하고 기록된 동작을 동작 매크로 파일에 저장하는 옵션 제공
ATI	ATTIPEDIT	블록 내 속성의 문자 내용 변경

ATT	ATTDEF	블록 재정의 및 연관된 속성 업데이트
ATE	ATTEDIT	블록의 속성 정보 변경
B	BLOCK	선택된 객체로부터 블록 정의 작성
BC	BCLOSE	블록 편집기 닫기
BE	BEDIT	블록 편집기에서 블록 정의 열기
BH	HATCH	닫힌 영역 또는 선택한 객체를 해치 패턴, 솔리드 채우기 또는 그라데이션
BO	BOUNDARY	닫힌 영역으로부터 영역 또는 폴리선 작성
BR	BREAK	선택된 객체의 두 점 사이 끊기
BS	BSAVE	현재 블록 정의 저장
BVS	BVSTATE	동적 블록의 가시성 상태 작성, 설정 또는 삭제
C	CIRCLE	원 작성
CAM	CAMERA	카메라 및 대상 위치를 설정하여 객체의 3D 투시도 작성 및 저장
CBAR	CONSTRAINTBAR	객체에서 사용 가능한 기하학적 구속조건을 표시하는 도구막대
CH	PROPERTIES	기존 객체의 특성 제어
CHA	CHAMFER	객체의 모서리를 비스듬히 깎기
CHK	CHECKSTANDARDS	현재 도면에 표준 위반이 있는지 확인
CLI	COMMANDLINE	명령행 윈도우 표시
COL	COLOR	새 객체의 색상 설정
CO	COPY	지정된 방향으로 지정된 거리만큼 떨어진 곳에 객체 복사
CT	CTABLESTYLE	현재 테이블 스타일의 이름 설정
CUBE	NAVVCUBE	ViewCube의 가시성 및 화면표시 특성 조정
CYL	CYLINDER	3D 솔리드 원통 작성
D	DIMSTYLE	치수 스타일 작성 및 수정
DAN	DIMANGULAR	각도 치수 작성
DAR	DIMARC	호 길이 치수 작성
DBA	DIMBASELINE	이전 치수 또는 선택한 치수의 기준선으로부터 선형 치수, 각도 치수 또는 세로 좌표 치수 작성
DBC	DBCONNECT	외부 데이터베이스 테이블에 대한 인터페이스 제공
DCE	DIMCENTER	원 및 호의 중심선 또는 중심 표식 작성
DCO	DIMCONTINUE	이전에 작성한 치수의 치수보조선에서 시작하는 치수 작성
DCON	DIMCONSTRAINT	선택한 객체 또는 객체의 점에 치수 구속조건 적용
DDA	DIMDISASSOCIATE	선택한 치수에서 연관성 제거
DDI	DIMDIAMETER	원 또는 호의 지름 치수 작성
DED	DIMEDIT	치수 문자 및 치수보조선 편집

DI	DIST	두 점 사이의 거리 및 각도 측정
DIV	DIVIDE	객체의 길이 또는 둘레를 따라 점 객체 또는 블록을 일정한 간격으로 작성
DJL	DIMJOGLINE	선형 또는 정렬된 치수에 꺾기 선 추가 또는 제거
DJO	DIMJOGGED	원과 호의 꺾기 치수 작성
DL	DATALINK	데이터 링크 대화상자 표시
DLU	DATALINKUPDATE	설정된 외부 데이터 링크로/로부터 데이터 업데이트
DO	DONUT	채워진 원 또는 넓은 링 작성
DOR	DIMORDINATE	세로좌표 치수 작성
DOV	DIMOVERRIDE	선택한 치수에 사용된 시스템 변수의 재지정 조정
DR	DRAWORDER	이미지 및 다른 객체의 그리기 순서 변경
DRA	DIMRADIUS	원 또는 호의 반지름 치수 작성
DRE	DIMREASSOCIATE	선택한 치수를 객체 또는 객체의 점에 연관 또는 재연관
DRM	DRAWINGRECOVERY	프로그램 또는 시스템 장애 후 복구할 수 있는 도면 파일 리스트 표시
DS	DSETTINGS	그리드 및 스냅, 극좌표 및 객체 스냅 추적, 객체 스냅 모드, 동적 입력 및 빠른 특성 설정
DT	TEXT	단일 행 문자 객체 작성
DV	DVIEW	카메라 및 표적을 사용하여 평행 투영 뷰 또는 투시도 정의
DX	DATAEXTRACTION	도면 데이터를 추출하고 외부 소스의 데이터를 데이터 추출 테이블 또는 외부 파일에 병합
E	ERASE	도면에서 객체 제거
ED	DDEDIT	단일 행 문자, 치수 문자, 속성 정의 및 기능 제어 프레임 편집
EL	ELLIPSE	타원 또는 타원형 호 작성
EPDF	EXPORTPDF	도면을 PDF로 내보내기
ER	EXTERNALREFERENCES	외부 참조 팔레트 열기
EX	EXTEND	다른 객체의 모서리와 만나도록 객체 연장
EXIT	QUIT	프로그램 종료
EXP	EXPORT	도면의 객체를 다른 파일 형식으로 저장
EXT	EXTRUDE	2D 객체 또는 3D 면의 치수를 3D 공간으로 연장
F	FILLET	객체의 모서리를 둥글게 모깎기
FI	FILTER	선택 세트에 포함할 객체가 충족해야 하는 요구사항 리스트 작성
FS	FSMODE	선택한 객체와 접하는 모든 객체의 선택 세트 작성
FSHOT	FLATSHOT	현재 뷰를 기준으로 모든 3D 객체의 2D 표현 작성
G	GROUP	그룹이라는 저장된 객체 세트 작성 및 관리
GCON	GEOCONSTRAINT	객체 또는 객체의 점 간의 기하학적 관계 적용 또는 지속

GD	GRADIENT	닫힌 영역 또는 선택한 객체를 그라데이션으로 채우기
GEO	GEOGRAPHICLOCATION	도면 파일의 지리적 위치 정보 지정
H	HATCH	닫힌 영역 또는 선택한 객체를 해치 패턴, 솔리드 채우기 또는 그라데이션
HE	HATCHEDIT	기존 해치 또는 채우기 수정
HI	HIDE	은선을 억제하여 3D 와이어프레임 모형 재생성
I	INSERT	현재 도면에 블록 또는 도면 삽입
IAD	IMAGEADJUST	이미지의 명도, 대비 및 페이드 값에 대한 이미지 표시 제어
IAT	IMAGEATTACH	이미지 파일에 대한 참조 삽입
ICL	IMAGECLIP	선택한 이미지의 표시를 지정된 경계까지 자르기
ID	ID	지정한 위치의 UCS 좌표 값 표시
IM	IMAGE	외부 참조 팔레트 표시
IMP	IMPORT	다양한 형식의 파일을 현재 도면으로 가져오기
IN	INTERSECT	겹치는 솔리드, 표면 또는 영역으로부터 3D 솔리드, 표면 또는 2D 영역 작성
INF	INTERFERE	선택한 3D 솔리드 두 세트 사이의 인터페이스에서 임시 3D 솔리드 작성
IO	INSERTOBJ	연결되거나 포함된 객체 삽입
J	JOIN	단일 객체를 형성하도록 유사한 객체 결합
JOG	DIMJOGGED	원과 호의 꺾기 치수 작성
L	LINE	직선 세그먼트 작성
LA	LAYER	도면층 및 도면층 특성 관리
LAS	LAYERSTATE	명명된 도면층 상태 저장, 복원 및 관리
LE	QLEADER	지시선 및 지시선 주석 작성
LEN	LENGTHEN	객체의 길이와 호 사이각 변경
LESS	MESHSMOOTHLESS	메쉬 객체의 부드럽기 정도를 한 레벨 낮추기
LI	LIST	선택한 객체의 특성 데이터 표시
LO	LAYOUT	도면 배치 탭 작성 및 수정
LT	LINETYPE	선종류 로드, 설정 또는 수정
LTS	LTSCALE	도면에 있는 모든 객체의 선종류에 대한 축척 비율 변경
LW	LWEIGHT	현재 선가중치, 선가중치 옵션 및 선가중치 단위 설정
M	MOVE	객체를 지정된 방향으로 지정된 거리만큼 이동
MA	MATCHPROP	선택한 객체의 특성을 다른 객체 적용
ME	MEASURE	끊기지 않는 단일 객체를 형성하도록 유사한 객체 결합
MEA	MEASUREGEOM	선택한 객체 또는 연속 점의 거리, 반지름, 각도, 면적 및 체적 측정
MI	MIRROR	선택한 객체의 대칭 사본 작성
ML	MLINE	다중 평행선 작성

MLA	MLEADERALIGN	선택한 다중 지시선 객체를 정렬하고 간격 두기
MLC	MLEADERCOLLECT	블록이 포함된 다중 지시선을 선택하여 행 또는 열로 구성하고 그 결과를 지시선 하나로 표시
MLD	MLEADER	다중 지시선 객체 작성
MLE	MLEADEREDIT	다중 지시선 객체에 지시선 추가 또는 지시선 제거
MLS	MLEADERSTYLE	다중 지시선 스타일 작성 및 수정
MO	PROPERTIES	기존 객체의 특성 제어
MORE	MESHSMOOTHMORE	메쉬 객체의 부드럽기 정도를 한 레벨 높이기
MS	MSPACE	도면 공간에서 모형 공간 뷰포트로 전환
MSM	MARKUP	표식 세트 관리자 열기
MT	MTEXT	여러 줄 문자 객체 작성
MV	MVIEW	배치 뷰포트 작성 및 조정
NORTH	GEOGRAPHICLOCATION	도면 파일의 지리적 위치 정보 지정
NSHOT	NEWSHOT	ShowMotion으로 볼 때 재생되는 동작을 포함시켜 명명된 뷰 작성
NVIEW	NEWVIEW	동작 없이 명명된 뷰 작성
O	OFFSET	동심원, 평행선 및 평행 곡선 작성
OFFSETSRF	SURFOFFSET	표면으로부터의 간격띄우기 거리를 설정하여 평행 표면 또는 솔리드 작성
OP	OPTIONS	프로그램 설정 사용자화
ORBIT(3DO)	3DORBIT	3D 공간의 뷰를 수평 및 수직 궤도로만 제한하여 회전
OS	OSNAP	활성 객체 스냅 모드 설정
P	PAN	그립이 있는 매개변수를 동적 블록 정의에 추가
PARAM	BPARAMETER	그립이 있는 매개변수를 동적 블록 정의에 추가
PATCH	SURFPATCH	닫힌 루프를 형성하는 표면 모서리 위에 캡을 맞춰 새 표면 작성
PCATTACH	POINTCLOUDATTACH	현재 도면에 색인화된 점 구름 파일 삽입
PE	PEDIT	폴리선 및 3D 폴리곤 메쉬 편집
PL	PLINE	2D 폴리선 작성
PO	POINT	점 객체 작성
POFF	HIDEPALETTES	현재 표시된 팔레트(명령행 포함) 숨기기
POL	POLYGON	등변의 닫힌 폴리선 작성
PON	SHOWPALETTES	숨겨진 팔레트 다시 표시
PR	PROPERTIES	특성 팔레트 표시
PRE	PREVIEW	플롯 되었을 때의 모양으로 도면 표시
인쇄하기	PLOT	도면을 플로터, 프린터 또는 파일로 플롯
PS	PSPACE	모형 공간 뷰포트에서 도면 공간으로 전환

PSOLID	POLYSOLID	3D 벽체 같은 폴리솔리드 작성
PU	PURGE	블록 정의, 도면층 등 사용되지 않은 항목을 도면에서 제거
PYR	PYRAMID	3D 솔리드 피라미드 작성
QC	QUICKCALC	빠른 계산기 열기
QCUI	QUICKCUI	사용자 인터페이스 사용자화 편집기를 축소된 상태로 표시
QP	QUICKPROPERTIES	열려 있는 도면 및 도면 내 배치를 미리보기 이미지로 표시
Q	QSAVE	현재 도면 저장
QVD	QVDRAWING	미리보기 이미지를 사용하여 열린 도면 및 도면 내 배치 표시
QVDC	QVDRAWINGCLOSE	열려 있는 도면 및 도면 내 배치의 미리보기 이미지 닫기
QVL	QVLAYOUT	도면 내 모형 공간 및 배치의 미리보기 이미지 표시
QVLC	QVLAYOUTCLOSE	현재 도면 내 모형 공간 및 배치의 미리보기 이미지 닫기
R	REDRAW	현재 뷰포트의 화면표시 갱신
RA	REDRAWALL	모든 뷰포트의 표시 갱신
RC	RENDERCROP	자르기 윈도우라고 불리는 뷰포트 내의 지정된 직사각형 영역 렌더링
RE	REGEN	현재 뷰포트에서 전체 도면 재생성
REA	REGENALL	도면 재생성 및 모든 뷰포트 갱신
REC	RECTANG	직사각형 폴리선 작성
REG	REGION	영역을 둘러싸고 있는 객체를 영역 객체로 변환
REN	RENAME	도면층 및 치수 스타일과 같은 항목에 지정된 이름 변경
REV	REVOLVE	축을 중심으로 2D 객체를 스윕하여 3D 솔리드 또는 표면 작성
RO	ROTATE	기준점을 중심으로 객체 회전
RP	RENDERPRESET	이미지를 렌더링하기 위해 재사용 가능한 렌더링 매개변수인 렌더 사전 설정 지정
RR	RENDER	3D 솔리드 또는 표면 모형의 사실적 이미지 또는 사실적으로 음영처리된 이미지 작성
RW	RENDERWIN	렌더링 작업을 시작하지 않고 렌더 윈도우 표시
S	STRETCH	선택 윈도우 또는 폴리곤과 교차하는 객체 신축
SC	SCALE	축척 후에도 비율을 동일하게 유지하면서 선택한 객체 확대 또는 축소
SCR	SCRIPT	스크립트 파일로부터 일련의 명령 실행
SEC	SECTION	평면 및 솔리드, 표면 또는 메쉬의 교차를 사용하여 영역 작성
SET	SETVAR	시스템 변수의 값 나열 또는 변경
SHA	SHADEMODE	VSCURRENT 명령 시작
SL	SLICE	기존 객체를 슬라이스하거나 분할하여 새 3D 솔리드와 표면 작성
SN	SNAP	커서의 움직임을 지정된 간격으로 제한

SO	SOLID	솔리드-채움 삼각형 및 사변형 작성
SP	SPELL	도면의 철자 검사
SPE	SPLINEDIT	스플라인 또는 스플라인-맞춤 폴리선 편집
SPL	SPLINE	지정된 점을 통과하거나 근처를 지나는 부드러운 곡선 작성
SPLANE	SECTIONPLANE	3D 객체를 자르는 절단 평면으로 사용할 단면 객체 작성
SPLAY	SEQUENCEPLAY	한 범주의 명명된 뷰 재생
SPLIT	MESHSPLIT	메쉬 면을 두 개로 분할
SSM	SHEETSET	시트 세트 관리자 열기
ST	STYLE	문자 스타일 작성, 수정 또는 지정
STA	STANDARDS	표준 파일과 도면의 연관성 관리
SU	SUBTRACT	선택한 3D 솔리드 또는 2D 영역을 차집합으로 결합
T	MTEXT	여러 줄 문자 객체 작성
TA	TEXTALIGN	여러 문자 객체를 수직, 수평 또는 비스듬히 정렬
TB	TABLE	빈 테이블 객체 작성
TED	TEXTEDIT	치수 구속조건, 치수 또는 텍스트 객체 편집
TH	THICKNESS	2D 기하학적 객체를 작성할 때 기본 3D 두께 특성 설정
TI	TILEMODE	도면 공간에 액세스할 수 있는지 여부 조정
TOL	TOLERANCE	형상 공차에 포함된 기하학적 공차 작성
TOR	TORUS	도넛 쉐이프의 3D 솔리드 작성
TP	TOOLPALETTES	도구 팔레트 윈도우 열기
TR	TRIM	다른 객체의 모서리와 만나도록 객체 자르기
TS	TABLESTYLE	테이블 스타일 작성, 수정 또는 지정
UC	UCSMAN	정의된 사용자 좌표계를 관리
UN	UNITS	좌표 및 각도의 표시 형식과 정밀도를 조정
UNHIDE	UNISOLATE UNISOLATEOBJECTS	이전에 ISOLATEOBJECTS 또는 HIDEOBJECTS 명령을 사용하여 숨겼던 객체 표시를 표시
UNI	UNION	두 개의 솔리드 객체 또는 두 개의 영역 객체를 결합
V	VIEW	명명된 뷰, 카메라 뷰, 배치 뷰 및 사전 설정 뷰를 저장하고 복원
VGO	VIEWGO	명명된 뷰를 복원
VP	VPOINT	3D 뷰 방향을 설정
VPLAY	VIEWPLAY	명명된 뷰에 연관된 애니메이션을 재생
비교	VSCURRENT	현재 뷰포트의 비주얼 스타일을 설정
VSM	VISUALSTYLES	비주얼 스타일을 작성하고 수정한 다음 비주얼 스타일을 뷰포트에 적용
W	WBLOCK	새 도면 파일에 객체 또는 블록 작성

WE	WEDGE	3D 솔리드 쐐기를 작성
WHEEL	NAVSWHEEL	뷰 탐색 도구 모음이 들어 있는 휠을 표시
X	EXPLODE	복합 객체를 구성요소 객체로 분해
XA	XATTACH	DWG 파일을 외부 참조(xref)로 삽입
XB	XBIND	외부 참조에 있는 명명된 객체 정의 하나 이상을 현재 도면에 결합합니다.
XC	XCLIP	선택한 외부 참조 또는 블록 참조의 표시를 지정된 경계까지 자르기
XL	XLINE	길이가 무한한 선을 작성
XR	XREF	EXTERNALREFERENCES 명령을 시작
Z	ZOOM	현재 뷰포트에 있는 뷰를 확대 또는 축소
ZEBRA	ANALYSISZEBRA	스트라이프를 3D 모형에 투영하여 표면 연속성을 분석
우편번호	ETRANSMIT	자동 출력 또는 압축된 전송 패키지를 작성

실습 예제

예제 : 선형 예제
형식 : 직교좌표(F8), 절대좌표, 객체스냅(F3)
사용 명령어 : LINE, DIM

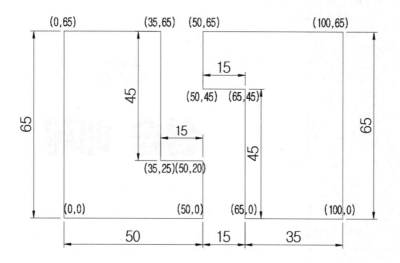

사용 명령어

예제 : 선형 예제
형식 : 직교좌표(F8), 상대좌표, 상대극좌표, 객체스냅(F3)
사용 명령어 : LINE, DIM

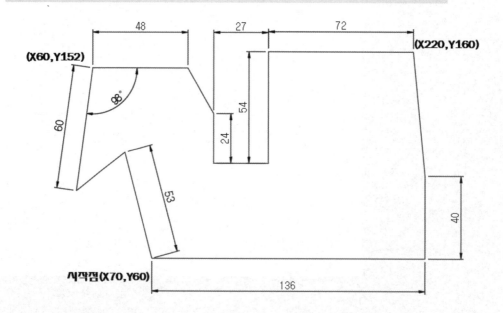

예제 : 선형 예제

형식 : 직교좌표(F8), 상대좌표, 객체스냅(F3)

사용 명령어 : LINE, CHAMFER, LINETYPE, DIM

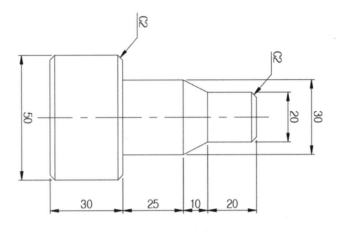

예제 : 선형 예제

형식 : 직교좌표(F8), 상대좌표, 객체스냅(F3)

사용 명령어 : LINE, CHAMFER, FILLET, LINETYPE, DIM

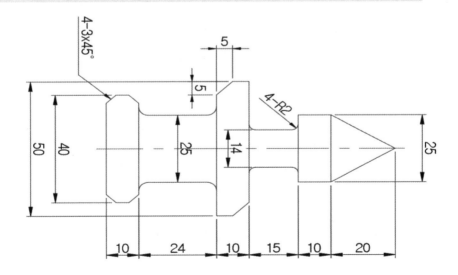

예제 : 선형 예제

형식 : 직교좌표(F8), 절대좌표, 객체스냅(F3)

사용 명령어 : LINE, CHAMFER, LINETYPE, DIM

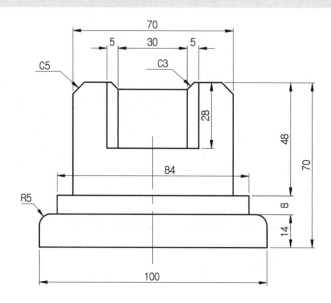

예제 : 선형 예제

형식 : 직교좌표(F8), 상대좌표, 객체스냅(F3)

사용 명령어 : LINE, CHAMFER, DIM

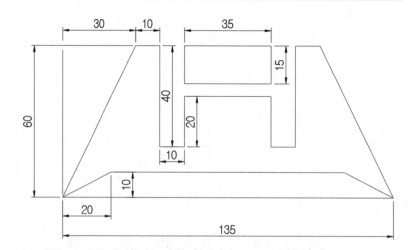

사용 명령어

예제 : 선형 예제

형식 : 직교좌표(F8), 상대좌표, 객체스냅(F3)

사용 명령어 : LINE, LINETYPE, DIM

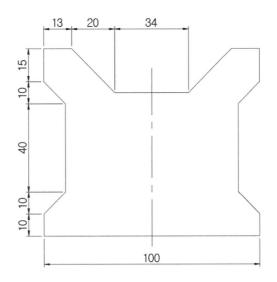

사용 명령어

예제 : 선형 예제

형식 : 직교좌표(F8), 상대극좌표, 객체스냅(F3)

사용 명령어 : LINE, DIM

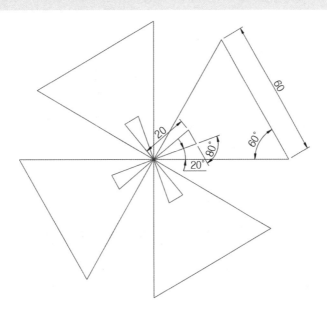

부록 실습 예제 **413**

사용 명령어

예제 : 선형 예제

형식 : 직교좌표(F8), 상대극좌표, 객체스냅(F3)

사용 명령어 : LINE, OFFSET, TRIM, CHAMFER, LINETYPE, DIM

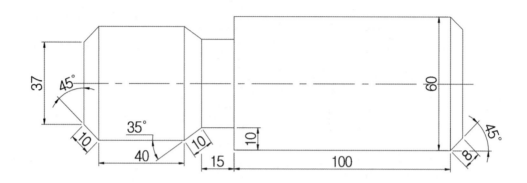

사용 명령어

예제 : 선형, 원형 예제

형식 : 직교좌표(F8), 상대좌표, 객체스냅(F3)

사용 명령어 : LINE, CIRCLE, OFFSET, TRIM, DIM

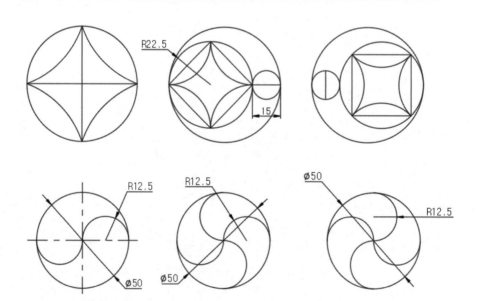

예제 : 선형, 원형 예제
형식 : 직교좌표(F8), 상대좌표, 객체스냅(F3)
사용 명령어 : LINE, CIRCLE, OFFSET, TRIM, DIM

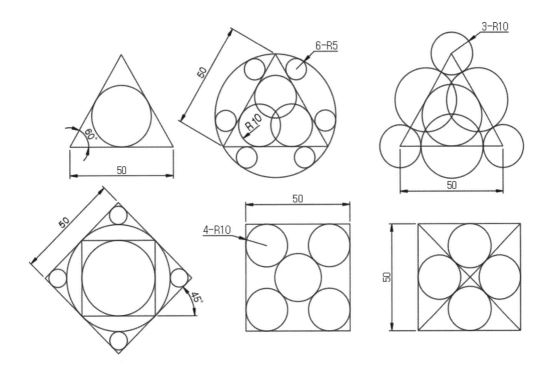

예제 : 선형, 원형 예제

형식 : 직교좌표(F8), 상대좌표, 객체스냅(F3)

사용 명령어 : LINE, CIRCLE, OFFSET, TRIM, DIM

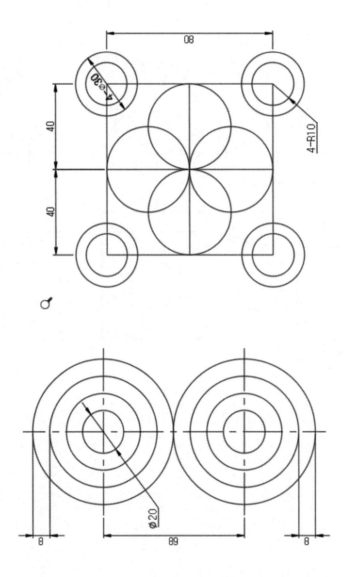

예제 : 선형, 원형 예제

형식 : 직교좌표(F8), 상대좌표, 객체스냅(F3)

사용 명령어 : LINE, CIRCLE, OFFSET, DIM

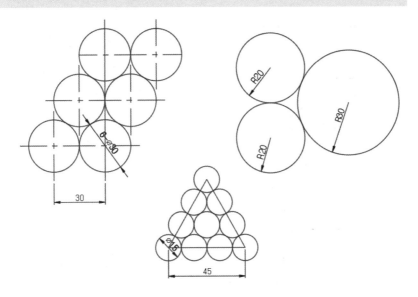

예제 : 선형, 원형 예제

형식 : 직교좌표(F8), 상대좌표, 객체스냅(F3)

사용 명령어 : LINE, CIRCLE, OFFSET, TRIM, DIM

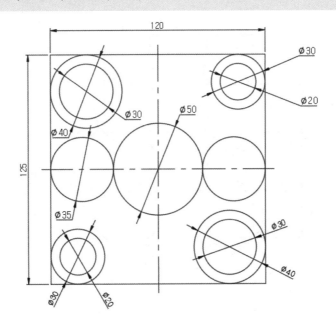

예제 : 선형, 원형 예제

형식 : 직교좌표(F8), 상대극좌표, 객체스냅(F3)

사용 명령어 : LINE, CIRCLE, OFFSET, TRIM, DIM

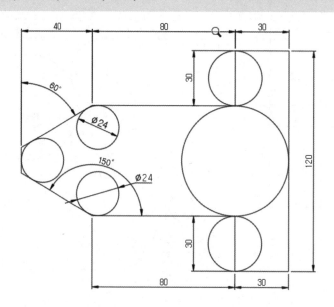

예제 : 선형, 원형 예제

형식 : 직교좌표(F8), 상대극좌표, 객체스냅(F3)

사용 명령어 : LINE, CIRCLE, OFFSET, TRIM, DIM

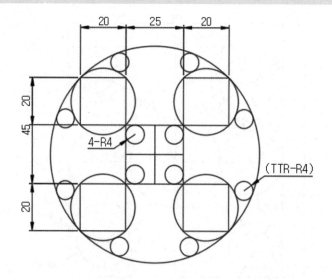

예제 : 선형, 원형 예제
형식 : 직교좌표(F8), 상대좌표, 상대극좌표, 객체스냅(F3)
사용 명령어 : LINE, CIRCLE, ARC, ROTATE, TRIM, OFFSET, FILLET, LINETYPE, DIM

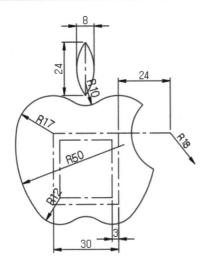

예제 : 선형, 원형 예제
형식 : 직교좌표(F8), 상대좌표, 상대극좌표, 객체스냅(F3)
사용 명령어 : LINE, CIRCLE, OFFSET, FILLET, LINETYPE, DIM

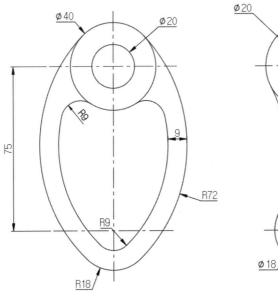

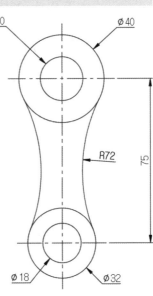

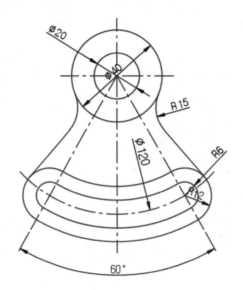

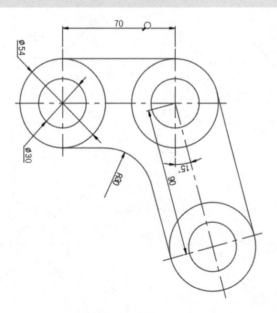

예제 : 선형, 원형 예제

형식 : 직교좌표(F8), 객체스냅(F3)

사용 명령어 : RECTANGLE, LINE, CIRCLE, DIM

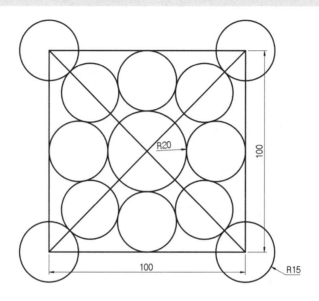

예제 : 선형, 원형 예제

형식 : 직교좌표(F8), 상대극좌표, 객체스냅(F3)

사용 명령어 : LINE, CIRCLE, OFFSET, TRIM, DIM

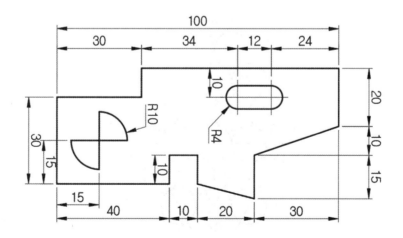

예제 : 선형, 원형 예제

형식 : 직교좌표(F8), 상대좌표, 객체스냅(F3)

사용 명령어 : LINE, CIRCLE, OFFSET, TRIM, LINETYPE, DIM

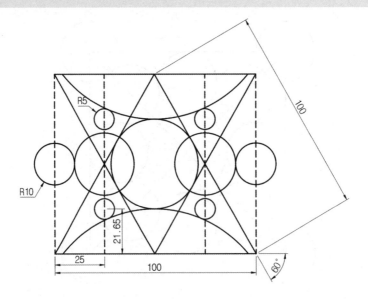

예제 : 선형, 원형 예제

형식 : 직교좌표(F8), 상대좌표, 객체스냅(F3)

사용 명령어 : LINE, CIRCLE, OFFSET, TRIM, LINETYPE, DIM

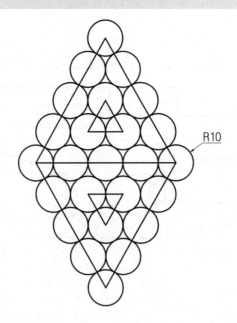

예제 : 선형, 원형 예제

형식 : 직교좌표(F8), 상대좌표, 객체스냅(F3)

사용 명령어 : LINE, CIRCLE, OFFSET, TRIM, LINETYPE, DIM

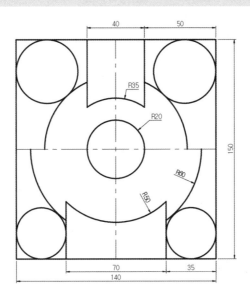

:**사용 명령어**:

예제 : 선형, 원형 예제

형식 : 직교좌표(F8), 상대좌표, 객체스냅(F3)

사용 명령어 : LINE, ARC, TRIM, LINETYPE, DIM

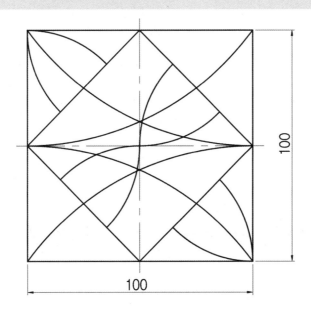

예제 : 선형, 원형 예제

형식 : 직교좌표(F8), 상대좌표, 객체스냅(F3)

사용 명령어 : LINE, CIRCLE, TRIM, FILLET, LINETYPE, DIM

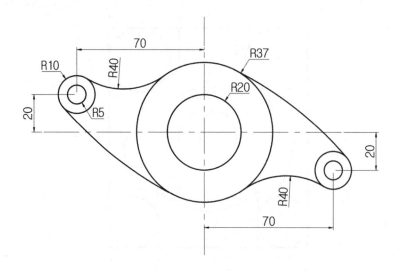

예제 : 선형, 원형 예제

형식 : 직교좌표(F8), 상대좌표, 객체스냅(F3)

사용 명령어 : LINE, CIRCLE, TRIM, FILLET, LINETYPE, DIM

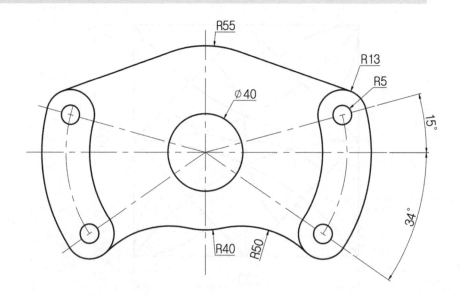

예제 : 선형, 원형 예제

형식 : 직교좌표(F8), 상대좌표, 객체스냅(F3)

사용 명령어 : LINE, CIRCLE, OFFSET, TRIM, POLYGON, COPY, FILLET

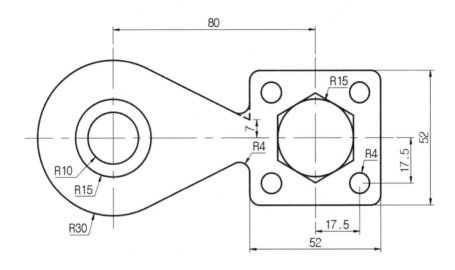

예제 : 선형, 원형 예제

형식 : 직교좌표(F8), 상대좌표, 객체스냅(F3)

사용 명령어 : LINE, CIRCLE, OFFSET, TRIM, POLYGON, COPY, CHAMFER, DIM

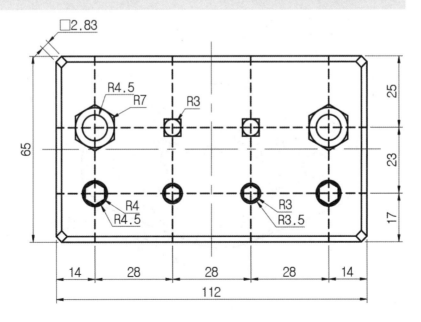

예제 : 선형, 원형 예제

형식 : 직교좌표(F8), 객체스냅(F3)

사용 명령어 : LINE, RECTANGLE, CIRCLE, ELLIPSE, OFFSET, TRIM, ARRAY, LINETYPE, DIM

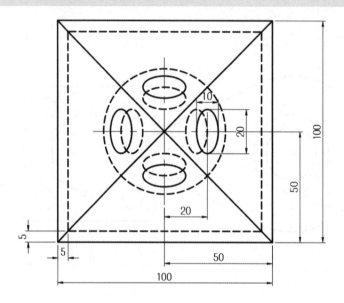

예제 : 선형, 원형 예제

형식 : 직교좌표(F8), 객체스냅(F3)

사용 명령어 : LINE, CIRCLE, OFFSET, TRIM, MIRROR, LINETYPE, DIM

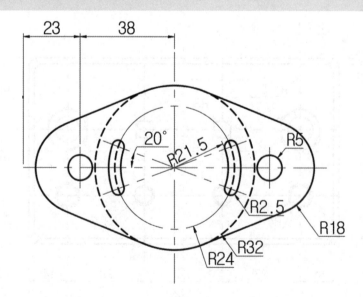

예제 : 선형, 원형 예제

형식 : 직교좌표(F8), 상대좌표, 상대극좌표, 객체스냅(F3)

사용 명령어 : LINE, CIRCLE, OFFSET, FILLET, MIRROR, DIM

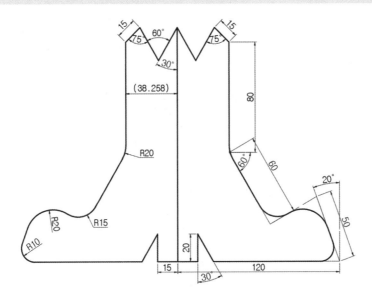

예제 : 선형, 원형 예제

형식 : 직교좌표(F8), 상대좌표, 상대극좌표, 객체스냅(F3)

사용 명령어 : LINE, CIRCLE, ARC, OFFSET, TRIM, MIRROR, LINETYPE, DIM

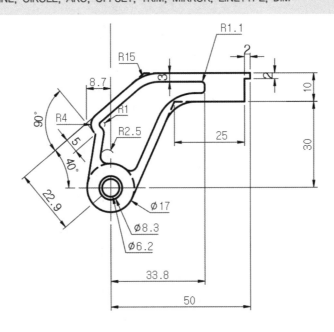

예제 : 선형, 원형 예제

형식 : 직교좌표(F8), 객체스냅(F3)

사용 명령어 : LINE, CIRCLE, ARC, POLYGON, OFFSET, TRIM, ARRAY, LINETYPE, DIM

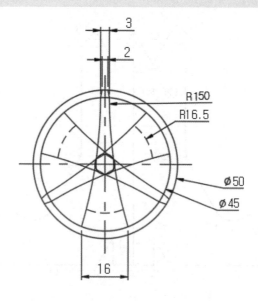

예제 : 선형, 원형 예제

형식 : 직교좌표(F8), 상대좌표, 상대극좌표, 객체스냅(F3)

사용 명령어 : LINE, CIRCLE, ARC, OFFSET, TRIM, MIRROR, LINETYPE, FILLET, DIM

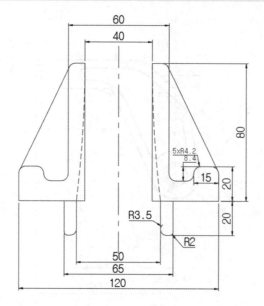

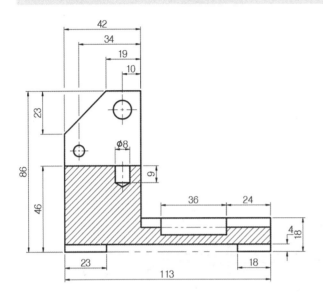

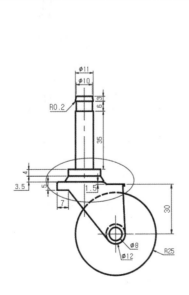

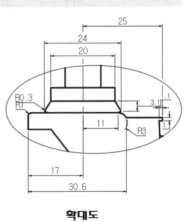

확대도
(2 : 1)

예제 : 선형, 원형 예제

형식 : 직교좌표(F8), 상대좌표, 상대극좌표, 객체스냅(F3)

사용 명령어 : LINE, CIRCLE, TRIM, OFFSET, FILLET, LINETYPE, DIM

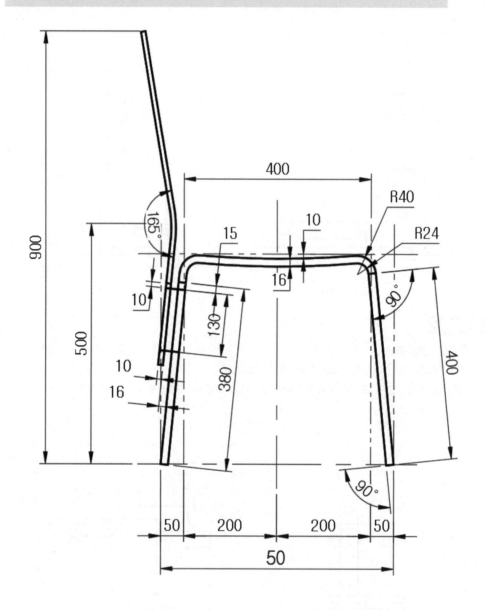

예제 : 선형, 원형 예제

형식 : 직교좌표 사용(F8), 객체스냅(F3), SNAP(F9)

사용 명령어 : LINE, ELLIPSE, 등각원(I), LINETYPE, DIM

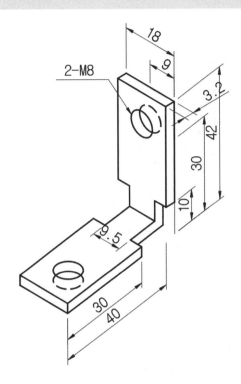

예제 : 선형, 원형 예제

형식 : 직교좌표(F8), 상대좌표, 객체스냅(F3)

사용 명령어 : LINE, CIRCLE, POLYGON, CHAMFER, TRIM, OFFSET, FILLET, LINETYPE, DIM

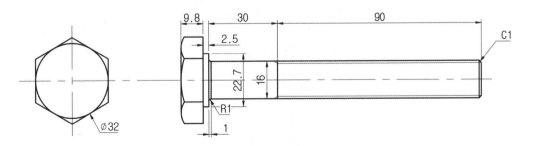

예제 : 선형, 원형 예제

형식 : 직교좌표(F8), 상대좌표, 객체스냅(F3)

사용 명령어 : LINE, CIRCLE, SCALE, TRIM, OFFSET, FILLET, CHAMFER, MTEXT, DIM

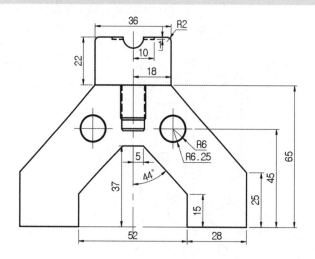

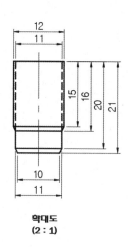

확대도
(2 : 1)

예제 : 선형, 원형 예제

형식 : 직교좌표(F8), 상대좌표, 상대극좌표, 객체스냅(F3)

사용 명령어 : LINE, CIRCLE, ARC, TRIM, OFFSET, FILLET, LINETYPE, DIM

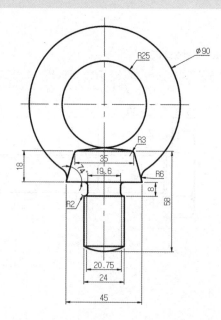

예제 : 선형, 원형 예제

형식 : 직교좌표(F8), 상대좌표, 객체스냅(F3)

사용 명령어 : LINE, CIRCLE, ARC, TRIM, OFFSET, FILLET, COPY, LINETYPE, MTEXT, DIM

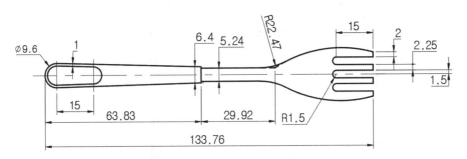

지시없는 곳의 Fillet R=0.1mm

예제 : 선형, 원형 예제

형식 : 직교좌표(F8), 상대좌표, 객체스냅(F3)

사용 명령어 : LINE, CIRCLE, HATCH, TRIM, OFFSET, FILLET, COPY, LINETYPE, MTEXT, DIM

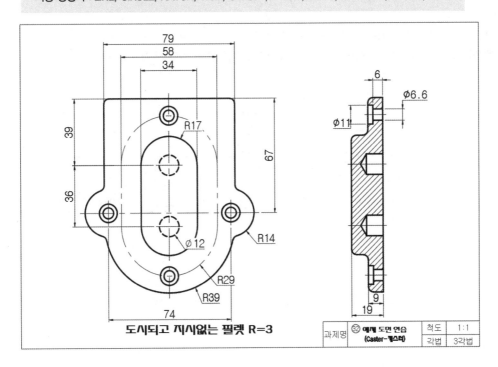

도시되고 지시없는 필렛 R=3

과제명	㉜ 예제 도면 연습 (Caster-캐스터)	척도	1:1
		각법	3각법

예제 : 선형 예제

형식 : 직교좌표(F8), 상대좌표, 객체스냅(F3)

사용 명령어 : MLINE, MLEDIT, LINE, TRIM, LINETYPE , DIM

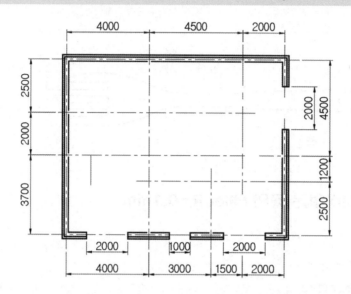

예제 : 종합 예제

형식 : 직교좌표(F8), 상대좌표, 상대극좌표, 객체스냅(F3)

사용 명령어 : LINE, CIRCLE, ARC, ELLIPSE, TRIM, OFFSET, FILLET, COPY, ARRAY, DIM

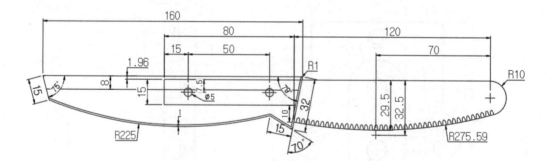

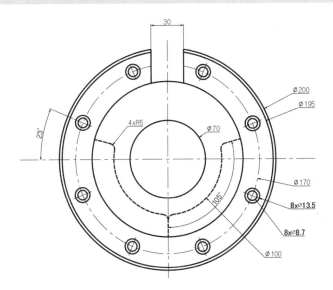

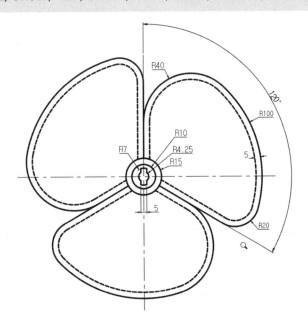

예제 : 종합 예제 (3면도)

형식 : 직교좌표(F8), 상대좌표, 객체스냅(F3)

사용 명령어 : LINE, CIRCLE, TRIM, OFFSET, COPY, LINETYPE, DIM

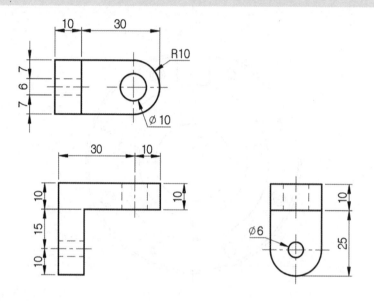

예제 : 종합 예제 (3면도)

형식 : 직교좌표(F8), 상대좌표, 객체스냅(F3)

사용 명령어 : LINE, CIRCLE, TRIM, OFFSET, COPY, LINETYPE, DIM

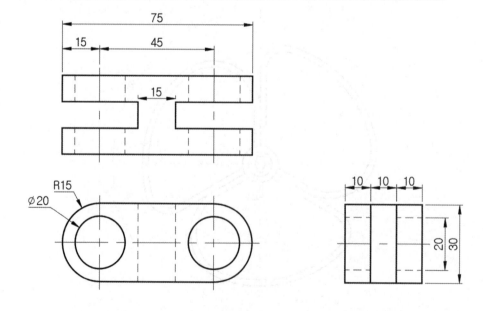

예제 : 종합 예제 (2면도)

형식 : 직교좌표(F8), 상대좌표, 객체스냅(F3)

사용 명령어 : LINE, CIRCLE, TRIM, OFFSET, COPY, LINETYPE, DIM

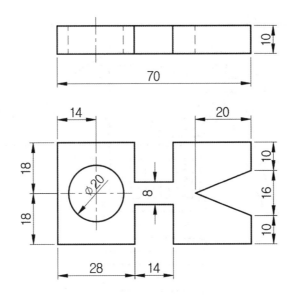

예제 : 종합 예제

형식 : 직교좌표(F8), 상대좌표, 객체스냅(F3)

사용 명령어 : LINE, CIRCLE, TRIM, OFFSET, FILLET, COPY, ARRAY, LINETYPE, DIM

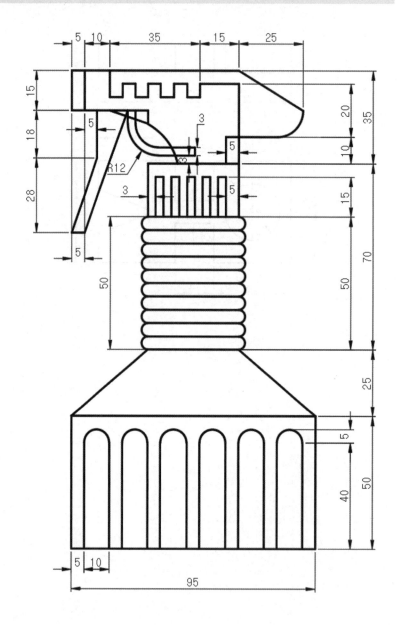

예제 : 종합 예제

형식 : 직교좌표(F8), 상대좌표, 상대극좌표, 객체스냅(F3)

사용 명령어 : LINE, CIRCLE, RECTANGLE, TRIM, OFFSET, FILLET, MIRROR, DIM

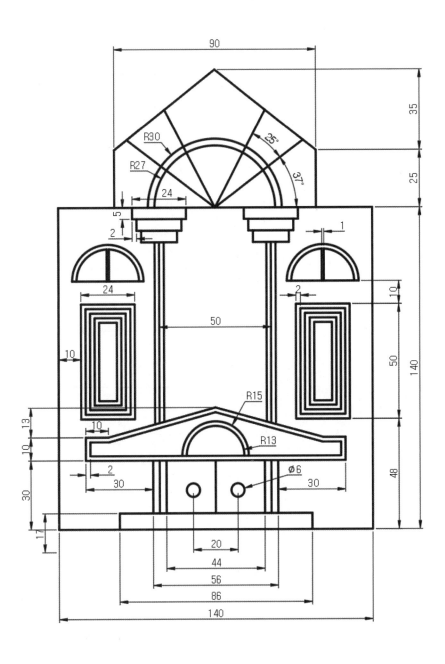

예제 : 종합 예제 (3면도)

형식 : 직교좌표(F8), 상대좌표, 객체스냅(F3)

사용 명령어 : LINE, CIRCLE, TRIM, OFFSET, CHAMFER, COPY, LINETYPE, DIM

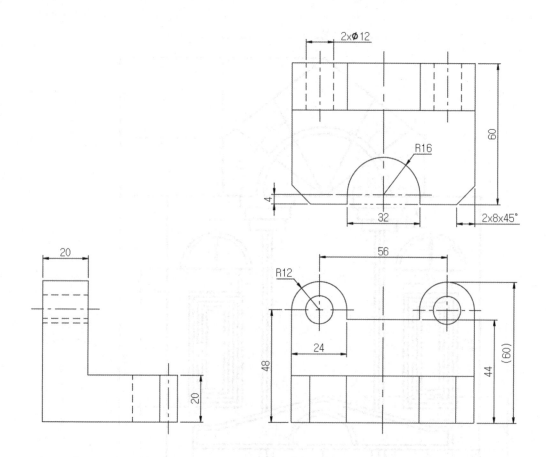

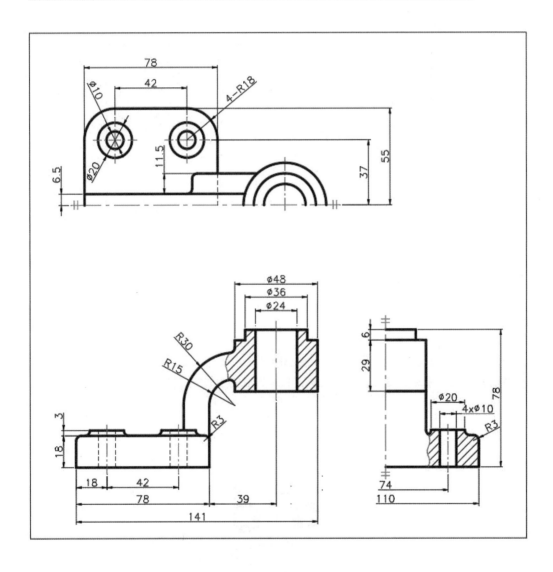

예제 : 종합 예제

형식 : 직교좌표(F8), 상대좌표, 상대극좌표, 객체스냅(F3)

사용 명령어 : LINE, CIRCLE, OFFSET, COPY, TRIM, ROTATE, MIRROR, DIM

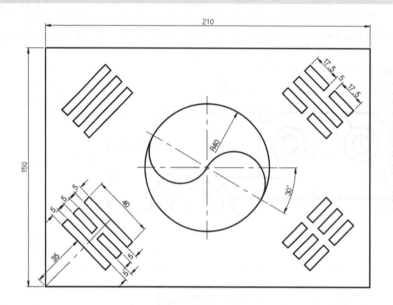

예제 : 종합 예제

형식 : 직교좌표(F8), 상대좌표, 상대극좌표, 객체스냅(F3)

사용 명령어 : LINE, CIRCLE, OFFSET, COPY, TRIM, FILLET, LINETYPE, DIM

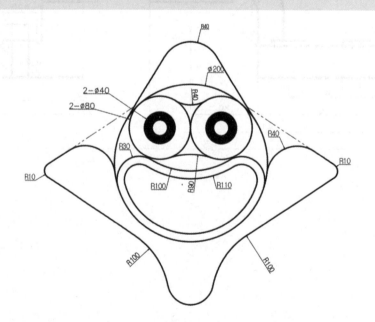

예제 : 종합 예제

형식 : 직교좌표(F8), 상대좌표, 상대극좌표, 객체스냅(F3)

사용 명령어 : LINE, CIRCLE, ARC, OFFSET, COPY, TRIM, FILLET, CHAMFER, LINETYPE, DIM

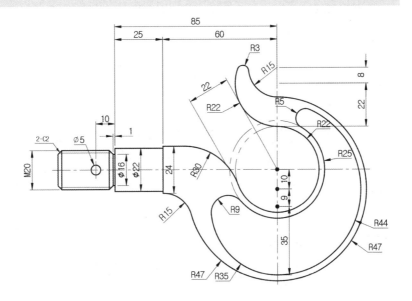

예제 : 선형, 원형 예제

형식 : 직교좌표(F8), 상대좌표, 상대극좌표, 객체스냅(F3)

사용 명령어 : LINE, CIRCLE, OFFSET, COPY, TRIM, FILLET, MIRROR, ROTATE, LINETYPE, DIM

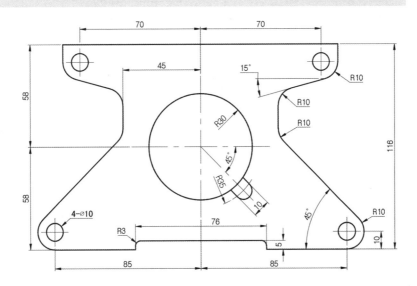

예제 : 종합 예제

형식 : 직교좌표(F8), 상대좌표, 상대극좌표, 객체스냅(F3)

사용 명령어 : LINE, CIRCLE, OFFSET, COPY, TRIM, FILLET, ARRAY, ROTATE,
LINETYPE, DIM

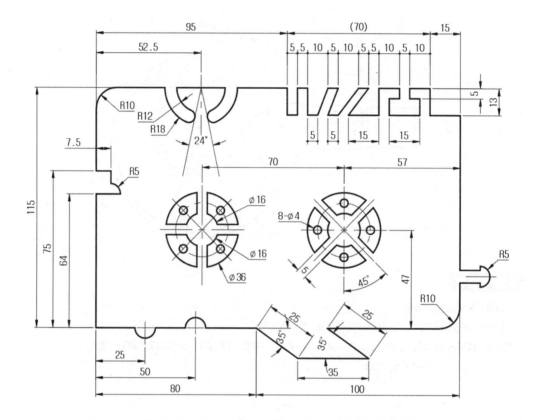

예제 : 선형, 원형 예제

형식 : 직교좌표(F8), 상대좌표, 상대극좌표, 객체스냅(F3)

사용 명령어 : LINE, CIRCLE, POLYGON, OFFSET, COPY, TRIM, FILLET, LINETYPE, DIM

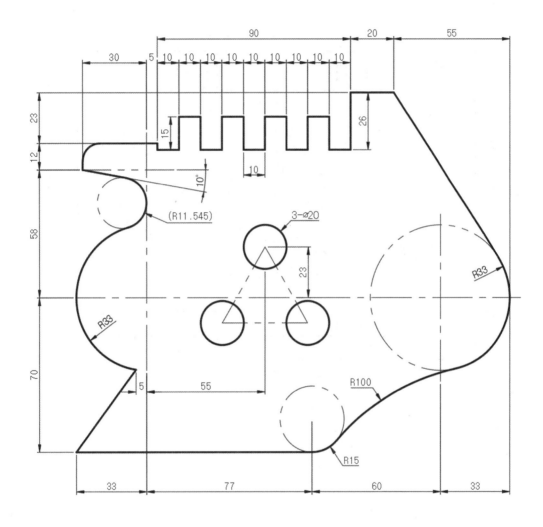

예제 : 종합 예제

형식 : 직교좌표(F8), 상대좌표, 상대극좌표, 객체스냅(F3)

사용 명령어 : LINE, CIRCLE, OFFSET, ARRAY, MIRROR, COPY, TRIM, FILLET, LINETYPE, DIM

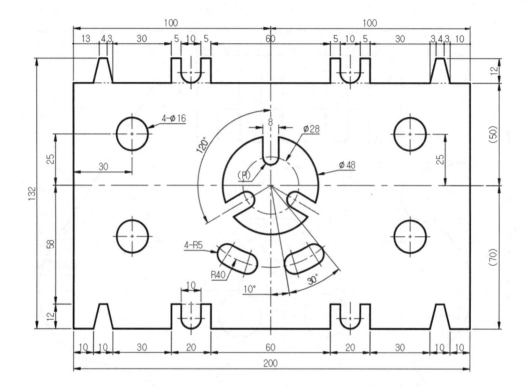

예제 : 종합 예제

형식 : 직교좌표(F8), 상대좌표, 상대극좌표, 객체스냅(F3)

사용 명령어 : LINE, CIRCLE, POLYGON, ELLIPSE, MTEXT, SCALE, OFFSET, COPY,
　　　　　　　TRIM, FILLET, DIM

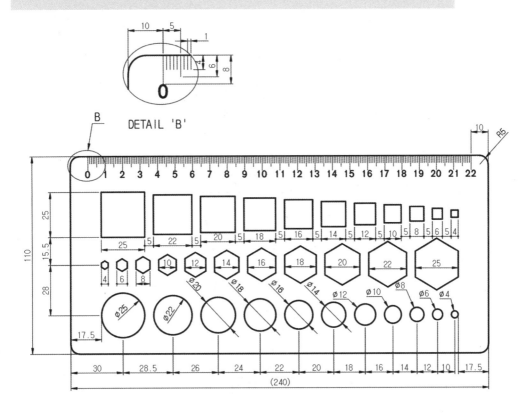

DETAIL 'B'

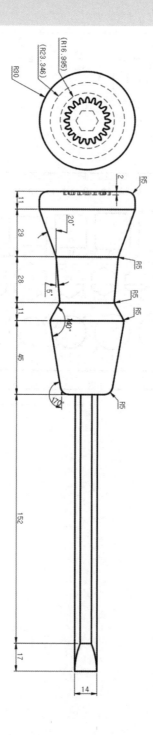

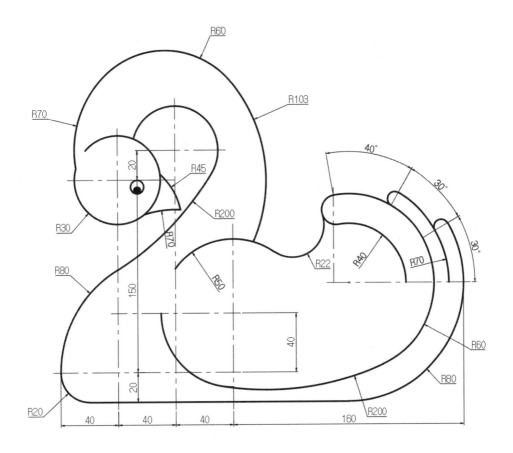

예제 : 선형, 원형 예제

형식 : 직교좌표(F8), 상대좌표, 상대극좌표, 객체스냅(F3)

사용 명령어 : LINE, CIRCLE, OFFSET, COPY, TRIM, FILLET, ARRAY, DIM

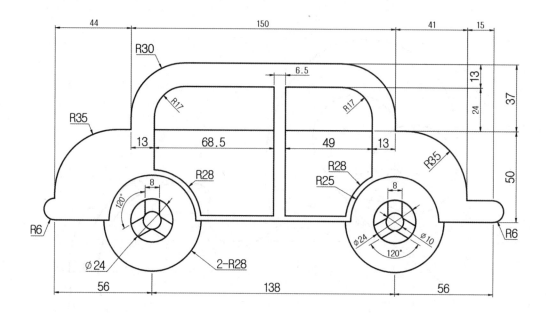

예제 : 선형, 원형 예제

형식 : 직교좌표(F8), 상대좌표, 상대극좌표, 객체스냅(F3)

사용 명령어 : LINE, CIRCLE, OFFSET, COPY, TRIM, FILLET, DIM

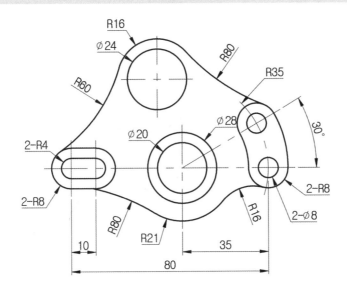

예제 : 종합 예제

형식 : 직교좌표(F8), 상대좌표, 상대극좌표, 객체스냅(F3)

사용 명령어 : LINE, CIRCLE, ELLIPSE, ROTATE, OFFSET, COPY, TRIM, HATCH,
　　　　　　LINETYPE, DIM

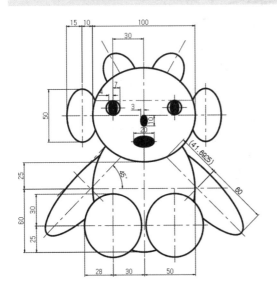

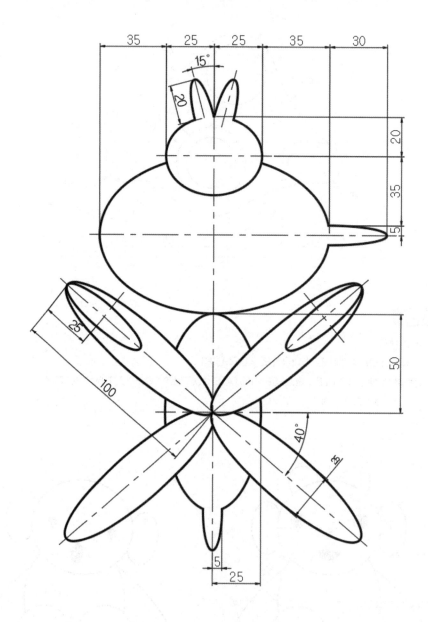

예제 : 종합 예제

형식 : 직교좌표(F8), 상대좌표, 상대극좌표, 객체스냅(F3)

사용 명령어 : LINE, CIRCLE, ARC, HATCH, OFFSET, COPY, TRIM, FILLET, DIM

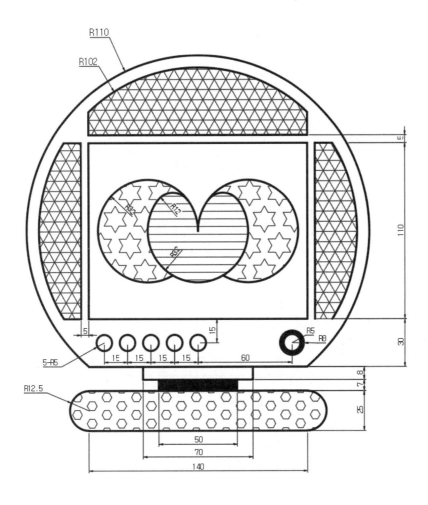

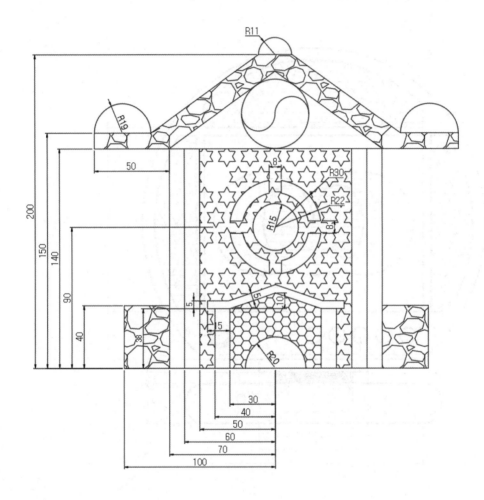

건축

예제 : 선형, 원형 예제

형식 : 직교좌표(F8), 상대좌표, 상대극좌표, 객체스냅(F3)

사용 명령어 : LINE, CIRCLE, RECTANGLE, OFFSET, TRIM, COPY, FILLET, DIM

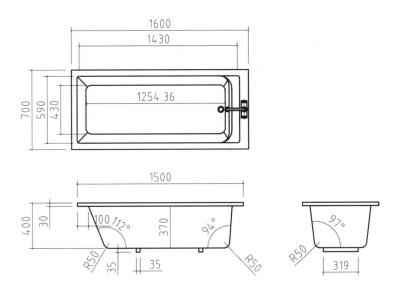

사용 명령어

예제 : 선형, 원형 예제

형식 : 직교좌표(F8), 상대좌표, 상대극좌표, 객체스냅(F3)

사용 명령어 : LINE, RECTANGLE, OFFSET, COPY, TRIM, CHAMFER, DIM

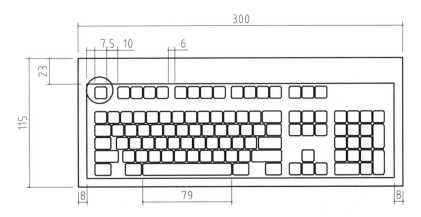

예제 : 선형, 원형 예제
형식 : 직교좌표(F8), 상대좌표, 상대극좌표, 객체스냅(F3)
사용 명령어 : LINE, RECTANGLE, OFFSET, COPY, TRIM, DIM

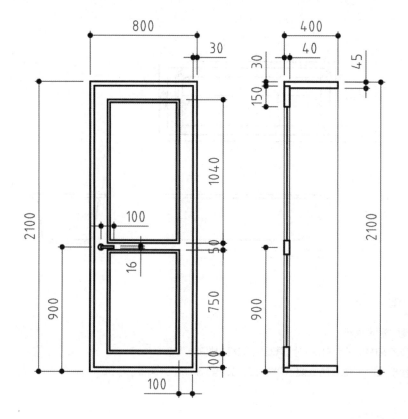

예제 : 선형, 원형 예제

형식 : 직교좌표(F8), 상대좌표, 상대극좌표, 객체스냅(F3)

사용 명령어 : LINE, RECTANGLE, CIRCLE, OFFSET, FILLET, COPY, ARRAY, TRIM, DIM

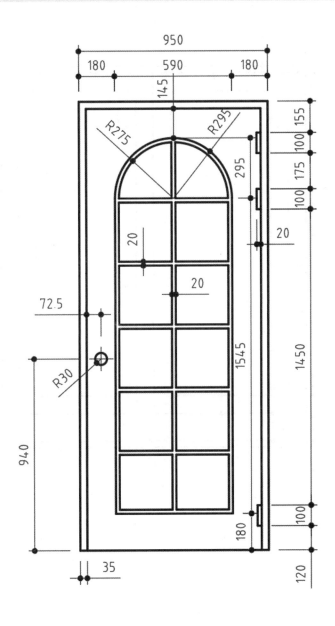

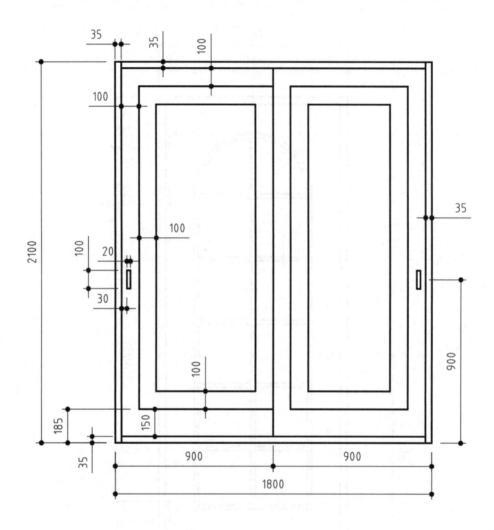

예제 : 선형, 원형 예제

형식 : 직교좌표(F8), 상대좌표, 상대극좌표, 객체스냅(F3)

사용 명령어 : LINE, RECTANGLE, OFFSET, MIRROR, COPY, TRIM, DIM

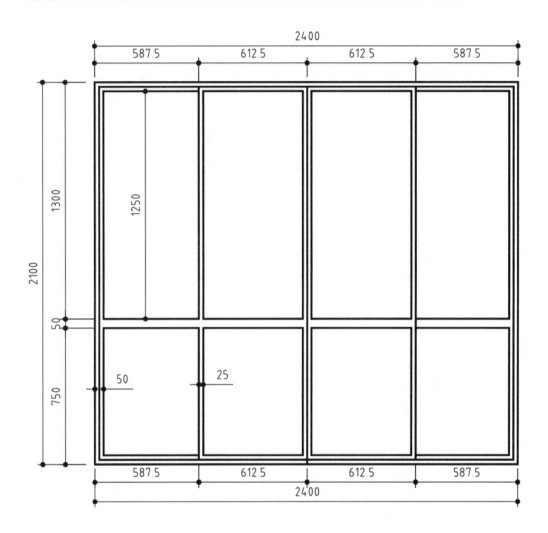

예제 : 선형, 원형 예제

형식 : 직교좌표(F8), 상대좌표, 객체스냅(F3)

사용 명령어 : LINE, RECTANGLE, OFFSET, MIRROR, COPY, TRIM, DIM

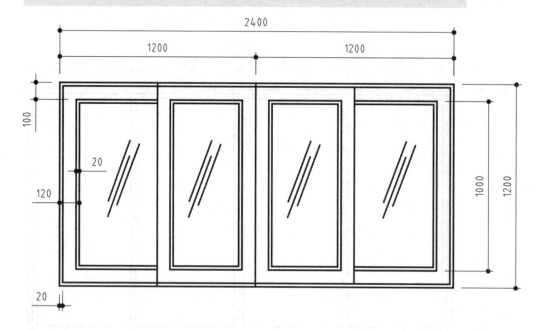

예제 : 선형, 원형 예제

형식 : 직교좌표(F8), 상대좌표, 객체스냅(F3)

사용 명령어 : LINE, RECTANGLE, OFFSET, MIRROR, COPY, TRIM, DIM

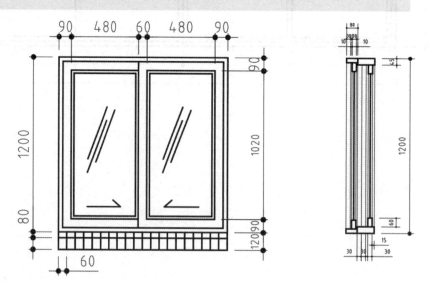

예제 : 선형, 원형 예제

형식 : 직교좌표(F8), 상대좌표, 객체스냅(F3)

사용 명령어 : LINE, RECTANGLE, OFFSET, MIRROR, COPY, TRIM, DIM

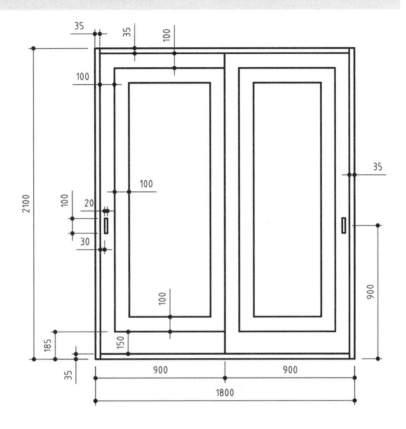

예제 : 선형, 원형 예제

형식 : 직교좌표(F8), 상대좌표, 객체스냅(F3)

사용 명령어 : LINE, RECTANGLE, FILLET, MIRROR, COPY, TRIM, DIM

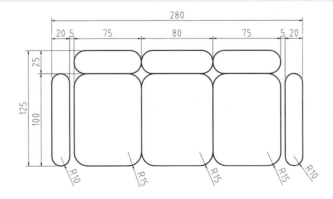

예제 : 선형, 원형 예제

형식 : 직교좌표(F8), 상대좌표, 객체스냅(F3)

사용 명령어 : LINE, RECTANGLE, OFFSET, MIRROR, COPY, TRIM, FILLET, DIM

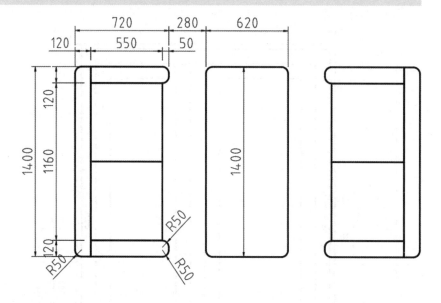

사용 명령어

예제 : 선형, 원형 예제

형식 : 직교좌표(F8), 상대좌표, 객체스냅(F3)

사용 명령어 : LINE, RECTANGLE, OFFSET, MIRROR, COPY, TRIM, FILLET, DIM

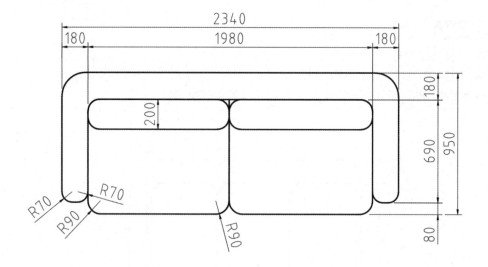

예제 : 선형, 원형 예제

형식 : 직교좌표(F8), 상대좌표, 객체스냅(F3)

사용 명령어 : LINE, CIRCLE, OFFSET, MIRROR, COPY, TRIM, FILLET, DIM

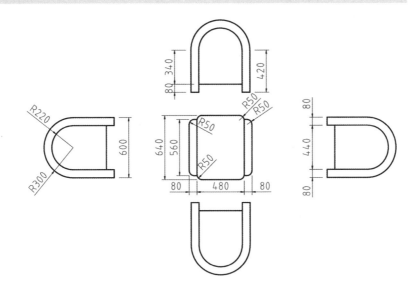

예제 : 선형, 원형 예제

형식 : 직교좌표(F8), 상대좌표, 객체스냅(F3)

사용 명령어 : LINE, CIRCLE, OFFSET, MIRROR, COPY, TRIM, FILLET, DIM

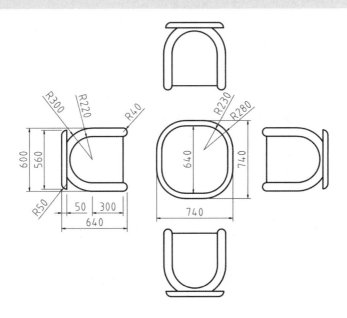

사용 명령어

예제 : 선형, 원형 예제

형식 : 직교좌표(F8), 상대좌표, 객체스냅(F3)

사용 명령어 : LINE, ARC, CIRCLE, OFFSET, ROTATE, COPY, TRIM, FILLET, DIM

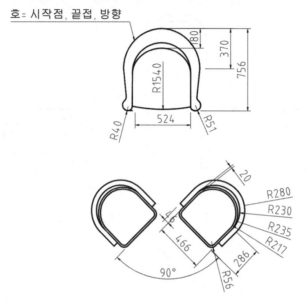

사용 명령어

예제 : 선형, 원형 예제

형식 : 직교좌표(F8), 상대좌표, 객체스냅(F3)

사용 명령어 : LINE, ARC, CIRCLE, OFFSET, MIRROR, COPY, TRIM, FILLET, DIM

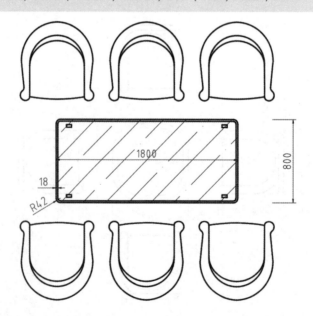

예제 : 선형, 원형 예제

형식 : 직교좌표(F8), 상대좌표, 객체스냅(F3)

사용 명령어 : LINE, RECTANGLE, OFFSET, TRIM, FILLET, DIM

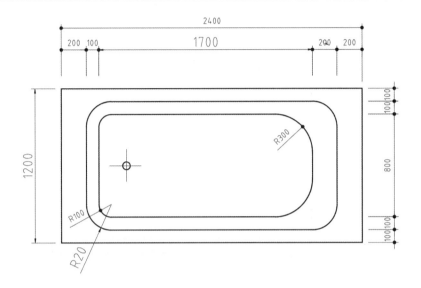

예제 : 선형, 원형 예제

형식 : 직교좌표(F8), 상대좌표, 객체스냅(F3)

사용 명령어 : LINE, RECTANGLE, CIRCLE, OFFSET, MIRROR, TRIM, FILLET, DIM

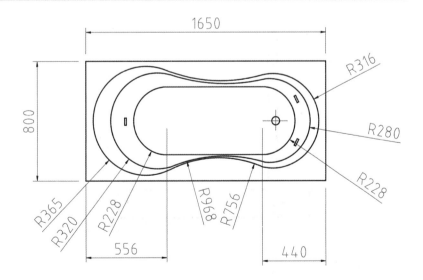

예제 : 선형, 원형 예제

형식 : 직교좌표(F8), 상대좌표, 객체스냅(F3)

사용 명령어 : LINE, RECTANGLE, ARC, OFFSET, TRIM, DIM

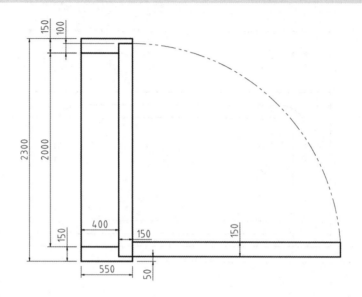

사용 명령어

예제 : 선형, 원형 예제

형식 : 직교좌표(F8), 상대좌표, 객체스냅(F3)

사용 명령어 : LINE, RECTANGLE, ARC, OFFSET, TRIM, LINETYPE, DIM

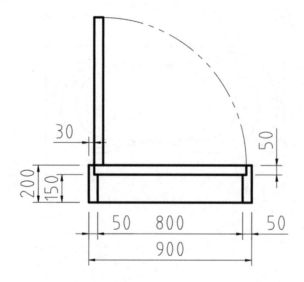

예제 : 선형, 원형 예제

형식 : 직교좌표(F8), 상대좌표, 객체스냅(F3)

사용 명령어 : LINE, RECTANGLE, ARC, OFFSET, MIRROR, TRIM, LINETYPE, DIM

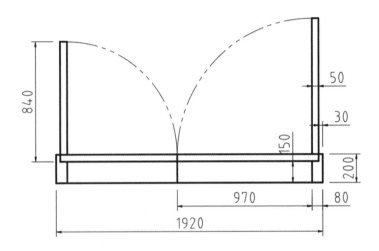

예제 : 선형, 원형 예제

형식 : 직교좌표(F8), 상대좌표, 객체스냅(F3)

사용 명령어 : LINE, CIRCLE, ARC, OFFSET, TRIM, DIM

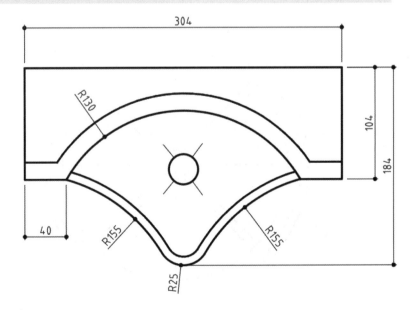

예제 : 선형, 원형 예제

형식 : 직교좌표(F8), 상대좌표, 객체스냅(F3)

사용 명령어 : LINE, ELLIPSE, CIRCLE, OFFSET, TRIM, DIM

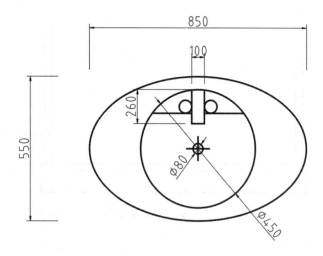

예제 : 선형, 원형 예제

형식 : 직교좌표(F8), 상대좌표, 객체스냅(F3)

사용 명령어 : LINE, CIRCLE, ARRAY, OFFSET, TRIM, LINETYPE, DIM

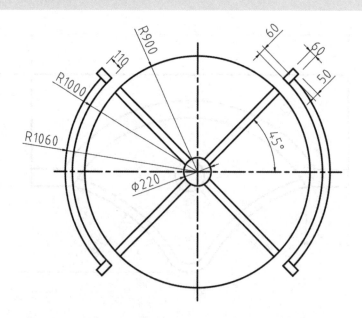

예제 : 선형, 원형 예제

형식 : 직교좌표(F8), 상대좌표, 객체스냅(F3)

사용 명령어 : LINE, ELLIPSE, CIRCLE, OFFSET, TRIM, DIM

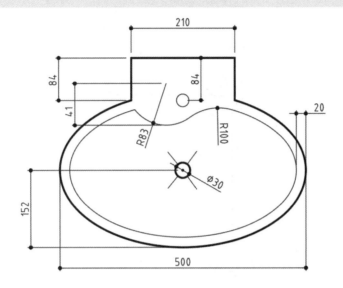

예제 : 선형, 원형 예제

형식 : 직교좌표(F8), 상대좌표, 객체스냅(F3)

사용 명령어 : LINE, CIRCLE, OFFSET, TRIM, FILLET, DIM

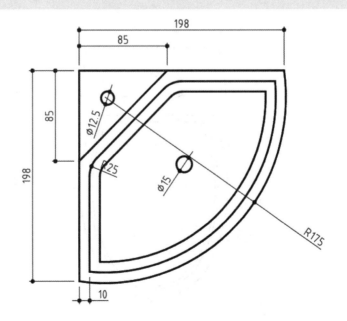

예제 : 선형, 원형 예제

형식 : 직교좌표(F8), 상대좌표, 객체스냅(F3)

사용 명령어 : LINE, ARC, OFFSET, TRIM, LINETYPE, DIM

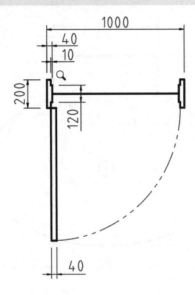

예제 : 선형, 원형 예제

형식 : 직교좌표(F8), 상대좌표, 객체스냅(F3)

사용 명령어 : LINE, ELLIPSE, FILLET, OFFSET, TRIM, DIM

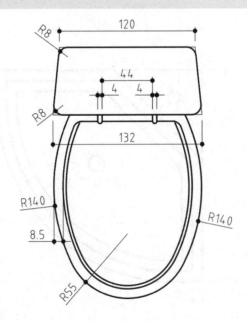

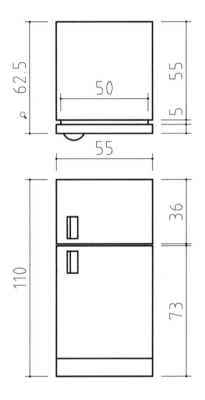

예제 : 건축 줄기초

형식 : 직교좌표(F8), 상대좌표, 객체스냅(F3)

사용 명령어 : LINE, OFFSET, TRIM, COPY, DIM

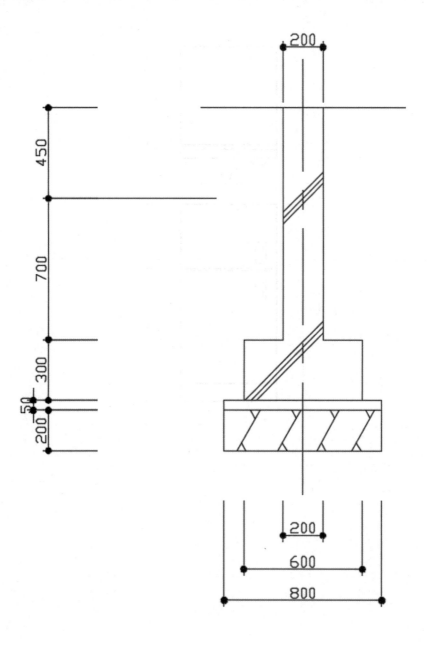

예제 : 건축 줄기초
형식 : 직교좌표(F8), 상대좌표, 객체스냅(F3)
사용 명령어 : LINE, OFFSET, TRIM, MIRROR, LINETYPE, DIM

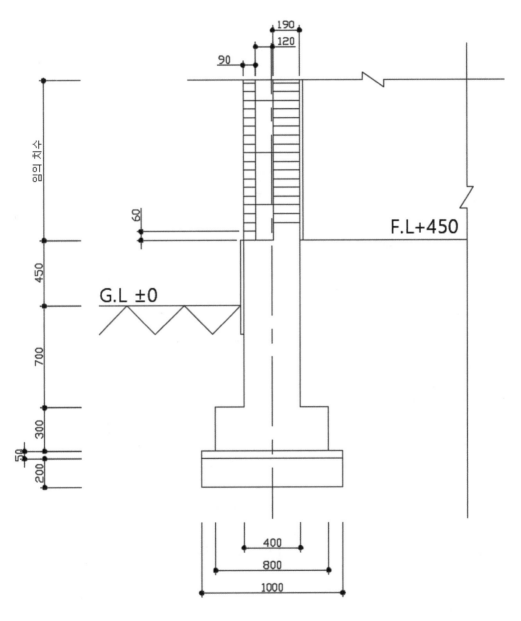

1.5B공간쌓기 벽체(외벽)

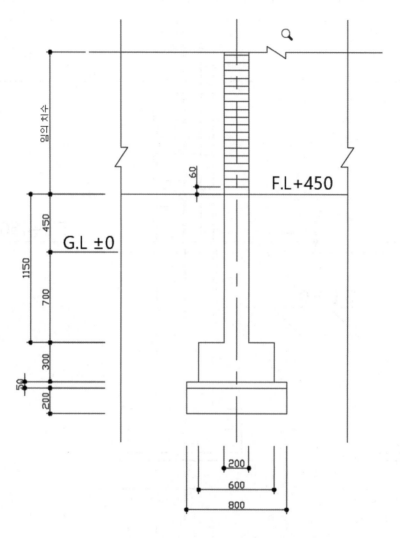

1.0B쌓기 벽체(내벽)

예제 : 건축 줄기초

형식 : 직교좌표(F8), 상대좌표, 객체스냅(F3)

사용 명령어 : LINE, OFFSET, TRIM, MIRROR, HATCH, LINETYPE, DIM

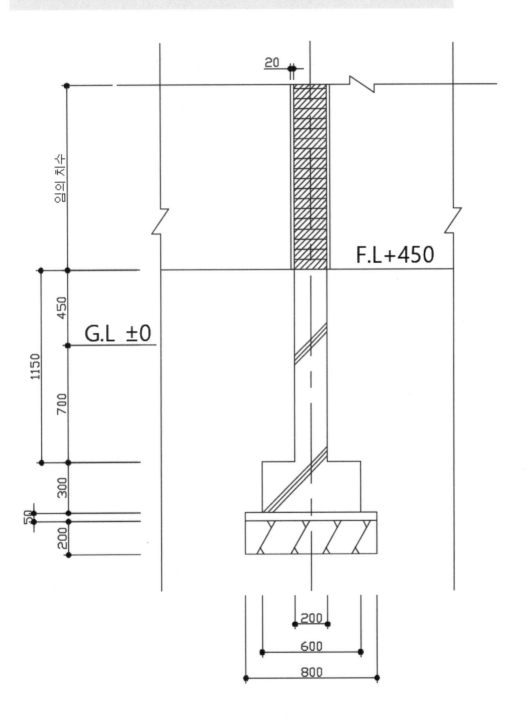

예제 : 건축 바닥

형식 : 직교좌표(F8), 상대좌표, 객체스냅(F3)

사용 명령어 : MLINE, MLEDIT, LINE, TRIM, OFFSET, LINETYPE, DIM

평면도1 / 40

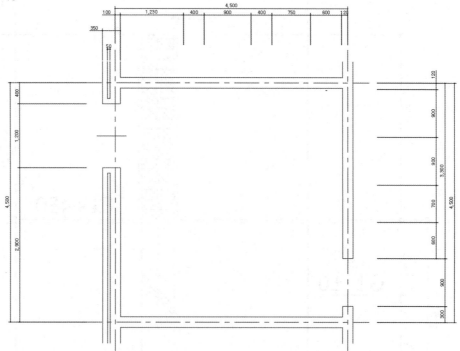

예제 : 건축 바닥

형식 : 직교좌표(F8), 상대좌표, 객체스냅(F3)

사용 명령어 : MLINE, MLEDIT, LINE, TRIM, OFFSET, HATCH, MTEXT, LINETYPE, DIM

평면도1 / 40

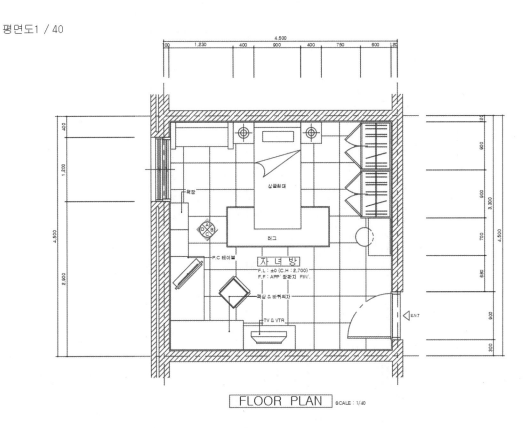

FLOOR PLAN   SCALE : 1/40

예제 : 건축 바닥

형식 : 직교좌표(F8), 상대좌표, 객체스냅(F3)

사용 명령어 : MLINE, MLEDIT, LINE, TRIM, OFFSET, HATCH, MTEXT, LINETYPE, DIM

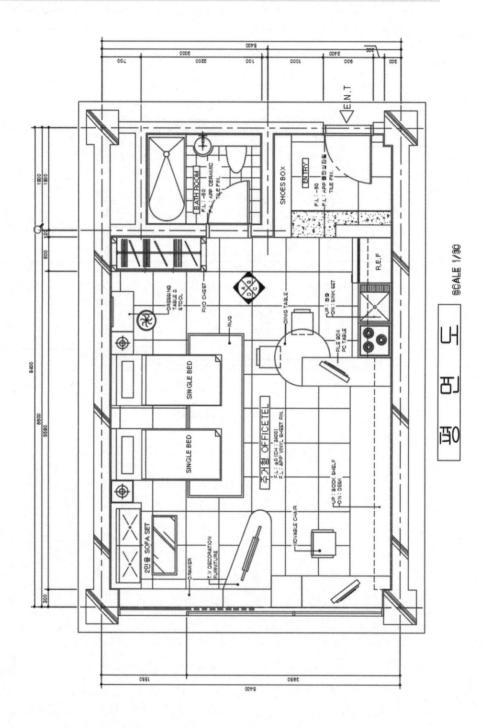

예제 : 건축 바닥 기초

형식 : 직교좌표(F8), 상대좌표, 객체스냅(F3)

사용 명령어 : LINE, OFFSET, TRIM, CIRCLE, ELLIPSE, LINETYPE, DIM

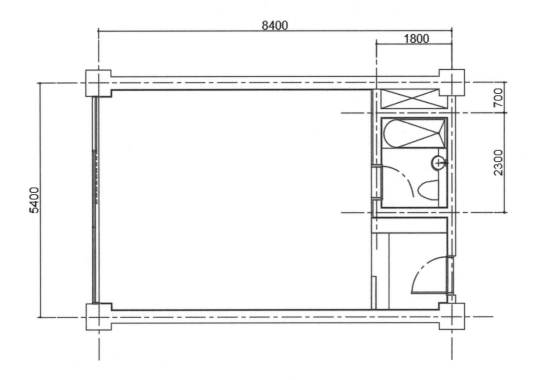

예제 : 3D SOLID

형식 : 직교좌표(F8), 상대좌표, 객체스냅(F3)

명령 : LINE, ARC, CIRCLE, OFFSET, TRIM, PEDIT, VPOINT, 3DPOLY, LIST

　　　 3D SOLID(BOX, CYLINDER, WEDGE)

　　　 SOLID 편집(UNION, SUBTRACT, EXTRUDE, SOLIDFILLET)

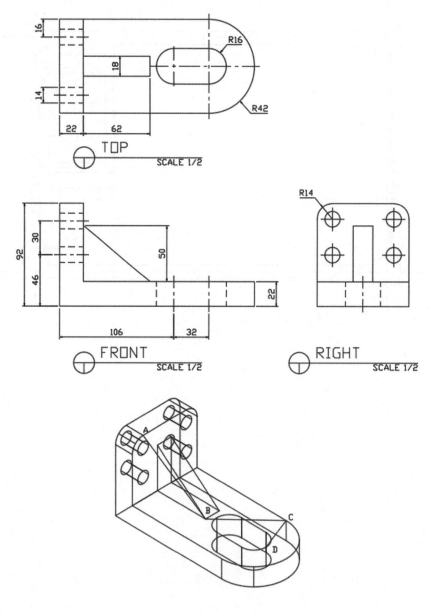

214.6410

예제 : 3D SOLID

형식 : 직교좌표(F8), 상대좌표, 객체스냅(F3)

명령 : LINE, ARC, CIRCLE, OFFSET, TRIM, PEDIT, VPOINT, 3DPOLY, LIST

　　　 3D SOLID(BOX, CYLINDER, WEDGE)

　　　 SOLID 편집(UNION, SUBTRACT, EXTRUDE, SOLIDFILLET)

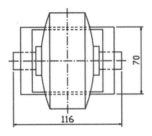

TOP
SCALE 1/2

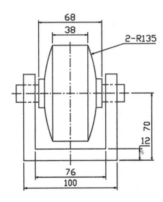

FRONT
SCALE 1/2

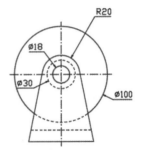

RIGHT
SCALE 1/2

〈VIEW POINT : -1.0000, -2.0000, 1.0000〉

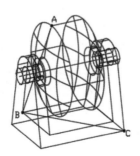

예제 : 3D SOLID

형식 : 직교좌표(F8), 상대좌표, 객체스냅(F3)

명령 : LINE, CIRCLE, OFFSET, TRIM, PEDIT, VPOINT, 3DPOLY, LIST

　　　3D SOLID(BOX, CYLINDER)

　　　SOLID 편집(UNION, SUBTRACT, EXTRUDE, SOLIDFILLET)

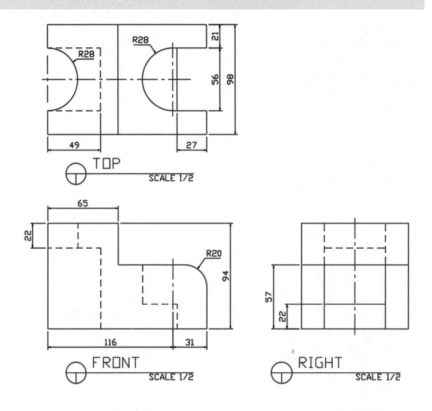

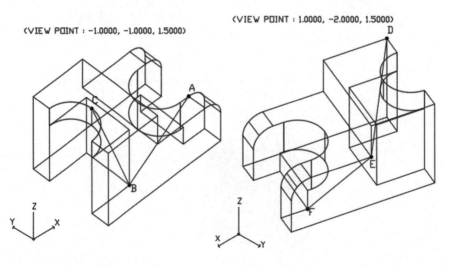

〈VIEW POINT : -1.0000, -1.0000, 1.5000〉

〈VIEW POINT : 1.0000, -2.0000, 1.5000〉

예제 : 3D SOLID

형식 : 직교좌표(F8), 상대좌표, 객체스냅(F3)

명령 : LINE, CIRCLE, OFFSET, TRIM, PEDIT, UCS, VPOINT, 3DPOLY, LIST

　　　3D SOLID(BOX, CYLINDER)

　　　SOLID 편집(UNION, SUBTRACT, EXTRUDE, SOLIDFILLET)

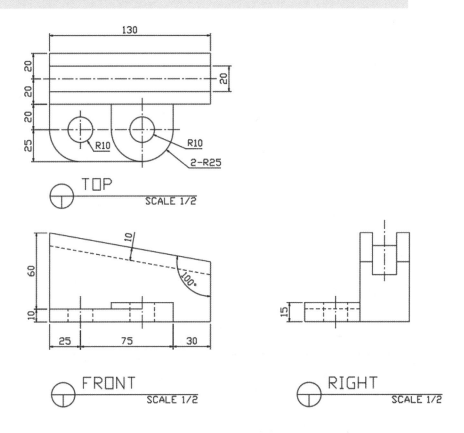

〈VIEW POINT : -1.0000, -2.0000, 1.5000〉

〈VIEW POINT : 1.0000, -2.0000, 1.5000〉

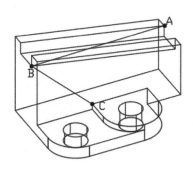

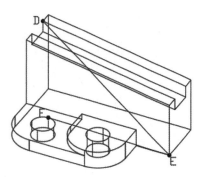

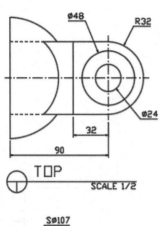

TOP
SCALE 1/2

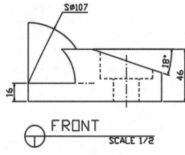

FRONT
SCALE 1/2

⟨VIEW POINT : -1.0000, -2.0000, 1.0000⟩

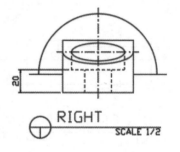

RIGHT
SCALE 1/2

⟨VIEW POINT : 1.0000, -1.0000, 1.0000⟩

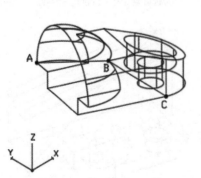

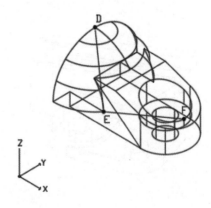

예제 : 3D SOLID

형식 : 직교좌표(F8), 상대좌표, 객체스냅(F3)

명령 : LINE, ARC, CIRCLE, OFFSET, TRIM, PEDIT, VPOINT, 3DPOLY, LIST

　　　3D SOLID(BOX, CYLINDER)

　　　SOLID 편집(UNION, SUBTRACT, EXTRUDE, SOLIDFILLET)

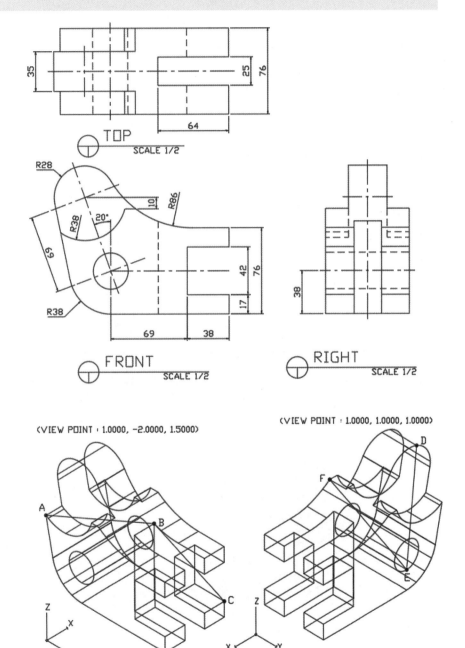

TOP
SCALE 1/2

FRONT
SCALE 1/2

RIGHT
SCALE 1/2

〈VIEW POINT : 1.0000, −2.0000, 1.5000〉

〈VIEW POINT : 1.0000, 1.0000, 1.0000〉

예제 : 3D SOLID

형식 : 직교좌표(F8), 상대좌표, 객체스냅(F3)

명령 : LINE, ARC, CIRCLE, OFFSET, TRIM, PEDIT, VPOINT, 3DPOLY, LIST
　　　　3D SOLID(BOX, CYLINDER)
　　　　SOLID 편집(UNION, SUBTRACT, EXTRUDE, SOLIDCHAMFER)

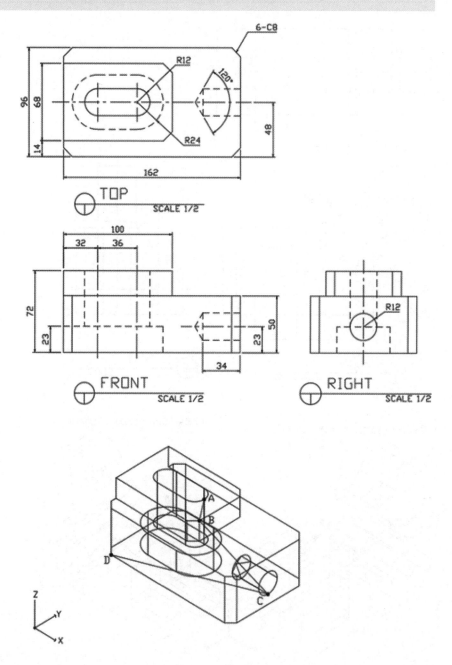

예제 : 3D SOLID

형식 : 직교좌표(F8), 상대좌표, 객체스냅(F3)

명령 : LINE, CIRCLE, OFFSET, TRIM, PEDIT, VPOINT, 3DPOLY, LIST

　　　3D SOLID(BOX, CYLINDER)

　　　SOLID 편집(UNION, SUBTRACT, EXTRUDE, SOLIDCHAMFER)

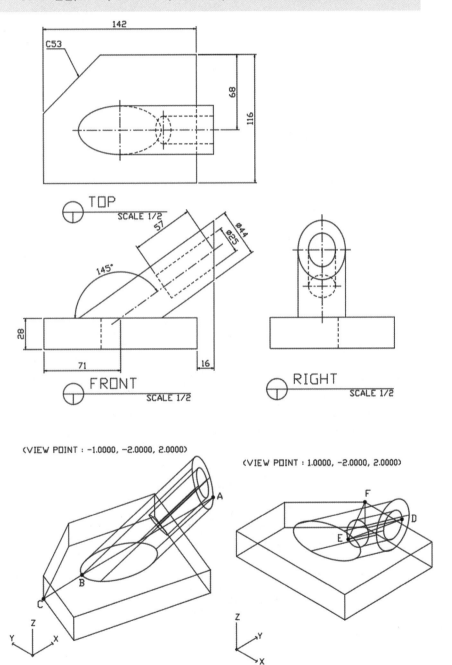

TOP
SCALE 1/2

FRONT
SCALE 1/2

RIGHT
SCALE 1/2

〈VIEW POINT : -1.0000, -2.0000, 2.0000〉

〈VIEW POINT : 1.0000, -2.0000, 2.0000〉

예제 : 3D SOLID

형식 : 직교좌표(F8), 상대좌표, 객체스냅(F3)

명령 : LINE, ARC, CIRCLE, OFFSET, TRIM, PEDIT, VPOINT, 3DPOLY, LIST

　　　　3D SOLID(BOX, CYLINDER)

　　　　SOLID 편집(UNION, SUBTRACT, EXTRUDE, REVOLVE)

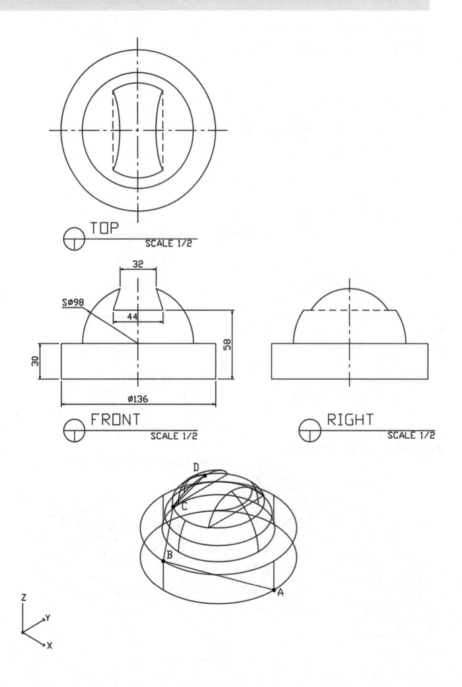

TOP
SCALE 1/2

32

SØ98

44

58

30

Ø136

FRONT
SCALE 1/2

RIGHT
SCALE 1/2

예제 : 3D SOLID

형식 : 직교좌표(F8), 상대좌표, 객체스냅(F3)

명령 : LINE, ARC, CIRCLE, OFFSET, TRIM, PEDIT, VPOINT, 3DPOLY, LIST

　　　3D SOLID(BOX, CYLINDER)

　　　SOLID 편집(UNION, SUBTRACT, EXTRUDE, REVOLVE)

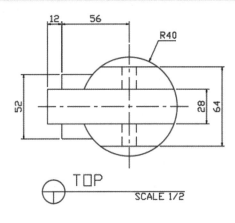

TOP
SCALE 1/2

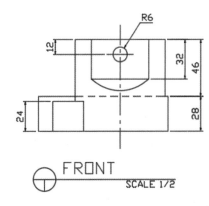

FRONT
SCALE 1/2

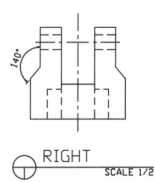

RIGHT
SCALE 1/2

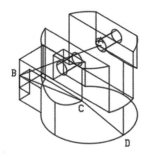

216.0047

예제 : 전산응용기계제도기능사 2D 도면 연습- 표제란 연습
형식 : 직교좌표(F8), 상대좌표, 객체스냅(F3)
명령 : LINE, OFFSET, TRIM, TEXT(MTEXT), DDEDIT, DIM

10	링	SCM440	1	
9	조정 너트	SM45C	1	
8	힌지 축	SCM440	1	
7	동력축	SCM440	1	
6	조정볼트	SM45C	1	
5	베어링 커버	SM45C	2	
4	베어링 커버	SM45C	1	
3	커넥팅 커버	GC200	1	
2	커넥팅 로드	SM45C	1	
1	본체	GC200	1	
품 번	품 명	재 질	수 량	비 고
도 명	커넥터		척 도	1:1
			각 법	3각법

예제 : 전산응용기계제도기능사 2D 도면 연습- 주서 연습
형식 : 직교좌표(F8), 상대좌표, 객체스냅(F3)
명령 : LINE, CIRCLE, POLYGON, OFFSET, TRIM, TEXT(MTEXT), DDEDIT, DIM

주서

1. 일반공차 : 가) 가공부 KS B ISO 2768-m
　　　　　　　나) 주강부 KS B 0418-B급
2. 도시되고 지시없는 모떼기는 1x45°,
　　　　　　　　　필렛과 라운드는 R3
3. 일반 모떼기는 0.2x45°
4. 전체 열처리 $H_RC50_{\pm 2}$ (부품7,8,10)
5. √ 부위 외면 명회색 도장(부품1,2,3,4,5)
7. 표면거칠기

$\sqrt{} = \sqrt{}$. －

$\overset{w}{\sqrt{}} = \overset{25}{\sqrt{}}$. N10

$\overset{x}{\sqrt{}} = \overset{6.3}{\sqrt{}}$. N8

$\overset{y}{\sqrt{}} = \overset{1.6}{\sqrt{}}$. N6

$\overset{z}{\sqrt{}} = \overset{0.2}{\sqrt{}}$. N4

예제 : 전산응용기계제도기능사 2D 도면 연습
형식 : 직교좌표(F8), 상대좌표, 객체스냅(F3)
명령 : LINE, OFFSET, TRIM, LINETYPE, DIM

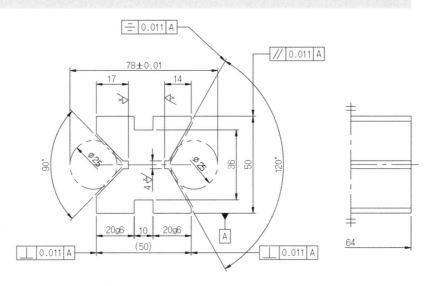

예제 : 전산응용기계제도기능사 2D 도면 연습
형식 : 직교좌표(F8), 상대좌표, 객체스냅(F3)
명령 : LINE, CIRCLE, FILLET, OFFSET, TRIM, SPLINE, HATCH, LINETYPE, DDEDIT, DIM

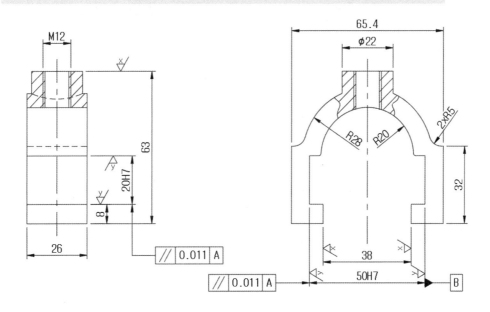

예제 : 전산응용기계제도기능사 2D 도면 연습

형식 : 직교좌표(F8), 상대좌표, 객체스냅(F3)

명령 : LINE, OFFSET, TRIM, SPLINE, HATCH, LINETYPE, DDEDIT, LEADER(QLEADER), DIM

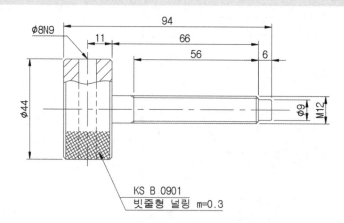

KS B 0901
빗줄형 널링 m=0.3

예제 : 전산응용기계제도기능사 2D 도면 연습

형식 : 직교좌표(F8), 상대좌표, 객체스냅(F3)

명령 : LINE, CIRCLE, ELLIPSE, FILLET, OFFSET, TRIM, SPLINE, HATCH, LINETYPE, DDEDIT, PROPERTIES, DIM

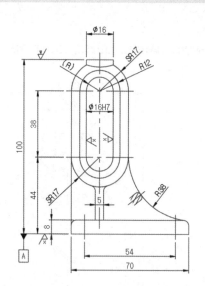
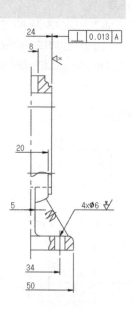

예제 : 전산응용기계제도기능사 2D 도면 연습

형식 : 직교좌표(F8), 상대좌표, 객체스냅(F3)

명령 : LINE, CIRCLE, ELLIPSE, FILLET, OFFSET, TRIM, SPLINE, HATCH, LINETYPE, DDEDIT, PROPERTIES, DIM

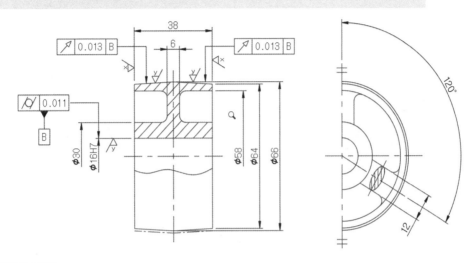

예제 : 전산응용기계제도기능사 2D 도면 연습

형식 : 직교좌표(F8), 상대좌표, 객체스냅(F3)

명령 : LINE, CIRCLE, FILLET, OFFSET, TRIM, SPLINE, HATCH, LINETYPE, TEXT(MTEXT), DDEDIT, PROPERTIES, SCALE, DIM

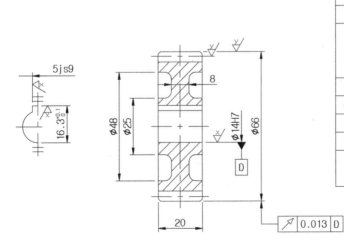

스퍼기어		
기어치형		표준
공구	치형	보통이
	모듈	2
	압력각	20°
잇수		31
전체 이 높이		4.5
피치원지름		$\phi62$
다듬질방법		호브절삭
정밀도		KS B ISO 1328-1,4급

예제 : 전산응용기계제도기능사 2D 도면 연습

형식 : 직교좌표(F8), 상대좌표, 객체스냅(F3)

명령 : LINE, CIRCLE, FILLET, OFFSET, TRIM, SPLINE, HATCH, LINETYPE, TEXT(MTEXT), DDEDIT, PROPERTIES, SCALE, DIM 그 외 다수 명령어 사용

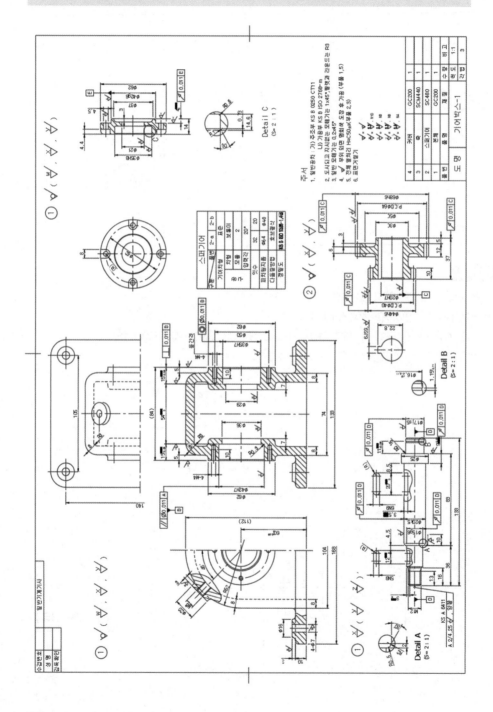

예제 : 전산응용기계제도기능사 2D 도면 연습
형식 : 직교좌표(F8), 상대좌표, 객체스냅(F3)
명령 : LINE, CIRCLE, FILLET, OFFSET, TRIM, SPLINE, HATCH, LINETYPE, TEXT(MTEXT),
　　　 DDEDIT, PROPERTIES, SCALE, DIM 그 외 다수 명령어 사용

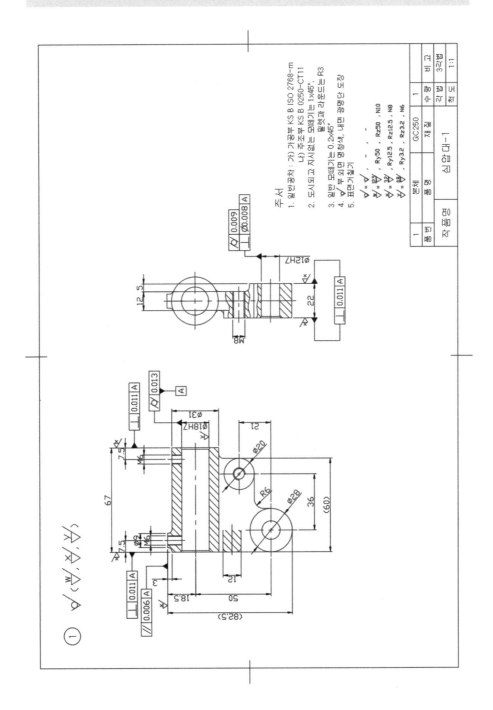

예제 : 전산응용기계제도기능사 2D 도면 연습

형식 : 직교좌표(F8), 상대좌표, 객체스냅(F3)

명령 : LINE, CIRCLE, FILLET, OFFSET, TRIM, SPLINE, HATCH, LINETYPE, TEXT(MTEXT), DDEDIT, PROPERTIES, SCALE, DIM 그 외 다수 명령어 사용

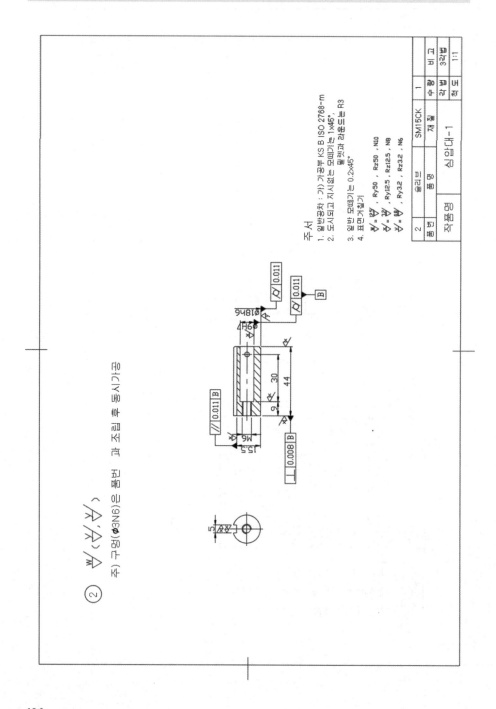

사용 명령어

예제 : 전산응용기계제도기능사 2D 도면 연습
형식 : 직교좌표(F8), 상대좌표, 객체스냅(F3)
명령 : LINE, CIRCLE, FILLET, OFFSET, TRIM, SPLINE, HATCH, LINETYPE, TEXT(MTEXT),
　　　　DDEDIT, PROPERTIES, SCALE, DIM 그 외 다수 명령어 사용

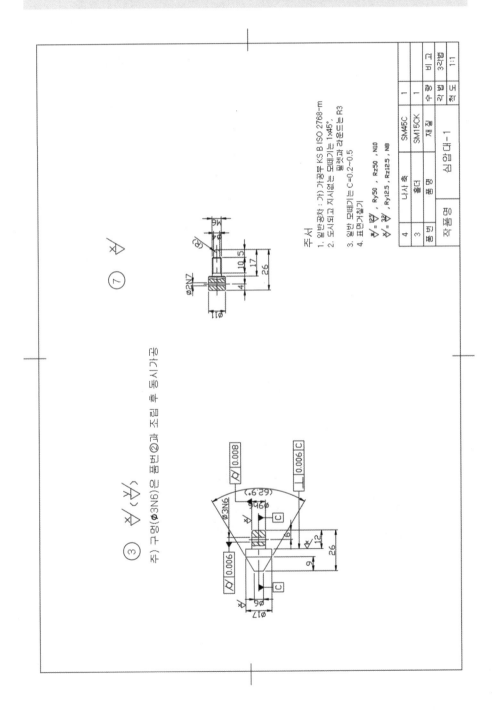

예제 : 전산응용기계제도기능사 2D 도면 연습

형식 : 직교좌표(F8), 상대좌표, 객체스냅(F3)

명령 : LINE, CIRCLE, FILLET, OFFSET, TRIM, SPLINE, HATCH, LINETYPE, TEXT(MTEXT), DDEDIT, PROPERTIES, SCALE, DIM 그 외 다수 명령어 사용

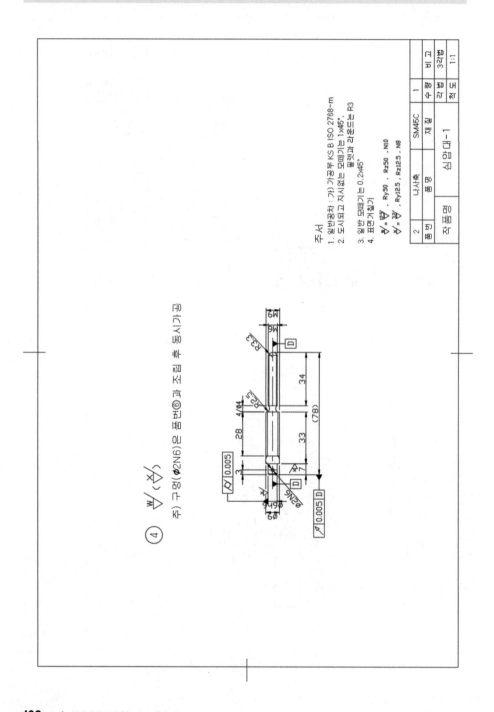

예제 : 전산응용기계제도기능사 2D 도면 연습

형식 : 직교좌표(F8), 상대좌표, 객체스냅(F3)

명령 : LINE, CIRCLE, FILLET, OFFSET, TRIM, SPLINE, HATCH, LINETYPE, TEXT(MTEXT),
DDEDIT, PROPERTIES, SCALE, DIM 그 외 다수 명령어 사용

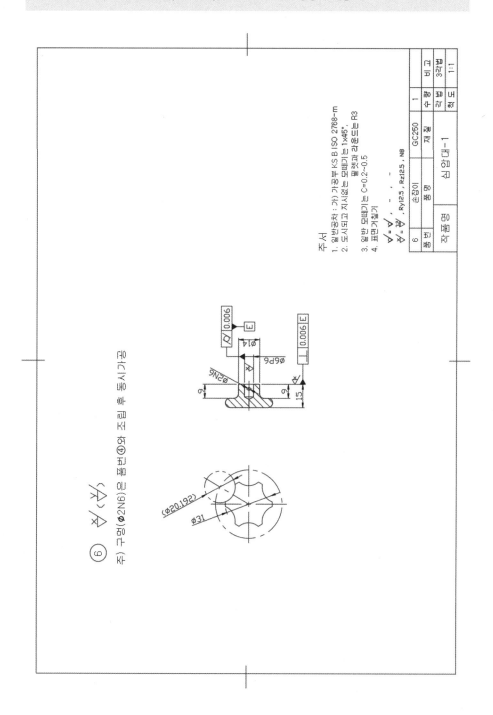